CADERNO DE REVISÃO

ENSINO MÉDIO
HISTÓRIA

Marieta de Moraes Ferreira
Doutora em História pela Universidade Federal Fluminense. Professora titular da Universidade Federal do Rio de Janeiro. Coordenadora Nacional do Mestrado Profissional em Ensino de História.

Mariana Guglielmo
Mestre em História pela Universidade Federal Fluminense. Foi professora em escolas do Ensino Básico na rede pública e privada. Professora e pesquisadora na Fundação Getúlio Vargas.

Renato Franco
Doutor em História pela Universidade de São Paulo. Professor do Departamento de História e do Programa de Pós-graduação em História da Universidade Federal Fluminense. Membro do corpo docente do Mestrado Profissional em Ensino de História.

1ª edição
São Paulo – 2016

© Editora do Brasil S.A., 2016
Todos os direitos reservados

Direção geral: Vicente Tortamano Avanso
Direção adjunta: Maria Lúcia Kerr Cavalcante Queiroz

Direção editorial: Cibele Mendes Curto Santos
Gerência editorial: Felipe Ramos Poletti
Supervisão editorial: Erika Caldin
Supervisão de arte, editoração e produção digital: Adelaide Carolina Cerutti
Supervisão de direitos autorais: Marilisa Bertolone Mendes
Supervisão de controle de processos editoriais: Marta Dias Portero
Supervisão de revisão: Dora Helena Feres
Consultoria de iconografia: Tempo Composto Col. de Dados Ltda.
Licenciamentos de textos: Cinthya Utiyama, Jennifer Xavier, Paula Harue Tozaki, Renata Garbellini
Coordenação de produção CPE: Leila P. Jungstedt

Concepção, desenvolvimento e produção: Triolet Editorial e Mídias Digitais
Diretora executiva: Angélica Pizzutto Pozzani
Diretor de operações e produção: João Gameiro
Gerente editorial: Denise Pizzutto
Editor de texto: Paulo Verano
Assistente editorial: Tatiana Pedroso
Preparação e revisão: Amanda Andrade, Carol Gama, Érika Finati, Flávia Venezio, Flávio Frasqueti, Gabriela Damico, Juliana Simões, Leandra Trindade, Mayra Terin, Patrícia Rocco, Regina Elisabete Barbosa, Sirlei Pinochia
Projeto gráfico: Triolet Editorial/Arte
Editora de arte: Ana Onofri
Assistentes de arte: Beatriz Landiosi (estag.), Lucas Boniceli (estag.)
Ilustração: Suryara Bernardi
Cartografia: Allmaps
Iconografia: Pamela Rosa (coord.), Odete Ernestina Pereira, Etoile Shaw, Priscila Ferraz
Capa: Paula Belluomini

Dados Internacionais de Catalogação na Publicação (CIP)
(Câmara Brasileira do Livro, SP, Brasil)

Ferreira, Marieta de Moraes
    Caderno de revisão : história em curso : ensino médio / Marieta de Moraes Ferreira, Mariana Guglielmo, Renato Franco. – 1. ed. – São Paulo : Editora do Brasil ; Rio de Janeiro : Fundação Getulio Vargas, 2016. – (Série Brasil : ensino médio)

    Componente curricular: História.
    ISBN 978-85-10-06437-8 (aluno)
    ISBN 978-85-10-06438-5 (professor)

    1. História (Ensino médio) I. Guglielmo, Mariana. II. Renato Franco. III. Título. IV. Série.

16-05848   CDD-907

Índice para catálogo sistemático:
1. História : Ensino médio   907

Reprodução proibida. Art. 184 do Código Penal e Lei n. 9.610 de 19 de fevereiro de 1998.
Todos os direitos reservados

2016
Impresso no Brasil

1ª edição / 1ª impressão, 2016
Impresso na Arvato Bertelsmann

Rua Conselheiro Nébias, 887 – São Paulo/SP – CEP 01203-001
Fone: (11) 3226-0211 – Fax: (11) 3222-5583
www.editoradobrasil.com.br

APRESENTAÇÃO

Caro aluno,

Este caderno de resumos tem o intuito de estimular, sistematizar e orientar seus estudos, permitindo o aperfeiçoamento do seu conhecimento histórico. Por isso, selecionamos as informações mais importantes presentes no História em curso, permitindo que você relembre rapidamente as temáticas estudadas ao longo do Ensino Médio. Sua organização baseia-se nas temáticas mais comumente cobradas nos exames seletivos, abarcando toda a história humana, do surgimento da escrita e do Estado ao presente.

Também disponibilizamos questões dos principais vestibulares do Brasil, do Enem e do banco FGV Ensino Médio (http://ensinomediodigital.fgv.br/home). Diferentes linguagens, imagens, documentos e tabelas são explorados nas atividades selecionadas, com o objetivo de enriquecer a sua aprendizagem. Os comentários presentes em todas as questões permitem não apenas a elucidação da resposta correta, como também o esclarecimento do contexto histórico em análise. Quando pertinente, sinalizamos ainda as Competências e Habilidades das atividades para facilitar o entendimento dos objetivos avaliativos. Esse caderno funciona, portanto, como uma importante ferramenta complementar ao livro didático, indicado especialmente para ajudá-lo a se preparar para os diferentes exames seletivos.

Bom proveito!

Os autores

Sumário

Tema 1 Povos da Antiguidade 6
Tema 2 A reorganização do mundo medieval 13
Tema 3 Consolidação e crise do feudalismo 18
Tema 4 A formação do Antigo Regime 26
Tema 5 A expansão ibérica e a abertura do mundo 33
Tema 6 A escravidão e a construção do mundo atlântico 40
Tema 7 O desenvolvimento do mundo moderno: Iluminismo, Revolução Americana, Revolução Francesa e Revolução Industrial 47
Tema 8 O Brasil da descoberta do ouro à vinda da Corte 56
Tema 9 A criação das nações americanas 64
Tema 10 Ascensão e queda do Império do Brasil 69
Tema 11 Motores da guerra 78
Tema 12 A Primeira República Brasileira 87
Tema 13 Mundo em Chamas: entreguerras, crise de 1929, ascensão do nazismo e fascismo e Segunda Guerra 94
Tema 14 A Guerra Fria e o mundo 102
Tema 15 Da Revolução de 1930 ao golpe de 1964 108
Tema 16 Os dilemas da democracia e do autoritarismo na América Latina 116
Tema 17 A ditadura e a redemocratização no Brasil 121
Tema 18 O mundo globalizado e seus desafios 129
Matriz de Referência do Enem Ciências humanas e suas tecnologias 136
Gabarito 137

TEMA 1

POVOS DA ANTIGUIDADE
Capítulos 3, 5 e 6

▶ Egito

A civilização egípcia desenvolveu-se em uma estreita faixa de terra ao longo do curso do Rio Nilo, fundamental para a sobrevivência da população por possibilitar a prática da agricultura, a criação de animais, a pesca e a construção de diques e canais de irrigação para o aproveitamento do rio. Em 3200 a.C., Ménes, governante do Alto Egito, derrotou seus rivais do Baixo Egito, unificou o território e tornou-se o primeiro faraó. Mênfis, atual Cairo, foi escolhida como capital.

O faraó era considerado o intermediário entre os deuses e os homens. Concentrava poderes políticos, econômicos, militares e religiosos, consolidando uma monarquia teocrática. O vizir, espécie de primeiro-ministro, atuava na arrecadação de impostos, fiscalização de construções e obras públicas e no recrutamento de trabalhadores. Os sacerdotes eram responsáveis pelos templos, nos quais havia terras, rebanhos e trabalhadores. Os camponeses produziam os alimentos, cultivavam as terras e pagavam impostos, sendo ainda obrigados a trabalhar em obras estatais. É importante destacar que o Estado controlava a maior parte das terras. Os escribas tinham papel fundamental na sociedade e no Estado; duas formas de escrita se desenvolveram no Egito: a hieroglífica – usada pelos sacerdotes para textos espirituais e inscrições nas tumbas e templos – e a hierática – mais simples, usada em documentos religiosos e cotidianos, e posteriormente substituída pela demótica para assuntos seculares. Um sistema de contagem e de pesos e medidas foi desenvolvido para controlar a produção e a distribuição do que era produzido.

Os egípcios eram politeístas e acreditavam na vida após a morte. Daí a importância da técnica da mumificação e da presença de alimentos, joias e outros objetos nos túmulos (pois seriam usados pelo morto), assim como o caráter monumental das pirâmides, construídas com a exploração do trabalho compulsório. Amenhotep IV (1353 a.C.-1335 a.C.) estabeleceu o monoteísmo para diminuir o poder dos sacerdotes de Amon-Rá. Após sua morte, seu sucessor, Tutancâmon (1336 a.C.-1327 a.C.), reestabeleceu o politeísmo.

▶ Kush

O Reino de Kush formou-se ao longo do curso do rio Nilo, na região da Núbia (norte do atual Sudão). Os núbios mantinham contato cultural e comercial com os egípcios e sofreram saques e invasões por parte dos faraós. A cidade de Kerma, na região agrícola mais rica da Núbia, transformou-se no centro do reino. Kerma foi tomada por Tutemósis I, que incorporou as elites kushitas à Corte egípcia. Núbia se tornou importante para a economia do Egito e passou a ser administrada por funcionários de confiança dos faraós, os vice-reis (chefes religiosos e políticos, responsáveis pela segurança e pelos tributos).

Em decorrência de problemas internos que enfraqueceram o poder do faraó, os chefes nativos núbios reorganizaram-se na cidade de Napata. O rei kushita Xabaca (716 a.C.-701 a.C.) conquistou o Egito, instaurando a XXV Dinastia, que governou a região por cerca de 50 anos. Por volta de 671 a.C., a região do Delta do Nilo foi invadida pelos assírios e os kushitas retornaram para a Núbia. Em cerca de 591 a.C., os egípcios invadiram novamente a Núbia e a capital foi transferida para Méroe, que passou a ser entreposto comercial de mercadorias oriundas de toda a África. A cultura núbia tomou novo fôlego: os antigos deuses retornaram ao panteão, a escrita egípcia foi substituída por escritas meroíticas e as tradições artísticas assumiram uma identidade própria. O papel político da mulher tornou-se mais evidente com a ascensão política, no século II a.C., das rainhas, chamadas de candaces. No século III d.C., Méroe foi anexada por um reino da Etiópia: Aksum, também chamado de Axum.

▶ Grécia

Os gregos ocuparam uma área com solos montanhosos e poucos férteis, que compreendia o litoral da Ásia Menor, as ilhas do Mar Egeu (Grécia Insular) e as terras na Península Balcânica (Grécia Continental). Compostos de um conjunto de povos indo-europeus – aqueus, jônios, dórios e eólios –, os gregos desenvolveram uma unidade cultural por compartilharem da mesma língua, costumes e religião (politeísta).

Durante o Período Homérico (séculos XII a.C.-VIII a.C.), o território grego se caracterizava pela presença das genos – pequenas comunidades rurais familiares, de propriedade comunal e chefiadas por um pater –, que exerciam funções administrativas, judiciárias e religiosas. A concentração das melhores terras nas mãos de uma minoria, os eupátridas ("bem-nascidos") e o crescimento demográfico aumentaram a demanda por terras. Assim, por volta de 750 a.C. teve início a dispersão grega pela Península Itálica, Sicília, norte da África e nas terras banhadas pelo Mar Negro. A partir da desintegração das genos ocorreu o desenvolvimento das pólis, cidades-Estado organizadas em torno da acrópole. A maior parte das pólis desenvolveu um regime oligárquico, no qual o poder era exercido por um reduzido grupo de pessoas, a aristocracia ("governo dos melhores"). Esparta e Atenas destacaram-se como as cidades-Estado mais importantes da Grécia.

▶ Esparta e Atenas

Esparta era uma cidade-Estado monárquica, que dispunha de dois reis com funções militares e religiosas. A cidade possuía um rígido sistema educacional. Os meninos – com exceção dos herdeiros reais – eram separados dos pais aos sete anos de idade, indo viver em escolas do Estado, onde desenvolviam habilidades militares, obediência e espírito de grupo. As meninas, por sua vez, deveriam ter a educação voltada às atividades físicas. Até completarem 18 anos, elas participavam de treinamentos atléticos junto com os meninos, pois deveriam ser saudáveis para gerar filhos fortes. Crianças que nasciam com qualquer problema ou deformidade física eram mortas, por não serem consideradas aptas a defender a comunidade.

Em contrapartida, Atenas sempre é lembrada como berço da democracia e dos filósofos. Mas vale lembrar que, assim como as outras cidades-Estado, foi inicialmente governada por uma aristocracia. Em 594 a.C., o legislador Sólon promoveu mudanças profundas em Atenas como o fim da escravidão por dívida e a classificação da população a partir da renda – transformando a riqueza no principal critério para obtenção de cargos públicos. Suas medidas não surtiram o efeito desejado e acabaram por transformar o governo de Atenas em uma tirania. Com a deposição de Hípias, o último tirano, Clístenes promoveu reformas para diminuir o poder da aristocracia, ampliar a participação política e tentar igualar jurídica e politicamente os cidadãos – dando origem à chamada democracia ateniense.

Esparta e Atenas se enfrentaram na Guerra do Peloponeso, motivada pelo questionamento das demais pólis da Liga de Delos – formada para conter o avanço dos persas durante as Guerras Médicas – em relação à hegemonia ateniense. Esparta saiu vencedora após 27 anos de luta. A hegemonia e a democracia ateniense chegavam ao fim. Esparta impôs seu domínio sob o mundo grego, mas não por muito tempo: a guerra havia enfraquecido todas as cidades-Estado, possibilitando a conquista macedônica, liderada por Felipe II.

▶ Roma

Monarquia

De sua fundação em 753 a.C. até 510 a.C., Roma foi uma monarquia não hereditária, na qual os soberanos eram escolhidos pelas famílias mais poderosas.

O sucesso da ocupação de Roma por latinos e sabinos chamou a atenção dos etruscos, que dominaram a região por volta de 600 a.C. Sob o domínio etrusco, Roma passou por diversas modificações: a cidade foi murada e a infraestrutura melhorada; a agricultura avançou graças ao saneamento e drenagem de zonas pantanosas e as relações mercantis com outras regiões se consolidaram, o que permitiu a formação de uma classe de comerciantes. Nesse período, o intenso comércio com as colônias gregas no sul da Península Itálica fez que romanos tivessem contato com a religião e a cultura da Grécia clássica, incorporando-as à sua visão de mundo.

A sociedade monárquica estava dividida em quatro importantes segmentos:

- patrícios: compunham a nobreza hereditária e latifundiária que se dizia descendente dos fundadores de Roma e dominava o Senado;
- clientes: homens livres ligados aos patrícios pela fidelidade e tinham para com eles obrigações em troca de assistência econômica e proteção;
- plebeus: grupo formado por homens livres, normalmente camponeses, artesãos ou pequenos comerciantes, que não exercem poder político efetivo e compunham a maior parte da população;
- escravos: geralmente prisioneiros de guerra ou pessoas que haviam se endividado e vendiam sua liberdade para pagar a dívida. Pouco numerosos nesse período, os escravos não tinham direitos políticos.

República

O último monarca romano, o etrusco Tarquínio, foi derrubado em nome do princípio de liberdade. Os patrícios pensavam que, para garantir sua liberdade, não deveriam concentrar o poder nas mãos de apenas uma pessoa, o que não significava uma democratização de tal poder, uma vez que a aristocracia continuava a ter o controle do novo governo, sobretudo, pelo Senado.

Com a queda dos etruscos, Roma entrou em guerra contra muitos vizinhos, o que gerou uma grave crise econômica e, consequentemente, diversos conflitos sociais. Percebendo que eram indispensáveis como soldados, os plebeus exigiram direitos e, em 367 a.C., as Leis Licínias determinaram a distribuição das terras conquistadas durante as guerras e definiram que um dos cônsules fosse plebeu. Em 326 a.C., lograram o fim da escravidão por dívida. Paralelamente, Roma se expandia rapidamente. Um dos principais marcos nesse sentido foi a vitória definitiva sobre os cartagineses em 146 a.C., consolidando o domínio romano sobre o Mar Mediterrâneo.

Por conta dessa grande expansão territorial, houve um aumento importante da desigualdade social em Roma pela acumulação das terras conquistadas nas mãos das pessoas mais ricas. Em virtude das conquistas militares, a oferta de mão de obra escrava também aumentou significativamente.

A consolidação da economia escravista levou muitos pobres livres, que antes trabalhavam na agricultura, a se deslocarem para a cidade em busca de novas possibilidades, o que também ocorreu com os pequenos proprietários, incapazes de competir com latifundiários. A capital passou a abrigar uma grande massa ociosa e miserável, que se tornou fonte de preocupação para o governo romano.

Este período de instabilidade política durou até 59 a.C., quando o general Júlio César, eleito cônsul, se aliou a Pompeu e Crasso, formando o que seria conhecido como o Primeiro Triunvirato. Foi mais um período de expansão das fronteiras romanas. Com a morte de Crasso em batalha, o Senado nomeou Pompeu como único cônsul. César, descontente com a decisão, derrotou Pompeu em uma guerra civil e reduziu o poder do Senado, ocupando vários cargos públicos simultaneamente. Em 44 a.C., quando nomeado como ditador vitalício, foi assassinado a mando do Senado, que estava descontente com a concentração do poder nas mãos de César.

O Segundo Triunvirato surgiu em 43 a.C., com Marco Antônio, Lépido e Otávio – sobrinho de César. Como vingança, os três perseguiram e mataram vários senadores, além de dividirem o território romano entre si. A aliança, no entanto, durou apenas até 37 a.C., quando Marco Antônio resolveu casar-se com Cleópatra, rainha do Egito, para selar uma importante aliança política. Ao mesmo tempo, Otávio consolidava seu poder ao exilar Lépido. Os rumores de que Marco Antônio reivindicava ser o legítimo herdeiro de César levaram Otávio a declarar guerra. A vitória de Otávio em 31 a.C. culminou no suicídio de Marco Antônio e Cleópatra e na transformação do Egito em mais uma província romana.

Império

Com esse desfecho, Otávio tornou-se o líder indiscutível, confirmou-se como imperador e recebeu o título de Augusto, aplicado apenas a divindades. Começava assim o Período Imperial romano, no qual o poder passou a ser concentrado nas mãos do imperador: era o chefe supremo de todo o exército, dirigia a maior parte das províncias, propunha leis, controlava a eleição dos magistrados e exercia a máxima autoridade religiosa. Dessa forma, apesar de as engrenagens tradicionais da República ainda existirem, tudo dependia da aprovação do imperador.

Otávio iniciou um período conhecido como *Pax Romana*, em que as conquistas territoriais diminuíram e as tropas foram estacionadas nas fronteiras. Porém, ainda eram empreendidas guerras ofensivas contra territórios recentemente dominados ou aqueles que se rebelavam. Além disso, o imperador estabeleceu uma série de reformas com o intuito de embelezar Roma, incentivando a arte e a literatura. Como não teve filhos, após sua morte em 14 d.C., Tibério, formalmente adotado por Otávio, tornou-se seu sucessor.

No governo de Trajano (98 a 117), o Império Romano alcançou sua máxima extensão. No mesmo período, o Senado perdeu prestígio e os militares conquistadores adquiriram ainda mais poder. Em 212, Caracala estendeu a cidadania a todos os homens livres das províncias. Essa medida, conhecida como Édito de Caracala, buscava aumentar a base tributária romana, pois certos impostos eram pagos apenas pelos cidadãos. Se anteriormente havia uma oposição entre cidadãos e não cidadãos, desde o final do século II e principalmente a partir do decreto de Caracala, o principal critério de diferenciação social passou a ser a honra, obtida com a ocupação de cargos prestigiosos.

Com a intensificação da invasão dos povos bárbaros, o Império Romano do Ocidente, enfraquecido política e economicamente, não resistiu: em 476, o imperador Rômulo Augusto foi destituído após a invasão e o saque dos hérulos em Roma. Entretanto, mesmo que o Estado romano tenha desaparecido na Europa, as estruturas sociais, a civilização romana e a própria ideia de império sobreviveram e influenciaram as novas formações políticas posteriores.

Questões para você praticar

1. (Enem – 2009) **Capítulo 3**

    O Egito é visitado anualmente por milhões de turistas de todos os quadrantes do planeta, desejosos de ver com os próprios olhos a grandiosidade do poder esculpida em pedra há milênios: as pirâmides de Gizeh, as tumbas do Vale dos Reis e os numerosos templos construídos ao longo do Nilo.

    O que hoje se transformou em atração turística era, no passado, interpretado de forma muito diferente, pois

    a. significava, entre outros aspectos, o poder que os faraós tinham para escravizar grandes contingentes populacionais que trabalhavam nesses monumentos.
    b. representava para as populações do alto Egito a possibilidade de migrar para o sul e encontrar trabalho nos canteiros faraônicos.
    c. significava a solução para os problemas econômicos, uma vez que os faraós sacrificavam aos deuses suas riquezas, construindo templos.
    d. representava a possibilidade de o faraó ordenar a sociedade, obrigando os desocupados a trabalharem em obras públicas, que engrandeceram o próprio Egito.
    e. significava um peso para a população egípcia, que condenava o luxo faraônico e a religião baseada em crenças e superstições.

2. (Fuvest-SP – 2015) **Capítulo 3**

    Observe estas imagens produzidas no antigo Egito:

    Reino Antigo (2575-2134 a.C.)

    Reino Novo (1550-1070 a.C.)

    Reino Novo (1550-1070 a.C.)

    Apud Ciro Flammarion Santana Cardoso. *O Egito Antigo*.
    São Paulo: Brasiliense, 1982.

    As imagens revelam:

    a. o caráter familiar do cultivo agrícola no Oriente Próximo, dada a escassez de mão de obra e a proibição, no antigo Egito, do trabalho compulsório.
    b. a inexistência de qualquer conhecimento tecnológico que permitisse o aprimoramento da produção de alimentos, o que provocava longas temporadas de fome.
    c. o prevalecimento da agricultura como única atividade econômica, dada a impossibilidade de caça ou pesca nas regiões ocupadas pelo antigo Egito.
    d. a dificuldade de acesso à água em todo o Egito, o que limitava as atividades de plantio e inviabilizava a criação de gado de maior porte.
    e. a importância das atividades agrícolas no antigo Egito, que ocupavam os trabalhadores durante aproximadamente metade do ano.

3. (FGV-SP – 2014) Capítulo 3

Após um longo período de dominação egípcia, os kushitas reorganizaram seus domínios a partir do século IX e estabeleceram Napata como a capital do seu império. Analise o mapa abaixo com atenção e assinale a alternativa correta:

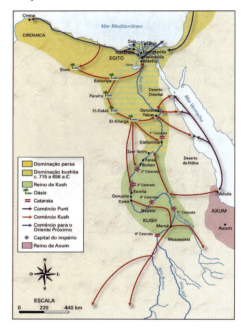

a. O império de Kush estabeleceu-se ao sul do Egito e caracterizou-se pela economia de subsistência.

b. O Império de Kush estendeu seus domínios em direção ao deserto do Saara e controlou diversas rotas saarianas.

c. Apesar da expansão kushita, o império não desenvolveu núcleos urbanos ou uma base administrativa.

d. Os persas conquistaram todos os domínios kushitas no século VII a.C.

e. O império de Kush conseguiu estender seus domínios até o norte do Egito nos séculos VIII e VII a.C.

4. (Enem – 2015) Capítulo 5

O que implica o sistema da pólis é uma extraordinária proeminência da palavra sobre todos os outros instrumentos do poder. A palavra constitui o debate contraditório, a discussão, a argumentação e a polêmica. Torna-se a regra do jogo intelectual, assim como do jogo político.

VERNANT, J. P. *As origens do pensamento grego*. Rio de Janeiro: Bertrand, 1992 (adaptado)

Na configuração política da democracia grega, em especial a ateniense, a *ágora* tinha por função

a. agregar os cidadãos em torno de reis que governavam em prol da cidade.

b. permitir aos homens livres o acesso às decisões do Estado expostas por seus magistrados.

c. constituir o lugar onde o corpo de cidadãos se reunia para deliberar sobre as questões da comunidade.

d. reunir os exercícios para decidir em assembleias fechadas os rumos a serem tomados em caso de guerra.

e. congregar a comunidade para eleger representantes com direito a pronunciar-se em assembleias.

5. (Enem – 2014) Capítulo 5

Texto I

Olhamos o homem alheio às atividades públicas não como alguém que cuida apenas de seus próprios interesses, mas como um inútil; nós, cidadãos atenienses, decidimos as questões públicas por nós mesmos na crença de que não é o debate que é empecilho à ação, e sim o fato de não se estar esclarecido pelo debate antes de chegar a hora da ação.

TUCÍDIDES. *História da Guerra do Peloponeso*. Brasília: UnB, 1987 (adaptado).

Texto II

Um cidadão integral pode ser definido por nada mais nada menos que pelo direito de administrar justiça e exercer funções públicas; algumas destas, todavia, são limitadas quanto ao tempo de exercício, de tal modo que não podem de forma alguma ser exercidas duas vezes pela mesma pessoa, ou somente podem sê-lo depois de certos intervalos de tempo prefixados.

ARISTÓTELES. *Política*. Brasília: UnB, 1985.

Comparando os textos I e II, tanto para Tucídides (no século V a.C.) quanto para Aristóteles (no século IV a.C.), a cidadania era definida pelo(a)

a. prestígio social.

b. acúmulo de riqueza.

c. participação política.
d. local de nascimento.
e. grupo de parentesco.

6. (FGV – Ensino Médio) `Capítulo 5`

Leia os textos a seguir:

> Um dos princípios centrais da democracia [...] era a capacidade e o direito do povo comum de fazer julgamentos políticos e discursar acerca deles nas assembleias públicas. Os atenienses tinham inclusive um termo próprio para definir isso, *isegoria*, que significa não apenas liberdade de expressão no sentido em que entendemos isso nas democracias modernas, mas igualdade de discursar publicamente. Esta talvez seja, na verdade, a ideia mais característica a ter sido produzida pela democracia, e não tem paralelo no nosso vocabulário político.
>
> Fonte: WOOD, Ellen. *Citizens to lords*. A social history of western political though from Antiquity to the Late Middle Ages. Londres: Verso, 2008, p. 39, tradução nossa.

> Aqueles que podiam votar na Atenas do século V tinham de estar fisicamente presentes à assembleia quando esta se reunia para expressar seu julgamento [...] Até a Guerra do Peloponeso, como nos informa Tucídides, a maioria dos cidadãos vivia nas áreas rurais e diversos fatores reduziam a probabilidade de sua participação no governo ateniense.
>
> Geograficamente, a distância até as mais longínquas fronteiras da Ática era de cerca de 45 quilômetros, 'a viagem a pé ou de burro devia durar um dia inteiro'. Outra dificuldade para os lavradores atenienses residia nas exigências do ano agrícola, sobretudo nas épocas de lavra e de colheita. Aqueles que faziam trabalho braçal na terra certamente não podiam comparecer às 40 sessões anuais da assembleia.
>
> Fonte: STARR, Chester. *O nascimento da democracia ateniense* (trad.). São Paulo: Odisseus, 2005, p. 575-578.

A partir da comparação entre os textos, pode-se observar como característica adequada à democracia direta do período clássico ateniense (séculos V e IV a.C.)

a. a intensa participação popular, a despeito das distâncias envolvidas.
b. o significativo igualitarismo político, apesar das restrições censitárias.
c. a ampla liberdade de expressão, porém circunscrita aos habitantes da cidade.
d. o controle da justiça pelo povo, não obstante a manutenção da dominação patrícia.
e. as grandes oportunidades teóricas para participação, mas limitações práticas para sua efetivação.

7. (Enem – 2012) `Capítulo 6`

Disponível em: www.metmuseum.org.
Acesso em: 14 set. 2011. (Foto: Enem)

A figura apresentada é de um mosaico, produzido por volta do ano 300 d.C., encontrado na cidade de Lod, atual Estado de Israel. Nela, encontram-se elementos que representam uma característica política dos romanos no período, indicada em:

a. Cruzadismo – conquista da terra santa.
b. Patriotismo – exaltação da cultura local.
c. Helenismo – apropriação da estética grega.
d. Imperialismo – selvageria dos povos dominados.
e. Expansionismo – diversidade dos territórios conquistados.

8. (PUC-RS – Verão 2014) `Capítulo 6`

As relações sociopolíticas conflitivas entre patrícios e plebeus marcaram o período histórico da República, na Roma Antiga. Nesse contexto, a permissão de casamentos entre membros desses dois grupos sociais, a partir de 445 a.C., produziu:

a. o enfraquecimento do poder político dos patrícios, que contribuiu para a extinção do Senado e instalação do Império.

b. o aumento da população na península, que resultou na diminuição das guerras de conquista para recrutamento de escravos.
c. o desaparecimento da instituição dos Tribunos da Plebe, em função da progressiva perda da identidade política plebeia.
d. o surgimento de uma nova aristocracia, que passou a controlar o acesso aos cargos públicos mais elevados.
e. a relativa decadência do latifúndio escravista, devido à ampliação do acesso às terras do *agerpublicus* aos novos grupos familiares.

9. (FGV – Ensino Médio) Capítulo 6

Leia o texto e analise o gráfico a seguir:

Texto:

Tradições [de técnicas de construção de navios] *regionais de origem pré-romana certamente sobreviveram de maneira similar ao redor de todo o mar Mediterrâneo, assim como em muitos dos rios do Império. A não ser que o tamanho ou a função de navios locais demandassem modificações radicais, não deve ter havido razões para modificações nas técnicas tradicionais. O fato de César ter admirado e até mesmo imitado os barcos que encontrou na Gália e na Bretanha celtas demonstra que a tecnologia dos romanos não era necessariamente superior àquela dos seus vizinhos, fossem 'civilizados' ou 'bárbaros'.*

Fonte: GREENE, Kevin. *The Archaeology of the Roman Economy*. Berkeley: University of California Press, 1986, p. 23. (Tradução nossa).

Gráfico:
Número de naufrágios no mar Mediterrâneo identificados e datados pela arqueologia subaquática.

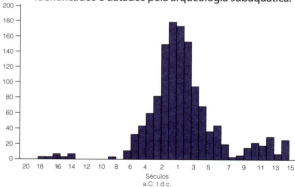

Fonte: SCHEIDEL, W.; MORRIS, I.; SALLER, R. *The Cambridge economic history of Graeco-Roman world*. Cambridge University Press, 2008, p. 572. Adaptado.

Considerando as informações do texto e os diferentes contextos históricos pelos quais passou o Mediterrâneo, as oscilações presentes no gráfico demonstram um(a)

a. aumento da pirataria com o fim do domínio romano.
b. retrocesso na tecnologia náutica após a dominação romana.
c. intensificação do comércio marítimo durante o apogeu da hegemonia romana.
d. crescimento dos combates marítimos durante as guerras de expansão do Império Romano.
e. desenvolvimento da tecnologia náutica graças às interações entre romanos e povos conquistados.

10. (UEPB – 2014) Capítulo 6

"Já no século III, precisando de soldados diante do retrocesso populacional, o Estado romano contratou muitos germanos, às vezes tribos inteiras. Sendo preciso então lhes entregar terras inteiras, os grandes proprietários instalaram-se como hóspedes permanentes em lotes fronteiriços que representavam o pagamento pelo seu serviço militar'".

FRANCO, Hilário. *A Idade Média*: Nascimento do Ocidente. São Paulo: Brasiliense, 1994.

Quanto aos povos germânicos que vieram dar origem aos reinos bárbaros no Ocidente europeu medieval, pode-se afirmar corretamente:

a. No território do antigo Império Romano, um dos reinos que mais se destacaram no século VII da Era Cristã foi o dos hicsos.
b. A presença dos bárbaros no Império Romano foi um processo que ocorreu gradualmente, iniciado muito antes das "invasões", à medida que eles penetravam nos territórios do Império e passavam a ser utilizados em trabalhos agrícolas, bem como a integrar o exército.
c. O Renascimento Carolíngio inibiu o desenvolvimento científico e proibiu a recuperação de obras clássicas.
d. Com as invasões germânicas foi abolido totalmente o direito consuetudinário devido à adoção do direito romano.
e. Não há registros históricos que apontem a contratação de bárbaros como mercenários para lutar no exército romano.

TEMA 2
A REORGANIZAÇÃO DO MUNDO MEDIEVAL
Capítulos 7 e 10

▶ A reorganização do mundo mediterrâneo

Desde o século III o Império Romano vinha passando por um grande processo de crise econômica, política e social. Um dos resultados desse processo foi a fragmentação territorial, o aumento das migrações germânicas e o crescente poder dessa parcela da população. Houve uma mistura da cultura e política dos povos germânicos e dos romanos. Um dos principais legados imperiais foi o cristianismo, que gradualmente se consolidou como religião dominante da Europa latina.

Os séculos seguintes também assistiram a um o processo de ruralização em todo o antigo império: as cidades foram sendo abandonadas e a população se transferiu para as áreas rurais. Houve também um decréscimo gradual das trocas monetárias. Nem as cidades, nem o comércio jamais foram extintos; continuam a existir, ainda que em menor escala.

Os francos foram o primeiro grupo germânico a se converter ao catolicismo. Em 496, o rei Clóvis se tornava cristão e fundia o poder secular (do rei) à Igreja Católica, dando origem à Dinastia Merovíngia. Um dos principais feitos do Reino Franco foi a expulsão dos visigodos para a Península Ibérica, no século VI. Os merovíngios foram sucedidos pelo Império Carolíngio, em 751, contando com o apoio do papa. O monarca mais conhecido dessa dinastia foi Carlos Magno, que reinou entre 768 e 814 e teve como feitos a expansão do território, a proteção e o fortalecimento do papado com a construção de conventos, paróquias, cobrança de dízimo e a conversão pelo do uso da força militar. Carlos Magno foi coroado imperador em 800, mas, após sua morte, os carolíngios entraram em um processo de crise e a dinastia teve fim no século X.

▶ O Império Bizantino

A região da Europa Oriental ficou conhecida como Império Bizantino e teve um desenvolvimento diferente da Europa Ocidental. Sua capital era Constantinopla, e o cargo de imperador poderia ser hereditário, mas, diferentemente do que ocorria no Ocidente, deveria ser aceito pelo Senado e pelo exército.

O imperador bizantino mais conhecido é Justiniano (527-565), responsável por revisar a legislação romana, reconquistar o norte da África, a Península Itálica e o sul da Espanha. No entanto, ao final de seu reinado, o Império Bizantino passou por uma crise da qual só viria se recuperar no século VIII, atingindo seu segundo apogeu em 1025, antes de passar por novas crises nos séculos posteriores.

▶ O Islã

O islamismo é uma religião monoteísta que surgiu no século VII, em Meca, e tem Maomé como profeta e o Corão como livro sagrado. Sua origem está intimamente ligada ao contexto econômico e cultural da Península Arábica. A região era habitada por diferentes povos (como os gassânidas e os lacmidas), alguns dos quais professavam o judaísmo ou o cristianismo, mas tinham em comum o uso da língua árabe. Durante o século VI, a Península Arábica se consolidou como uma importante rota comercial e Meca ser tornou a principal cidade, pois ligava o Iêmen, o Mediterrâneo, o Golfo Pérsico e o Mar Vermelho.

O profeta, Maomé, nasceu em Meca em 570. Os islâmicos acreditam que ele teve uma revelação do anjo Gabriel em 611, que lhe deu a missão de recitar para a humanidade a palavra divina. Anos mais tarde, a reunião desses versos deu origem ao Corão. No início, com um pequeno número de seguidores, os islâmicos eram perseguidos e, por isso, fugiram para Hégida em 622, ano em que se inicia o calendário muçulmano. Um importante feito de Maomé foi a conversão de um grande número de judeus ao islamismo, na cidade de Iatrib, a atual cidade de Medina, uma das mais sagradas do Islã.

Após a morte de Maomé, iniciaram-se os conflitos para determinar seu sucessor. Esses embates deram origem a um racha dentro da religião: de um lado, sunitas, que exigiam a autoridade religiosa ser exercida por alguém aprovado pela comunidade islâmica; de outro, xiitas, que defendiam a autoridade religiosa ser um sucessor da família de Maomé. A partir de então ganhou força a ideia de jihad, que pode ser entendida como o combate contra os infiéis ou como um tipo de guerra santa com o objetivo de conversão religiosa e anexação de territórios. Em 750 a cidade de Bagdá passou a ser considerada a capital do islamismo.

Caaba cercada por peregrinos em Meca, Arábia Saudita, 2013.

▶ Outras Idades Médias: África

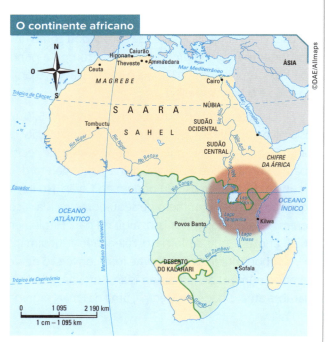

Fonte: EXPLORING Africa. Disponível em: <http://exploringafrica.matrix.msu.edu/module-ten-activity-two-2/>. Acesso em: 20 jan. 2016.

O continente africano é o segundo maior do mundo e possui grande diversidade natural, cultural e étnica. Dada a grandeza do continente, costuma-se dividi-lo em pelo menos duas partes: a África saariana (ao norte do deserto do Saara) e a África subsaariana (ao sul do deserto do Saara).

A África saariana fez parte do Império Romano no século V e foi tomada pelos árabes no século VII. A partir desse momento passou a ter contato com a religião islâmica, o que permitiu aos historiadores ter mais informações sobre a região graças aos documentos escritos em árabe. Até o século VIII, a expansão do islamismo se deu maneira pacífica no norte da África. Dessa região, os árabes conseguiram conquistar uma região que se estendia da Península Ibérica (posteriormente expulsos entre os séculos XI e XV) até o Oriente Médio. Apesar das divisões, da relativa perda de poder de Bagdá e do surgimento de califados independentes, os islâmicos conseguiram construir e manter uma unidade política e uma identidade cultural relativamente homogênea, tendo como base a língua árabe e a religião muçulmana.

Em seguida, os islâmicos passaram a concentrar seus esforços na conversão dos povos da África subsaariana. Pode-se considerar que o islamismo é uma religião interligada com os trâmites e a ética comercial da época, o que pode ter facilitado a conversão de determinados grupos. Gana foi o primeiro reino africano convertido, processo facilitado em decorrência dos contatos comerciais tratados. O mesmo ocorreu com populações de países como Índia, China e Japão, e de cidades como Veneza e Gênova.

A África subsaariana

Várias cidades-Estado, reinos e impérios se desenvolveram nessa região. O primeiro reino do qual se tem conhecimento é Gana, que pelo menos desde o século IV controlava as rotas da região, pela qual o ouro e outros produtos eram transportados, com a cobrança de taxas para sua a utilização; por isso, a grande importância desse reino no comércio transaariano. Os monarcas ganenses eram poderosos e respeitados, estabeleciam trocas comerciais e culturais com os berberes e com a região da África Mediterrânea. Gana aderiu ao islamismo, mas manteve algumas tradições religiosas, entrando em declínio no século XI.

A cidade-Estado de Haussas era localizada na região do Sudão Central e tinha como capital a cidade de Daura. Não se sabe exatamente quando teve início. Economicamente tinha como foco o comércio de metais, sal e, posteriormente, pessoas escravizadas. Cada uma das cidades era especializada em um tipo de atividade como produção de tecido, proteção, comércio, etc. O fortalecimento dos chefes locais e a centralização do poder nas mãos do chefe de Daura não foram aceitos pacificamente por toda a população. Durante o século XIV, se dedicaram à extração de ouro e noz de cola e se converteram ao islamismo.

Os iorubás também ocuparam a região do Sudão Central e tinham como capital a cidade de Ifé. As atividades comerciais que praticavam eram bastante semelhantes aos dos haussas. No entanto, do ponto de vista político, em Ifé houve uma forte estratificação social e uma sacralização da realeza, que passou a controlar as rotas comerciais da região norte entre os séculos VII e XI. Migrações dos iorubás deram origem ao reino de Benim no século XII.

O reino de Mali ocupava a parte do Sudão Ocidental; além do controle das rotas comerciais, se dedicava à agricultura e à mineração, desenvolvendo importantes tecnologias ligadas a essas duas áreas de saber. O rei, chamado de Mansa, e a nobreza eram as classes mais poderosas. O reino ficou conhecido por ter uma capital considerada um centro intelectual: Tombuctu.

O reino do Congo era composto do povo banto e estava localizado entre o rio Congo e o Golfo de Benim. Estima-se que sua origem se deu por volta do século XII, tendo suas bases na agricultura de cereais e na metalurgia. Com o passar do tempo, os chefes locais estruturaram um Estado com poder centralizado nas mãos de um rei – a capital passou a ser Banza – e promoveram a escravização dos povos insubmissos, a cobrança de impostos e a imposição da religião tradicional (culto aos ancestrais, à fertilidade etc.). A economia se diversificou e a sociedade era dividida entre a aristocracia, livres e escravizados.

Com relação à escravização, é importante lembrar que, entre os séculos IV e XV, havia escravidão na África, mas também na Ásia e na Europa. A maior parte dos escravos chegava a essa condição por causa de guerras e invasões ou dívidas. Havia os escravos "domésticos", usados na agricultura ou nos trabalhos familiares, e os escravos usados em um fim específico, como transporte de mercadorias nas rotas comerciais, e que eram vendidos após o final da viagem.

▶ Ásia

A Ásia é considerada o maior continente do mundo e também possui grande diversidade geográfica, étnica e cultural. Foi nesse continente que surgiram as civilizações humanas mais antigas que se tem notícia na Mesopotâmia e no Vale do Indo.

Durante o século VII, a presença islâmica foi significativa em parte considerável do continente, mas em geral coexistiu pacificamente com outras religiões como judaísmo, cristianismo, hinduísmo e budismo.

Na região oriental do continente, houve grandes dinastias desde a Antiguidade, com destaque para a China e o Japão que, do ponto de vista cultural, tinham como grande diferenciação a utilização de sistemas de escrita distintos do restante do continente.

Os grandes impérios da Ásia: os mongóis e os chineses

Os mongóis eram um povo politeísta originário da Ásia Central. Eles ficaram famosos por serem guerreiros habilidosos no uso do arco e flecha e do cavalo. Os mongóis conquistaram a China em 1213, dominando então diversas tecnologias criadas pelos chineses. Expandiram seu território até a Pérsia. Em 1240 tomaram parte da atual Rússia e se dividiram em quatro canatos, ou seja, centros de poder e organização política.

O período entre os séculos XIII e XIV foi de paz e prosperidade comercial para os mongóis após o reconhecimento de um único chefe, neto de Gêngis Khan, em 1279. Ao longo do século XVI, o império passou por um processo de crise e foi tomado pelos otomanos na região ocidental e na região oriental; a dinastia chinesa Yuan (que tinha apoio dos mongóis) foi derrotada. Na China, subiu ao poder a Dinastia Ming, que promoveu o fortalecimento econômico e político da China independente.

Questões para você praticar

1. (FGV-SP– 2002) [Capítulo 7]

"Inspiramos-te, assim como inspiramos Noé e os profetas que o sucederam; assim, também inspiramos Abraão, Ismael, Isaac, Jacó e as tribos, Jesus, Jonas, Aarão, Salomão, e concedemos os Salmos a Davi. E enviamos alguns mensageiros, que te mencionamos, e outros, que não te mencionamos; e Allah falou a Moisés diretamente... Ó adeptos do Livro, não exagereis em vossa religião e não digais de Allah senão a verdade. O Messias, Jesus, filho de Maria, foi tão-somente um mensageiro de Allah e o seu Verbo, que Ele enviou a Maria, e um Espírito d'Ele."

(Alcorão, 4:163-164 e 171. "O significado dos versículos do Alcorão Sagrado com comentários", p.137-138.)

A respeito do Islão é correto afirmar:

a. A religião muçulmana, apesar das influências do judaísmo e do cristianismo, significou uma ruptura com a tradição monoteísta ao estabelecer Alá como divindade superior a um conjunto de gênios e divindades secundárias.

b. A religião muçulmana surgiu no século VII, a partir das pregações de Maomé realizadas na Palestina, entre as tribos judaicas que haviam renegado o Livro Sagrado.

c. A pregação de Maomé, registrada no Alcorão, ajudou a reverter a tendência à fragmentação política e cultural dos povos árabes, fornecendo as bases religiosas para a expansão islâmica, a partir do século VII.

d. A pregação de Maomé foi registrada no Alcorão, primeiro livro sagrado escrito em hebraico e traduzido para o árabe, grego e latim, o que facilitou sua divulgação na Península Arábica, Palestina, Mesopotâmia e Ásia Menor.

e. A transferência da capital do império islâmico para Damasco, durante a dinastia Omíada, e para Bagdá, com a dinastia Abássida, provocou uma revalorização da cultura tribal árabe e a retomada dos valores panteístas dos primeiros califas.

2. (Fuvest – 2009) [Capítulo 7]

A Idade Média europeia é inseparável da civilização islâmica, já que consiste precisamente na convivência, ao mesmo tempo positiva e negativa, do cristianismo e do islamismo, sobre uma área comum impregnada pela cultura greco-romana.

José Ortega y Gasset (1883-1955)

O texto acima permite afirmar que, na Europa ocidental medieval,

a. formou-se uma civilização complementar à islâmica, pois ambas tiveram um mesmo ponto de partida.

b. originou-se uma civilização menos complexa que a islâmica devido à predominância da cultura germânica.

c. desenvolveu-se uma civilização que se beneficiou tanto da herança greco-romana quanto da islâmica.

d. cristalizou-se uma civilização marcada pela flexibilidade religiosa e tolerância cultural.

e. criou-se uma civilização sem dinamismo, em virtude de sua dependência de Bizâncio e do Islão.

3. (FGV-SP – 2004) [Capítulo 7]

"O sacerdote, tendo-se posto em contato com Clóvis, levou-o pouco a pouco e secretamente a acreditar no verdadeiro Deus, criador do Céu e da Terra, e a renunciar aos ídolos, que não lhe podiam ser de qualquer ajuda, nem a ele nem a ninguém [...] O rei, tendo pois confessado um Deus todo-poderoso na Trindade, foi batizado em nome do Pai, do Filho e do Espírito Santo e ungido do santo Crisma com o sinal-da-cruz. Mais de três mil homens do seu exército foram igualmente batizados [...]."

(São Gregório de Tours. A conversão de Clóvis).

A respeito dos episódios descritos no texto, é correto afirmar:

a A conversão de Clóvis ao arianismo permitiu aos francos uma aproximação com os lombardos e a expansão do seu reino em direção ao Norte da Itália.

b. A conversão de Clóvis, segundo o rito da Igreja Ortodoxa de Constantinopla, significou um reforço político-militar para o Império Romano do Oriente.

c. Com a conversão de Clóvis, de acordo com a orientação da Igreja de Roma, o reino franco tornou-se o primeiro Estado germânico sob influência papal.

d. A conversão de Clóvis ao cristianismo levou o reino franco a um prolongado conflito religioso, uma vez que a maioria dos seus integrantes manteve-se fiel ao paganismo.

e. A conversão de Clóvis ao cristianismo permitiu à dinastia franca merovíngia a anexação da Itália a seus domínios e a submissão do poder pontifício à autoridade monárquica.

4. (Unicamp-SP – 2014) Capítulo 7

   O termo "bárbaro" teve diferentes significados ao longo da história. Sobre os usos desse conceito, podemos afirmar que:

   a. Bárbaro foi uma denominação comum a muitas civilizações para qualificar os povos que não compartilhavam dos valores destas mesmas civilizações.

   b. Entre os gregos do período clássico o termo foi utilizado para qualificar povos que não falavam grego e depois disso deixou de ser empregado no mundo mediterrâneo antigo.

   c. Bárbaros eram os povos que os germanos classificavam como inadequados para a conquista, como os vândalos, por exemplo.

   d. Gregos e romanos classificavam de bárbaros povos que viviam da caça e da coleta, como os persas, em oposição aos povos urbanos civilizados.

5. (PUC-PR – 2015) Capítulo 7

   O Império Bizantino foi uma civilização na qual a religião tinha um lugar de grande destaque. Temas religiosos eram muito correntes entre a opinião pública em geral. Em diversos setores da vida bizantina havia forte influência religiosa. Em especial, na vida política havia uma conexão importante entre Estado e Igreja, chegando o imperador a ter um papel de destaque na vida religiosa em Bizâncio.

   Com base no exposto, indique o tipo de regime político que se desenvolveu no Império Bizantino.

   a. Califado.
   b. Monarquia absolutista.
   c. Cesaropapismo.
   d. Monarquia eletiva.
   e. Sacro Império Romano.

6. (UFJF-MG – 2005) Capítulo 7

   A respeito do mundo árabe, é incorreto afirmar que:

   a. a Península Arábica pré-islâmica era dominada por povos pastores, nômades e politeístas, que viviam em constantes conflitos tribais.

   b. os conflitos em Meca obrigaram Maomé a partir para um novo local, que passou a ser conhecido como Medina (Cidade do Profeta), em um processo de emigração chamado Hégira.

   c. a religião fundada por Maomé incorporou princípios de outras religiões, como o Cristianismo e o Judaísmo.

   d. além de ser um importante líder religioso, Maomé desempenhou um papel político significativo, que garantiu a unificação da Arábia.

   e. após a morte de Maomé, houve separação entre os poderes político e religioso, o que foi levado para as áreas conquistadas.

7. (Fuvest-SP – 2014) Capítulo 10

   Durante muito tempo, sustentou-se equivocadamente que a utilização de especiarias na Europa da Idade Média era determinada pela necessidade de se alterar o sabor de alimentos apodrecidos, ou pela opinião de que tal uso garantiria a conservação das carnes. A utilização de especiarias no período medieval

   a. permite identificar a existência de circuitos mercantis entre a Europa, a Ásia e o continente africano.

   b. demonstra o rigor religioso, caracterizado pela condenação da gastronomia e do requinte à mesa.

   c. revela a matriz judaica da gastronomia medieval europeia.

   d. oferece a comprovação da crise econômica vivida na Europa a partir do ano mil.

   e. explicita o importante papel dos camponeses dedicados a sua produção e comercialização.

TEMA 3
CONSOLIDAÇÃO E CRISE DO FEUDALISMO
Capítulos 8 e 9

▶ A fragmentação do Império Carolíngio

Durante os séculos VIII e IX houve uma segunda onda de migrações para a Europa que impactou todo o continente. Os muçulmanos, *vikings* e magiares atacaram diversas regiões do continente, exigindo a ação de lideranças locais. Tais invasões contribuíram para a perda progressiva do poder do Império Carolíngio, permitindo a ascensão de novas dinastias locais. Além disso, a aristocracia (tanto a laica quanto a eclesiástica) vinha sendo fortalecida por doações de títulos e terras pelo próprio poder imperial.

Inicialmente, essas doações eram condicionais e provisórias: retribuíam o serviço (principalmente militar, mas não somente) desempenhado pelos aristocratas ao monarca e, no momento de sua morte, deveriam retornar ao imperador. Entretanto, o fortalecimento da aristocracia fez com que essas doações fossem cada vez mais incondicionais e hereditárias, tornando os senhores praticamente independentes do monarca. Dessa forma, o poder no Ocidente latino foi fragmentado entre uma infinidade de senhores que detinham, simultaneamente, a autoridade pública (o *ban*), exercida a título hereditário, e a dominação sobre a terra e os camponeses (o senhorio). Em seus domínios (os feudos), cada senhor exercia sua autoridade – fazia cumprir suas próprias leis, cobrava impostos e rendas – e suas ações eram justificadas como sendo "para o bem comum", mesmo que suas exigências muitas vezes fossem abusivas.

A partir da fragmentação do Império Carolíngio, surgiram reinos menores, como a França, no século X. Embora ainda existissem vínculos de obrigação entre o monarca e os aristocratas, a fragilização do poder central fazia que os servos reconhecessem o príncipe apenas como mais um aristocrata – e mais distante do que as autoridades regionais, com pouca capacidade de intervenção cotidiana.

Suserania e vassalagem

Um vassalo estava, teoricamente, encarregado de dar auxílio a seu senhor (ou suserano), ajudando-o pessoal e financeiramente; em contrapartida, o suserano deveria prover proteção legal e financeira ao vassalo. A principal forma de auxílio e proteção era militar, mas vassalos e suseranos também deviam uns aos outros diversos tipos de obrigações, como o conselho e a fidelidade.

O feudo

O feudo visava garantir as condições necessárias para o vassalo desempenhar suas funções em relação ao suserano. Na maior parte das vezes, o feudo era composto de uma terra com os camponeses que nela trabalhavam – um senhorio –, mas também poderia ser o direito de cobrar impostos e administrar a justiça sobre determinada região, ou, mais raramente, uma renda em dinheiro.

Feudalismo é, portanto, o sistema social em que o acesso às riquezas, sobretudo à terra, resultava das relações de dependência pessoal. No seio da aristocracia, um nobre jurava fidelidade a outro mais poderoso, seu suserano, tornando-se vassalo deste; em troca, o suserano concedia-lhe um feudo. No interior do feudo, parte das terras era cedida aos camponeses para que dela tirassem seu próprio sustento e entregassem uma parcela de sua produção ao senhor. Assim, a dominação feudal sobre o campesinato era dupla: por um lado, os camponeses só tinham acesso à terra por meio do reconhecimento do senhor como proprietário; por outro lado, mesmo os camponeses que eram donos de suas terras estavam sujeitos à autoridade senhorial.

No manso servil, a terra era dividida em pequenos lotes para o cultivo dos camponeses, e parte da produção era entregue ao senhor, em produtos ou, mais raramente, em dinheiro. No manso senhorial, no qual o cultivo era destinado integralmente ao senhor, os servos deviam trabalhar, pelo menos, três dias por semana, embora houvesse grandes variações regionais. Durante esse tempo, trabalhavam diretamente na terra ou cuidavam dos animais e realizavam atividades gerais, como a construção de benfeitorias.

As três ordens

A sociedade feudal estava teoricamente dividida em três ordens:

- nobreza: formada por guerreiros, era responsável pela proteção de todos;
- clero: formada pela Igreja, era responsável pela oração e a consequente salvação de toda a sociedade;
- camponeses: formada pelos trabalhadores, que alimentavam às demais ordens e a si mesmos.

Tal divisão era uma simplificação, pois a sociedade sempre foi mais complexa do que esse modelo. O principal objetivo dessa ideologia não era descrever a realidade, mas sim justificar a dominação da aristocracia e da Igreja ao apresentar uma sociedade supostamente harmônica, imóvel e ordenada por Deus.

A cavalaria e as Cruzadas

Do século X ao XIII, a nobreza passou a abarcar dos príncipes aos cavaleiros. Ser aristocrata (ou nobre) significava adotar um estilo de vida e valores próprios, em cujo centro estava a guerra. Essa nobreza guerreira era extremamente hierarquizada por laços de dependência pessoal: suseranos e vassalos se confundiam em uma grande teia de obrigações. Mas essa hierarquia não convergia na mesma direção, em razão da fragmentação do poder. Com o aparecimento de inúmeros senhores em cada região, à frente de um grupo de cavaleiros, os conflitos (as chamadas "guerras privadas") se multiplicaram e a proteção contra o poder de um senhor vizinho era a justificativa para o aumento do poder senhorial. Ao longo dos séculos X e XI, a Igreja interviu nos conflitos da cavalaria e, aos poucos, conseguiu estabelecer sua ideologia, cristianizando a cavalaria e diminuindo os conflitos internos.

Em 1095, o papa Urbano II anunciou uma cruzada para libertar Jerusalém e a Palestina do controle muçulmano. A Primeira Cruzada foi a única que efetivamente conquistou Jerusalém e formou ali um reino cristão, embora sua duração tenha sido limitada.

Ainda que a questão religiosa fosse fundamental, outras motivações contribuíram para o entusiasmo inicial dos europeus, como a possibilidade de ganhos econômicos no comércio e na ocupação de novas terras. Além disso, a conclamação do papa Urbano II visava socorrer o Império Bizantino, seriamente ameaçado pelos turcos seljúcidas, em uma tentativa de resolver a questão do Grande Cisma de 1054, que havia separado as Igrejas do Oriente e do Ocidente. A retomada de Jerusalém pelos muçulmanos levou à formação de novas cruzadas, que não alcançaram êxito significativo. A riqueza não se estendeu a todos e as cruzadas acabaram por endurecer as relações entre cristãos, judeus e muçulmanos, favorecendo extremismos e perseguições. O Império Bizantino saiu consideravelmente fragilizado pela Quarta Cruzada (1202-1204), cujos integrantes saquearam e ocuparam Constantinopla. O espírito de cruzada viveu até o século XIII, quando perdeu força, sem, no entanto, desaparecer da mentalidade cristã, manifestando-se até o século XVI no contexto da expansão marítima. Uma das mais duradouras consequências foi o aumento do comércio de luxo com o Oriente: o gosto pelas especiarias, pela seda e por talheres ampliou as perspectivas materiais do Ocidente, favorecendo sobretudo as cidades italianas, que a partir de então estreitaram as trocas comerciais de produtos vindos da Ásia.

Camponeses e a dependência do senhorio

Na Idade Média, a terra era a base do poder social e a principal fonte de riqueza. Entre os séculos X e XIII, dois fatores principais transformaram o campo europeu: a expansão demográfica e o aumento da produção agrícola. Graças ao aumento na produção agrícola desse período – decorrente do uso da tração animal, de melhores ferramentas, do sistema de irrigação dos muçulmanos, de um período climático favorável e da expansão de novas terras para cultivo –, a população do Ocidente medieval dobrou.

Entretanto, propriedades de camponeses livres tornaram-se raras. As habitações camponesas passaram a agrupar-se em aldeias próximas a um castelo, o que ficou conhecido por encastelamento. Os senhores exploravam diretamente uma pequena parte das terras e deixavam outras para os camponeses a título de concessão (arrendamentos). Os camponeses pagavam aos senhores uma taxa denominada censo, um tipo de imposto sobre a utilização da terra que funcionava como um reconhecimento de que a terra pertencia ao senhor. Seu valor era estabelecido segundo o costume ou por um documento escrito, e o pagamento era feito em dinheiro ou com uma parte fixa da colheita. A este senhorio fundiário somava-se o senhorio banal, isto é,

Consolidação e crise do feudalismo **Tema 3**

um reforço do poder proveniente do *ban* (poder de punir e obrigar), em troca da proteção aos camponeses e da distribuição da justiça.

Dessa forma, a partir do século IX, os camponeses se tornaram cada vez mais dependentes do senhorio, o que aumentou a solidariedade entre eles: por exemplo, em locais onde havia abundância de terra, os camponeses obtinham foros, as cartas de franquia que fixavam obrigações e concediam às comunidades das aldeias certa autonomia. A terra e as pessoas passaram a ser enquadradas pelo senhorio e pela paróquia (a divisão eclesiástica estabelecida pela Igreja Católica).

Os centros urbanos e o comércio

Os centros urbanos europeus que sobreviveram à desagregação do Império Romano do Ocidente muitas vezes formavam um núcleo com a área ocupada pelo palácio do bispo e a catedral. A esse núcleo urbano, herdado da Antiguidade, agregavam-se um ou mais burgos, fossem monásticos ou comerciais. Contudo, tais cidades eram, em geral, pouco povoadas; o essencial da vida econômica e social concentrava-se no campo. A partir do século X, por toda a Europa, as cidades tiveram um crescimento demográfico lento, mas expressivo. O mundo urbano se renovou em estreita dependência com o mundo feudal, pelo menos até os séculos XII e XIII. Os monarcas e senhores organizavam feiras comerciais na tentativa de aumentar a arrecadação de impostos cobrados sobre os produtos trocados. Algumas das feiras se tornaram famosas e passaram a movimentar o comércio de longa distância, reunindo negociantes de toda a Europa. Consequentemente, diversas cidades se beneficiaram do aumento do comércio, crescendo e possibilitando que alguns de seus habitantes enriquecessem.

As necessidades do grande comércio, juntamente com as necessidades financeiras dos Estados e da Igreja, provocaram um aumento da circulação monetária. Na segunda metade do século XIII, reapareceu no Ocidente, principalmente graças ao impulso das cidades italianas, a moeda de ouro.

O dinamismo das atividades artesanais, comerciais e bancárias acarretou uma mudança gradativa na sociedade medieval. As riquezas não vinham mais apenas do campo, mas também da cidade, que desenvolvia e transformava as estruturas da sociedade feudal. Por mais que os comerciantes adotassem alguns hábitos da aristocracia e tentassem imitar o estilo da nobreza, sua riqueza e seu lugar na sociedade continuavam ligados a uma atividade econômica, ao trabalho, e não ao ofício das armas ou à detenção de poder público.

▶ Crise do sistema feudal

No início do século XIV, a Europa começou a entrar em crise, pois sem avanços tecnológicos a economia não conseguia sustentar uma população tão grande. Houve fome no norte da Europa, a presença mortal da peste negra e conflitos militares cada vez maiores pelo continente. A desordem causada por esses elementos em retração levou a acontecimentos como o ataque de camponeses a castelos, em protesto contra a crescente exploração senhorial.

Passados o período mais agudo da crise, no início do século XV, as comunidades europeias começaram a se estruturar e as cidades mais dinâmicas retomaram sua expansão demográfica, recuperando a população perdida nos anos anteriores. A diversificação das atividades teve continuidade, e a administração do Estado, centralizada nos núcleos urbanos, tornou-se mais complexa: os notários (responsáveis pela elaboração de documentos públicos), os advogados e os oficiais ganharam importância.

Em razão da redução da população rural, alguns camponeses conseguiram reunir mais terras e enriquecer, de modo que também o campo se tornou mais diversificado. Ao contrário dos camponeses mais pobres, que continuaram a trabalhar com enxadas, esses lavradores possuíam recursos para adquirir animais e arados utilizados no cultivo dos campos. Alcançando melhores condições de vida, puderam fazer frente aos senhores, que se viram obrigados a fazer acordos de arrendamento mais vantajosos para os camponeses. Assim, em decorrência do maior poder de barganha dos camponeses, a servidão perdeu força na Europa ocidental, mas mesmo assim a maior parte da população continuou muito pobre. A sociedade feudal também se modificou. A alta nobreza conseguiu preservar, quando não aumentar, seu patrimônio. A pequena nobreza, por sua vez, empobreceu. O corpo da nobreza chocou-se com a pujança de outros atores: o Estado, os camponeses ricos e os burgueses.

Questões para você praticar

1. (Fuvest-SP – 2012) `Capítulo 8`

A palavra "feudalismo" carrega consigo vários sentidos. Dentre eles, podem-se apontar aqueles ligados a

a. sociedades marcadas por dependências mútuas e assimétricas entre senhores e vassalos.

b. relações de parentesco determinadas pelo local de nascimento, sobretudo quando urbano.

c. regimes inteiramente dominados pela fé religiosa, seja ela cristã ou muçulmana.

d. altas concentrações fundiárias e capitalistas.

e. formas de economias de subsistência pré-agrícolas.

2. (Unesp-SP – 2015) `Capítulo 8`

Observemos apenas que o sistema dos feudos, a *feudalidade*, não é, como se tem dito frequentemente, um fermento de destruição do poder. A feudalidade surge, ao contrário, para responder aos poderes vacantes. Forma a unidade de base de uma profunda reorganização dos sistemas de autoridade […].

(Jacques Le Goff. *Em busca da Idade Média*, 2008.)

Segundo o texto, o sistema de feudos

a. representa a unificação nacional e assegura a imediata centralização do poder político.

b. deriva da falência dos grandes impérios da Antiguidade e oferece uma alternativa viável para a destruição dos poderes políticos.

c. impede a manifestação do poder real e elimina os resquícios autoritários herdados das monarquias antigas.

d. constitui um novo quadro de alianças e jogos políticos e assegura a formação de Estados unificados.

e. ocupa o espaço aberto pela ausência de poderes centralizados e permite a construção de uma nova ordem política.

3. (FGV – Ensino Médio) `Capítulo 8`

Leia o texto e as informações sobre as imagens a seguir:

Texto:

Os templos dos ídolos daquelas gentes não devem ser destruídos – apenas os ídolos que neles estiverem. Borrife-se água benta e abençoe estes templos, e construam ali altares e depositem as relíquias. […] enquanto o povo não vê seus templos destruídos, mais facilmente poderão abandonar o erro de sua alma; e ao frequentar os lugares a que estão acostumados, mais facilmente serão levados ao conhecimento e adoração do verdadeiro Deus. E, dado que estão habituados a matar muitos bois em sacrifício aos demônios, se lhes conceda a celebração de alguma festividade deste tipo porém sob outra forma nos dias de dedicação ou aniversário dos Santos Mártires.

Papa Gregório I (540-604), *Epistola ad Mellitum*.

Imagem 1: Fórum Romano, Roma: Templo de Antonino e Faustina (construído no século II), transformado na Igreja de São Lourenço em Miranda no século VII ou VIII (observe a cruz no alto do prédio).

Fonte: <http://ancient-rome.tripod.com/romanforum/temple.htm>. Acesso em: jan. 2014.

Imagem 2: Menir Men-Marz (Brignogan-Plages, França).

Esses monumentos megalíticos, cravados na terra em tempos pré-históricos e ainda presentes na paisagem europeia, foram locais de cultos pré-cristãos ao longo de toda a Antiguidade. No processo de cristianização da Europa, alguns foram derrubados, enquanto outros foram "cristianizados" (repare a cruz ao alto deste menir).

Fonte: <http://www.france-voyage.com/francia-comuni/fotos-brignogan-plage-8905.php>. Acesso em: jan. 2014.

O texto e as imagens da página anterior exemplificam uma importante estratégia da Igreja Católica no processo de cristianização da Europa, que consistia em

a. tomar os locais sagrados pré-cristãos, demonstrando o poder coercitivo da estrutura eclesiástica.
b. exibir os símbolos cristãos em todos os lugares possíveis, enfatizando o controle eclesiástico do espaço.
c. reprimir as práticas religiosas heréticas, reforçando assim a obrigatoriedade de todos seguirem a fé cristã.
d. dar conteúdo cristão a locais e rituais sagrados pré-cristãos, buscando a aceitação gradual da nova religião.
e. fundir práticas cristãs e não cristãs, criando uma nova religião capaz de atrair tanto os cristãos quanto os pagãos.

4. (Unesp-SP – Vestibular 2014) [Capítulo 8]

Mais ou menos a partir do século XI, os cristãos organizaram expedições em comum contra os muçulmanos, na Palestina, para reconquistar os "lugares santos" onde Cristo tinha morrido e ressuscitado. São as cruzadas [...]. Os homens e as mulheres da Idade Média tiveram então o sentimento de pertencer a um mesmo grupo de instituições, de crenças e de hábitos: a cristandade.

(Jacques Le Goff. *A Idade Média explicada aos meus filhos*, 2007.)

Segundo o texto, as cruzadas

a. contribuíram para a construção da unidade interna do cristianismo, o que reforçou o poder da Igreja Católica Romana e do Papa.
b. resultaram na conquista definitiva da Palestina pelos cristãos e na decorrente derrota e submissão dos muçulmanos.
c. determinaram o aumento do poder dos reis e dos imperadores, uma vez que a derrota dos cristãos debilitou o poder político do Papa.
d. estabeleceram o caráter monoteísta do cristianismo medieval, o que ajudou a reduzir a influência judaica e muçulmana na Palestina.
e. definiram a separação oficial entre Igreja e Estado, estipulando funções e papéis diferentes para os líderes políticos e religiosos.

5. (FGV – Ensino Médio) [Capítulo 9]

Leia o texto, observe a tabela e analise o gráfico a seguir:

Texto:

A princípio, [os desmatamentos] aconteceram em geral devido à falta de terra para os lavradores dos vilarejos. [...] não se tratava mais, como no passado, de praticar alguns cultivos temporários [...]. Tratava-se, daquele momento em diante, da implantação [...] de pastagens e terras lavráveis desmatadas, destocadas e adequadas ao cultivo para um longo período de tempo. Naturalmente, esses desmatamentos de proximidade não podiam passar desapercebidos dos senhores do lugar. Estes rapidamente tiveram noção dos rendimentos suplementares que poderiam obter, encorajando os desmatadores ao propor a cobrança de taxas relativamente baixas. Foi assim que, pouco a pouco, no entorno de cada cidade, as terras inexploradas foram escasseando.

Fonte: MAZOYER, Marcel, ROUDART; Laurence. *História das agriculturas no mundo*. Do neolítico à crise atual. São Paulo: Editora Unesp, Brasília: NEAD, 2010, p. 326.

Tabela:

Rotação trienal de plantios			
Rotação	Terra 1	Terra 2	Terra 3
1º ano	Alqueive*	Cereal de inverno	Cereal de primavera
2º ano	Cereal de inverno	Cereal de primavera	Alqueive*
3º ano	Cereal de primavera	Alqueive*	Cereal de inverno

*Alqueive: Terra lavrada que se deixa descansar.

Fonte: MAZOYER, Marcel, ROUDART; Laurence. *História das agriculturas no mundo*. Do neolítico à crise atual. São Paulo: Editora Unesp, Brasília: NEAD, 2010, p. 312. (Adaptado).

Gráfico:

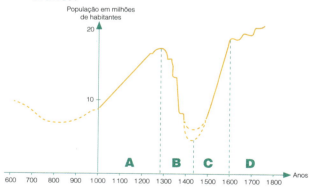

Evolução da população da França (em seus limites territoriais atuais) do ano 1000 ao ano 1750.

Fonte: MAZOYER, Marcel, ROUDART; Laurence. *História das agriculturas no mundo*. Do neolítico à crise atual. São Paulo: Editora Unesp; Brasília: NEAD, 2010, p. 332. Adaptado.

O texto e a tabela identificam transformações na organização da produção agrícola que, em conjunto com outros fatores históricos, tiveram importante impacto sobre a população europeia. Esse impacto está identificado no Gráfico no recorte

a. crescimento acelerado, por meio do rodízio de cultivos e da expansão das terras cultiváveis, aumentando a produção.

b. crescimento inconsistente, consequência de um cultivo de terras marginais, impedindo o desenvolvimento agrícola.

c. crise aguda, causada pela queda da produção agrícola ocasionada pelo desmatamento próximo às cidades em crescimento.

d. queda causada pela ocupação de terras menos férteis e pela adoção de rodízios de cultivos, deixando parte da terra improdutiva.

e. recuperação lenta, possibilitada pelo plantio de cereais de inverno no entorno das cidades, aumentando a produtividade agrícola.

6. (FGV – Ensino Médio) Capítulo 9

Leia o texto a seguir:

A dramática aceleração das forças de produção detonou uma correspondente explosão demográfica [...] Foi em meio a esta sociedade que aumentava que o comércio foi revigorado depois de um longo declínio durante o período obscurantista da Idade Média, e, cada vez mais numerosas, as cidades se espalharam e prosperavam como pontos de interseção para os mercados regionais e centros manufatureiros.

Fonte: ANDERSON, Perry. *Passagens da Antiguidade ao feudalismo*. São Paulo: Brasiliense, 2000. p. 185.

A partir do ano 1000, mudanças socioeconômicas aconteceram na Europa ocidental. Tendo como base o texto, é correto afirmar que esse processo encontra-se associado ao

a. nascimento das monarquias absolutistas, enfraquecendo a economia senhorial.

b. aparecimento de atividades mercantis no campo, retirando a autonomia dos feudos.

c. surgimento da burguesia, disputando com a nobreza o controle das rotas comerciais.

d. aperfeiçoamento técnico, permitindo a geração de excedente agrícola comercializável.

e. crescimento desordenado da população, forçando o êxodo rural em direção às comunas.

7. (Enem – 2015) Capítulo 9

No início foram as cidades. O intelectual da Idade Média — no Ocidente — nasceu com elas. Foi com o desenvolvimento urbano ligado às funções comercial e industrial — digamos modestamente artesanal — que ele apareceu, como um desses homens de ofício que se instalavam nas cidades nas quais se impôs a divisão do trabalho. Um homem cujo ofício é escrever ou ensinar, e de preferência as duas coisas a um só tempo, um homem que, profissionalmente, tem uma atividade de professor e erudito, em resumo, um intelectual — esse homem só aparecerá com as cidades.

LE GOFF, J. Os intelectuais na Idade Média. Rio de Janeiro: José Olympio, 2010.

O surgimento da categoria mencionada no período em destaque no texto evidencia o(a)

a. apoio dado pela Igreja ao trabalho abstrato.

b. relação entre desenvolvimento urbano e divisão do trabalho.

c. importância organizacional das corporações de ofício.

d. progressiva expansão da educação escolar.

e. acúmulo de trabalho dos professores e eruditos.

8. (FGV – Ensino Médio) Capítulo 9

Leia o texto e observe as imagens a seguir:

Texto

"Pregadores exaltados e muitas vezes suspeitos falavam às multidões da ruína próxima de Roma e da Igreja e lhes faziam entrever horríveis catástrofes. A vinda do anticristo, muitas vezes predita, parecia agora iminente. [...] Ora, o reino deste inimigo de Deus e do gênero humano, na crença popular, não devia preceder senão um pouco o juízo final. Os artistas representaram então à porfia [...] este tema do julgamento final dum mundo pecador. [...] após a Peste Negra, os artistas acharam uma deleitação mórbida em pormenorizar completamente a variedade dos suplícitos infernais. [...] Mais ainda que o juízo final e o inferno, a morte é o grande tema da iconografia da Idade Média a findar."

Fonte: DELUMEAU, Jean. *Nascimento e afirmação da Reforma.* São Paulo: Pioneira, 1989, p. 61-62.

Imagem 1

O Juízo final, de Rogier van der Weyden (1433). Musée de l'Hôtel Dieu, Beaune.

Fonte: http://www.wga.hu/frames-e.html?/html/w/weyden/rogier/08beaune/00beaun1.html (acessado em 20/03/2014).

Imagem 2

Dança macabra, de Hans Holbein, o Jovem (século XVI).

Fonte: http://minnesota.publicradio.org/display/web/2012/10/29/morning-glories-dies-irae (acessado em 20/03/2014).

O texto e as imagens nos permitem identificar um importante processo de transformação nas mentalidades dos europeus no final da Idade Média, caracterizado por:

a. uma crescente descrença na fé cristã, causada pela crise da Igreja Católica durante o Cisma do Ocidente, que dividiu a cristandade entre dois papas.

b. uma crescente preocupação com a morte e a vida após a morte, desencadeada pela grande mortalidade causada pela Peste Negra.

c. uma maior preocupação com a descrição do inferno, perpetrada pelas novas ordens religiosas católicas surgidas nesse período.

d. uma nova percepção satírica sobre a morte, influenciada pela literatura e pela mitologia greco-romana.

e. uma inovadora forma de representar o juízo final, influenciada pela arte bizantina.

9. (FGV – Ensino Médio) Capítulo 9

Leia, atentamente, o texto a seguir:

A localização geográfica das grandes revoltas camponesas do final da Idade Média no Ocidente conta sua própria história. Em cada caso, elas ocorriam em zonas de poderosos centros urbanos, que agiam objetivamente como um fermento para estes levantes populares: Bruges e Gand em Flandres, Paris, no norte da França, Londres, no sudeste da Inglaterra, e Barcelona, na Catalunha. A presença das cidades maiores sempre significou uma irradiação de relações de mercado pelos campos vizinhos: numa época de transição, foram as tensões de uma agricultura semicomercializada que se mostraram mais intensas para o sistema da sociedade rural. [...] Além do mais, o papel das cidades nas revoltas camponesas da época não era limitado a seus efeitos sapadores contra a ordem senhorial tradicional em sua vizinhança. Muitas cidades apoiaram ou deram assistência ativamente às rebeliões rurais de alguma forma, fosse a partir da incipiente simpatia popular da base, fosse de cálculos interessados de patrícios acima. [...] Assim, tanto objetiva quanto muitas vezes subjetivamente, as cidades afetavam o caráter e o curso das grandes revoltas da época.

Fonte: ANDERSON, Perry. *Passagens da Antiguidade ao feudalismo.* São Paulo: Brasiliense, 1994. p. 198-199.

Considerando o texto lido, as cidades influenciaram a eclosão de revoltas camponesas no final da Idade Média europeia, pois

a. aceleravam a mudança social, gerando novos conflitos.

b. reforçava ideias tradicionais, criticando o regime político.

c. concorriam com os produtos rurais, empobrecendo os camponeses.

d. disputavam mão de obra com os senhores feudais, estimulando a migração.

e. manipulavam os camponeses, reforçando a dominação urbana sobre o campo.

10. (Enem – 2015) `Capítulo 9`

Calendário medieval, século XV

Disponível em: <www.ac-grenoble.fr>. Acesso em: 10 maio 2012.

Os calendários são fontes históricas importantes, na medida em que expressam a concepção de tempo das sociedades. Essas imagens compõem um calendário medieval (1460-1475) e cada uma delas representa um mês, de janeiro a dezembro. Com base na análise do calendário, apreende-se uma concepção de tempo

a. cíclica, marcada pelo mito arcaico do eterno retorno.

b. humanista, identificada pelo controle das horas de atividade por parte do trabalhador.

c. escatológica, associada a uma visão religiosa sobre o trabalho.

d. natural, expressa pelo trabalho realizado de acordo com as estações do ano.

e. romântica, definida por uma visão bucólica da sociedade.

11. (Fuvest-SP – 2016) `Capítulo 9`

Assim como o camponês, o mercador está a princípio submetido, na sua atividade profissional, ao tempo meteorológico, ao ciclo das estações, à imprevisibilidade das intempéries e dos cataclismos naturais. Como, durante muito tempo, não houve nesse domínio senão necessidade de submissão à ordem da natureza e de Deus, o mercador só teve como meio de ação as preces e as práticas supersticiosas. Mas, quando se organiza uma rede comercial, o tempo se torna objeto de medida. A duração de uma viagem por mar ou por terra, ou de um lugar para outro, o problema dos preços que, no curso de uma mesma operação comercial, mais ainda quando o circuito se complica, sobem ou descem tudo isso se impõe cada vez mais à sua atenção. Mudança também importante: o mercador descobre o preço do tempo no mesmo momento em que ele explora o espaço, pois para ele a duração essencial é aquela de um trajeto.

Jacques Le Goff. *Para uma outra Idade Média*.
Petrópolis: Vozes, 2013. Adaptado.

O texto associa a mudança da percepção do tempo pelos mercadores medievais ao

a. respeito estrito aos princípios do livre-comércio, que determinavam a obediência às regras internacionais de circulação de mercadorias.

b. crescimento das relações mercantis, que passaram a envolver territórios mais amplos e distâncias mais longas.

c. aumento da navegação oceânica, que permitiu o estabelecimento de relações comerciais regulares com a América.

d. avanço das superstições na Europa ocidental, que se difundiram a partir de contatos com povos do leste desse continente e da Ásia.

e. aparecimento dos relógios, que foram inventados para calcular a duração das viagens ultramarinas.

4 A FORMAÇÃO DO ANTIGO REGIME
Capítulos 11, 13 e 14

▶ O Humanismo

O Humanismo surgiu nos séculos XIV e XV, em um contexto de mudanças associadas à desestruturação do feudalismo, à revitalização do comércio e ao fortalecimento da burguesia, os quais provocaram alterações significativas na vida e na visão de mundo dos europeus.

Com base na reconstrução e valorização do mundo greco-romano, o centro das preocupações da filosofia humanista foi o ser humano, em contraposição ao teocentrismo difundido durante toda a Idade Média, que considerava o estudo religioso o mais importante ramo do conhecimento. Os humanistas não contestavam, porém, o poder de Deus ou a religião, mas enfatizam o valor da razão humana, ela mesma uma criação divina.

Ao enfatizar a experiência direta na busca do conhecimento, o Humanismo lançou as bases para o desenvolvimento de um método científico, que fez surgir uma ciência experimental preocupada com provas e evidências e que buscava aprofundar o conhecimento por meio da investigação direta da natureza.

▶ O Renascimento

Os humanistas estavam convencidos de que, com a retomada dos textos e das formas artísticas da Antiguidade clássica, punham fim à Idade Média, vista como estagnada: era como se, depois de mais de mil anos, o espírito humano renascesse. Dessa forma, enfatizavam a importância de suas próprias ideias, menosprezando o período anterior. É preciso reconhecer, porém, que muitas obras da Antiguidade só sobreviveram por terem sido preservadas pela Igreja medieval.

Influenciado pelas ideias humanistas, o movimento renascentista teve suas primeiras manifestações no século XIV, mas foi especialmente no século XV e no início do XVI que chegou a seu ápice. O Renascimento representou a expressão do Humanismo nas artes e refletiu suas mais importantes características.

Com a crescente concentração de poder nas mãos dos monarcas e a incessante busca dos reis por legitimidade, esses governantes passaram a patrocinar cada vez mais artistas, usando suas obras de arte para fazer propaganda da monarquia. A Igreja, um grande mecenas desde os tempos medievais, continuou a encomendar obras com temas religiosos. Comerciantes ricos e banqueiros também utilizaram a arte como forma de conseguir prestígio. Assim, as cortes e as cidades tornaram-se espaços de concentração de artistas, que sobreviviam graças ao patrocínio de reis, religiosos, nobres e burgueses.

▶ Reformas religiosas

A mercantilização da fé, a venda de cargos religiosos e o comportamento reprovável de muitos eclesiásticos foram vistos por muitos como sinais de que a Igreja havia se afastado dos preceitos do cristianismo. Além do mais, a doutrina católica não tinha se adaptado à expansão das atividades comerciais. A condenação da cobrança de juros (usura), da acumulação de riquezas por meio do comércio e da obtenção do lucro afastava os burgueses vinham enriquecendo desde o século XII por meio de lucrativas trocas comerciais. Por último, a crise do século XIV e as transformações sociais dos períodos posteriores haviam gerado em muitos questionamentos sobre a salvação, questionamentos esses que o clero não conseguia responder.

Luteranismo

Martinho Lutero (1483-1546) era um monge agostiniano. Em 1517, afixou suas 95 teses na porta da igreja do Castelo de Wittenberg, acusando a Igreja Romana de enganar os fiéis ao alegar que detinha algum poder sobre o Purgatório. O monge criticava a venda de indulgências. Ao longo dos debates, Lutero passou a defender que o perdão dos pecados não poderia ser concedido pelo papa, mas dependeria da fé e, acima de tudo, da dádiva de Deus. Ao ver que suas posições não eram aceitas pela Igreja, passou a afirmar que não havia na Bíblia nenhuma justificativa para a existência do papado e que a Igreja não detinha a autoridade exclusiva para interpretar as Sagradas Escrituras. Defendeu, assim, o princípio da livre interpretação da Bíblia, negando a posição da Igreja como mediadora entre os homens e Deus. Depois de ser considerado herege, Lutero divulgou o Novo Testamento em língua "vulgar", ou seja, no alemão falado cotidianamente pelas pessoas, e não em latim. O Novo Testamento traduzido para o alemão foi rapidamente difundido. Algumas Bíblias haviam sido impressas desde o fim do século XV, mas nenhuma alcançou a divulgação da luterana, que influenciou outras traduções no restante da Europa.

Calvinismo

Em 1536, João Calvino (1509-1564) teve de deixar Paris por causa de perseguições. Foi em Genebra que passou a divulgar suas ideias. Nessa cidade suíça, Calvino organizou uma nova Igreja e formou sacerdotes, chamados de ministros. Reconheciam apenas Jesus Cristo como o intermediário entre Deus e os homens. Alguns estudiosos afirmam que a moral calvinista foi favorável ao desenvolvimento do capitalismo, pois, ao afirmar que acreditar na predestinação – isto é, a ideia de que algumas pessoas seriam escolhidas para a salvação – e afirmar que essa se manifestaria no comportamento cotidiano das pessoas que seguissem sua vocação de acordo com os desígnios de Deus, legitimava o trabalho duro, a acumulação de riquezas e a busca do lucro.

Anglicanismo

O movimento reformista na Inglaterra foi desencadeado pelo próprio rei Henrique VIII (1491-1547), motivado por um forte sentimento antipapal na Inglaterra e pela necessidade de gerar um filho homem para assegurar o futuro da jovem dinastia Tudor. Como o papa não concedeu a anulação do casamento do rei com Catarina de Aragão por ela ser tia do poderoso Imperador Carlos V, Henrique VIII casou-se com Ana Bolena. Frente à recusa papal de reconhecer o novo matrimônio, o monarca inglês colocou a religião sob controle régio. O anglicanismo combinava características luteranas e calvinistas, mas dentro de uma estrutura hierárquica e cerimonial que preservava traços católicos. Prosseguindo com a reforma, Henrique VIII dissolveu mosteiros e confiscou em favor da Coroa as terras da Igreja, que foram colocadas em leilão e compradas pela nobreza do reino. Assim, a monarquia inglesa obteve mais recursos e apoio político por meio da ruptura com Roma. Ao mesmo tempo, o Parlamento conquistou mais espaço, pois foi repetidamente convocado para debater e aprovar leis referentes às transformações religiosas.

A Reforma Católica

Diante do crescente sucesso da Reforma, a Igreja Católica decidiu reagir. Nas décadas de 1530 e 1540, muniu-se de novos recursos que lhe permitiram enfrentar melhor a contestação protestante, como:

- a Companhia de Jesus, que atuou na conversão de muçulmanos e na expansão do catolicismo pelo Novo Mundo e pelo Extremo Oriente.
- o Concílio de Trento (1545-1563), responsável por condenar as teses protestantes e ressaltar a importância das "boas obras" e do papel da Igreja na salvação das almas.
- o Santo Ofício (1542), também conhecido como Inquisição, punia os hereges e o tribunal perseguiu protestantes, cristãos-novos (judeus convertidos) e aqueles que se afastassem da ortodoxia católica, como os homossexuais.
- *Index Librorum Prohibitorum* (Índice de Livros Proibidos), censura de obras consideradas perigosas para os católicos.

Como se entrelaçavam interesses políticos e religiosos, de 1550 ao final do século XVII houve grande rivalidade entre as diversas igrejas cristãs, cada uma delas convencida de deter a verdade e constituir a única Igreja de Cristo.

▶ A formação dos Estados modernos

É inegável que o Estado se fortaleceu ao longo da época moderna, mas os soberanos continuavam a depender das elites para governar. Assim, seu poder foi construído de amplas negociações e, quando os governantes assumiram posturas mais autoritárias, frequentemente tiveram de lidar com revoltas, inclusive por parte dos nobres.

A ascensão dos Estados foi acompanhada pelo surgimento de novas formas de pensar o poder. Muitos autores tentaram explicar, justificar e guiar esse processo de concentração de poder, como Nicolau Maquiavel (1469-1527), que rompia com o pensamento cristão ao propor que o governo fizesse o que era preciso para que efetivamente funcionasse, e Thomas Hobbes (1588-1679), que defendia que, sem um poder superior, as pessoas viveriam em um estado de guerra constante.

A monarquia francesa

O advento da Reforma e a difusão do protestantismo mergulharam o reino francês em uma série de guerras de religião em meados do século XVI. Para além das motivações religiosas, aristocratas católicos e protestantes também combatiam com o objetivo de controlar a monarquia. Henrique IV (1553-1610), o primeiro rei da dinastia Bourbon, foi responsável por conter as lutas religiosas a partir do Edito de Nantes (1598). Henrique IV e seu filho, Luís XIII (1601-1643), eliminaram os últimos resquícios do conflito entre protestantes e católicos e submeteram os grandes aristocratas.

Com a maioridade de Luís XIV em 1654, o governo atendeu a algumas demandas das elites e restaurou a ordem com a ajuda de ministros que não pertenciam à alta nobreza. Assim, deixou claro que era a única fonte de autoridade na França. Também consolidou a burocracia francesa como a maior da Europa. Graças ao reforço da monarquia, o rei pôde revogar o Edito de Nantes em 1685, proibindo o exercício da religião reformada e transformando a França novamente em um reino exclusivamente católico. Luís XIV procurou atrair os principais nobres para a corte – evitando que conspirassem contra o monarca –, transformou a França em referência cultural do continente e tornou-se um modelo a ser seguido pelos demais soberanos.

A monarquia inglesa

Durante meados do século XVII, a Inglaterra foi marcada pelo conflito entre os monarcas Jaime I, em um primeiro momento, e Carlos I, posteriormente, que tentavam aumentar os impostos para fortalecer a Coroa e arrecadar recursos para intervir nas guerras europeias, e o Parlamento, que se recusava a conceder tal autorização. Em 1628, o Parlamento fez a Petição dos Direitos, que exigia a proibição de prisões arbitrárias e a aprovação de todos os impostos pelos parlamentares, além de outras resoluções. Como consequência, Carlos I procurou governar sem convocar o Parlamento e reforçar o poder da Igreja Anglicana, reprimindo protestantes e católicos.

Os cercamentos (em inglês, *enclosures*), do final do século XV, fizeram surgir grandes propriedades fechadas que aumentaram a produtividade da agricultura e da pecuária. Em compensação, muitos camponeses perderam o acesso à terra, sendo forçados a vender sua força de trabalho para sobreviver. Graças aos lucros obtidos com essa mudança e à compra de terras da Igreja e da Coroa a baixo preço nos reinados de Henrique VIII e Elizabeth I, a grande aristocracia e a *gentry* reforçaram sua posição como os grupos mais ricos da Inglaterra e consolidaram seu domínio no Parlamento.

As revoluções inglesas

Após ser derrotado ao tentar, sem a ajuda do Parlamento, conter uma rebelião na Escócia em 1640, Carlos I foi forçado a ceder. Assim, assinou no início de 1641 uma lei que aceitava reuniões regulares do Parlamento. Foi feita a paz com os escoceses, mas a Irlanda católica aproveitou os conflitos para se revoltar contra a dominação inglesa. Como o Parlamento não confiava no monarca, a assembleia exigiu o controle das forças militares, o direito de escolher os conselheiros do rei e até mesmo a reforma da Igreja Anglicana. Essas inovações foram recusadas por Carlos I, que conseguiu o apoio da maioria dos aristocratas e de parte da gentry. Assim, em 1642, iniciou-se uma guerra civil, que culminou com a vitória do Parlamento com a organização dos puritanos radicais num exército profissional, composto por soldados em tempo integral, disciplinados, religiosos e bem-treinados.

Ao fugir da prisão, Carlos I buscou o apoio dos escoceses. O rei foi, porém, recapturado, e dessa vez os puritanos radicais o condenaram à morte, acusando-o de tirania e defendendo que o poder dos reis não era absoluto. Pouco depois, aboliram a Câmara e a monarquia, transformando a Inglaterra em uma república. Essas mudanças políticas radicais ficaram conhecidas como Revolução Puritana. O líder do novo regime foi Oliver Cromwell (1599-1658), membro da *gentry* e um dos principais generais do Exército de Novo Tipo, que garantiu sua permanência no poder, massacrando os irlandeses e derrotando as tropas escocesas, o que forçou o herdeiro do trono, Carlos II (1630-1685), a fugir das Ilhas Britânicas.

Após a morte de Cromwell, porém, a monarquia foi restaurada. Em 1685, Jaime II (1633-1701), católico, assumiu o trono e, para fortalecer o Estado, aumentou os impostos. A insatisfação foi generalizada, mas os vassalos aguardavam, pois a herdeira do trono, Maria, era uma protestante convicta, casada com Guilherme de Orange dos Países Baixos. O nascimento do herdeiro de Jaime II deixou o Parlamento temeroso com a possibilidade de uma Inglaterra governada por católicos e por uma monarquia centralizadora no modelo francês. Por isso, em 1688 recorreram à intervenção armada de Maria e Guilherme de Orange, que rapidamente derrubaram Jaime II, no episódio chamado de Revolução Gloriosa. Os novos monarcas instituíram a tolerância religiosa – exceto para os católicos – e reconheceram a importância política do Parlamento. Reis, aristocracia e *gentry* atuariam em conjunto, mas o papel predominante pertenceria ao Parlamento.

Questões para você praticar

1. (Enem – 2011) `Capítulo 11`

O franciscano Roger Bacon foi condenado, entre 1277 e 1279, por dirigir ataques aos teólogos, por uma suposta crença na alquimia, na astrologia e no método experimental, e também por introduzir, no ensino, as ideias de Aristóteles. Em 1260, Roger Bacon escreveu:

"Pode ser que se fabriquem máquinas graças às quais os maiores navios, dirigidos por um único homem, se desloquem mais depressa do que se fossem cheios de remadores; que se construam carros que avancem a uma velocidade incrível sem a ajuda de animais; que se fabriquem máquinas voadoras nas quais um homem [...] bata o ar com asas como um pássaro. [...] Máquinas que permitam ir ao fundo dos mares e dos rios."

(apud BRAUDEL, Fernand. *Civilização material, economia e capitalismo*: séculos XV-XVIII, São Paulo: Martins Fontes, 1996, vol. 3.).

Considerando a dinâmica do processo histórico, pode-se afirmar que as ideias de Roger Bacon

a. inseriam-se plenamente no espírito da Idade Média ao privilegiarem a crença em Deus como o principal meio para antecipar as descobertas da humanidade.

b. estavam em atraso com relação ao seu tempo ao desconsiderarem os instrumentos intelectuais oferecidos pela Igreja para o avanço científico da humanidade.

c. opunham-se ao desencadeamento da Primeira Revolução Industrial, ao rejeitarem a aplicação da matemática e do método experimental nas invenções industriais.

d. eram fundamentalmente voltadas para o passado, pois não apenas seguiam Aristóteles, como também baseavam-se na tradição e na teologia.

e. inseriam-se num movimento que convergiria mais tarde para o Renascimento, ao contemplarem a possibilidade de o ser humano controlar a natureza por meio das invenções.

2. (FGV – Ensino Médio) `Capítulo 11`

Leia, atentamente, o texto apresentado e observe o quadro a seguir:

Nós, pintores, queremos, pelos movimentos do corpo, mostrar os movimentos da alma. Convém, portanto, que os pintores tenham um conhecimento perfeito dos movimentos do corpo e os aprendam na Natureza, para imitar, por mais difíceis que sejam, os movimentos da alma.

Fonte: ALBERTI, Leon Batista. *Della Pintura*, livro II, 1453, apud: TENENTI, Alberto. *Florença na época dos Médici*. São Paulo: Perspectiva, 1973, p. 121.

Michelangelo Buonarroti. *Criação de Adão*, 1510. Afresco, 280 cm x 570 cm.

Dentre as preocupações dos artistas renascentistas evidenciadas pelos documentos apresentados, pode-se apontar:

a. o naturalismo, teocentrismo e o racionalismo.

b. a crítica a vida moderna, a valorização da imaginação e hedonismo.

c. a primazia da expressão dos sentimentos, pintura dramática e subjetiva.

d. o antropocentrismo, o resgate da estética greco-romana e a valorização da beleza.

e. a busca da perfeição na elaboração de pinturas e esculturas e a deformação da realidade.

3. (Enem – 2011) `Capítulo 11`

Acompanhando a intenção da burguesia renascentista de ampliar seu domínio sobre a natureza e sobre o espaço geográfico, através da pesquisa científica e da invenção tecnológica, os cientistas também iriam se atirar nessa aventura, tentando conquistar a forma, o movimento, o espaço, a luz, a cor e mesmo a expressão e o sentimento.

SEVCENKO, N. *O Renascimento*. Campinas: Unicamp, 1984.

O texto apresenta um espírito de época que afetou também a produção artística, marcada pela constante relação entre

- a. fé e misticismo.
- b. ciência e arte.
- c. cultura e comércio.
- d. política e economia.
- e. astronomia e religião.

4. (FGV – Ensino Médio) Capítulo 13

Leia, com atenção, o texto a seguir:

> Os eclesiásticos costumam proceder mais ou menos como os príncipes seculares: assim como estes abandonam as rédeas do governo nas mãos dos primeiros ministros, que confiam a administração do Estado aos numerosos subalternos que se acham sob as suas ordens, assim também os ministros dos santuários costumam, modestamente, descarregar sobre o povo o peso da devoção e da piedade, e o povo, por sua vez, passa-o aos que denomina pessoas religiosas, como se não tivesse nenhuma relação com a Igreja e não tivesse feito nenhum voto no batismo.

Fonte: ROTERDÃ, Erasmo de. *Elogio da Loucura* [1516]. eBooksBrasil, 2006. [sem paginação] Disponível em: <http://www.ebooksbrasil.org/eLibris/erasmo.html> Acesso em: set. 2013.

Publicada pouco antes do início da polêmica entre Lutero e o papado pelo mais influente humanista norte-europeu, essa obra apresenta uma visão da religiosidade da época que

- a. defende a afirmação dos dogmas católicos.
- b. deseja o fim da divisão entre fiéis e religiosos.
- c. censura a submissão eclesiástica ao poder estatal.
- d. reivindica a transformação da estrutura política da Igreja.
- e. critica a falta de preocupação generalizada com a salvação.

5. (Fuvest-SP – 2013) Capítulo 13

> "O senhor acredita, então", insistiu o inquisidor, "que não se saiba qual a melhor lei?" Menocchio respondeu: "Senhor, eu penso que cada um acha que sua fé seja a melhor, mas não se sabe qual é a melhor; mas, porque meu avô, meu pai e os meus são cristãos, eu quero continuar cristão e acreditar que essa seja a melhor fé".

Carlo Ginzburg. *O queijo e os vermes*. São Paulo: Companhia das Letras, 1987, p. 113.

O texto apresenta o diálogo de um inquisidor com um homem (Menocchio) processado, em 1599, pelo Santo Ofício. A posição de Menocchio indica:

- a. uma percepção da variedade de crenças, passíveis de serem consideradas, pela Igreja Católica, como heréticas.
- b. uma crítica à incapacidade da Igreja Católica de combater e eliminar suas dissidências internas.
- c. um interesse de conhecer outras religiões e formas de culto, atitude estimulada, à época, pela Igreja Católica.
- d. um apoio às iniciativas reformistas dos protestantes, que defendiam a completa liberdade de opção religiosa.
- e. uma perspectiva ateísta, baseada na sua experiência familiar.

6. (PUC-SP – 2014) Capítulo 13

> A Contrarreforma retorna à linha vertical do medievalismo, reafirmando a ligação do homem com o divino, rompida pelo Renascimento. O homem barroco é um saudoso da religiosidade medieval, que a Igreja logrou reinspirar nele pelos artifícios artísticos e pela revanche dinâmica da Contrarreforma, [...] mas é, ao mesmo tempo, seduzido pelas solicitações terrenas e pelos valores do mundo – amor, dinheiro, luxo, posição, aventuras que a Renascença, o Humanismo e as descobertas marítimas e invenções modernas puseram em relevo.

(COUTINHO, Afrânio. *Introdução à literatura no Brasil*. Rio de Janeiro: DIFEL, 7. ed. 1972. p. 99)

A Contrarreforma pretendia fortalecer novamente a Igreja Católica por meio

- a. da criação do Tribunal do Santo Ofício com o objetivo de punir e combater os hereges, fossem católicos ou não.
- b. da ação missionária da Companhia de Jesus para a conversão de fiéis, principalmente, entre as populações não católicas da Ásia e da América.

c. da revisão do dogma da infabilidade papal em assuntos políticos e religiosos, atributo amplamente contestado pelos reformadores.

d. da aceitação de que as missas fossem rezadas em língua vernácula, para estreitar os laços entre os párocos e os fiéis.

e. do combate aos abusos do clero, como a sumária catalogação de obras e intelectuais no *Index*.

7. (UFMG – 2008) Capítulo 13

Leia estes trechos:

I – "Assim vemos que a fé basta a um cristão. Ele não precisa de nenhuma obra para se justificar."

II – "O rei é o chefe supremo da Igreja [...] Nesta qualidade, o rei tem todo o poder de examinar, reprimir, corrigir [...] a fim de conservar a paz, a unidade e a tranquilidade do reino..."

III – "Por decreto de Deus, para manifestação de sua glória, alguns homens são predestinados à vida eterna e outros são predestinados à morte eterna."

A partir dessa leitura e considerando-se outros conhecimentos sobre o assunto, é correto afirmar que as concepções expressas nos trechos I, II e III fazem referência, respectivamente, às doutrinas

a. católica, anglicana e ortodoxa.
b. luterana, anglicana e calvinista.
c. ortodoxa, luterana e católica.
d. ortodoxa, presbiteriana e escolástica.

8. (Uern – 2015) Capítulo 14

O cargo de soberano (seja ele um monarca ou uma assembleia) consiste no objetivo para o qual lhe foi confiado o soberano poder, nomeadamente a obtenção da segurança do povo, ao qual está obrigado pela lei da natureza, e do qual tem de prestar contas a Deus, o autor dessa lei, e a mais ninguém além dele. [...] Deus é rei, que a terra se alegre, escreve o salmista. E também, deus é rei muito embora as nações não o queiram; e é aquele que está sentado entre os querubins, muito embora a terra seja movida.

(*Leviatã*. São Paulo: Nova Cultural, 1988. p. 103-106, 200-201. Col. Os Pensadores, v. 1.)

O período do Antigo Regime foi permeado de muitos defensores, tanto quanto de opositores à soberania real. Na visão de Hobbes, autor do livro "O Leviatã", bem como na visão de outros filósofos contemporâneos a ele, como Bossuet e Maquiavel, o poder do rei deve:

a. existir, desde que comprovada a sua aptidão e eficiência em relação à gestão pública.

b. ser visto como inalienável, ilimitado e inquestionável, já que, segundo alguns desses pensadores, procede de Deus.

c. prevalecer acima de outros poderes (executivo, legislativo e judiciário), desde que não os exclua ou os contradiga.

d. ser baseado na astúcia e na sabedoria, mas, acima de tudo, no preparo intelectual e acadêmico, ao qual tem que se submeter qualquer governante.

9. (Enem – 2012) Capítulo 14

Que é ilegal a faculdade que se atribui à autoridade real para suspender as leis ou seu cumprimento. Que é ilegal toda cobrança de impostos para a Coroa sem o concurso do Parlamento, sob pretexto de prerrogativa, ou em época e modo diferentes dos designados por ele próprio. Que é indispensável convocar com frequência os Parlamentos para satisfazer os agravos, assim como para corrigir, afirmar e conservar leis.

Declaração de Direitos. Disponível em: <http://disciplinas.stoa.usp.br>. Acesso em: 20 dez. 2011 (adaptado).

No documento de 1689, identifica-se uma particularidade da Inglaterra diante dos demais Estados europeus na Época Moderna. A peculiaridade inglesa e o regime político que predominavam na Europa continental estão indicados, respectivamente, em:

a. Redução da influência do papa – Teocracia.
b. Limitação do poder do soberano – Absolutismo.
c. Ampliação da dominação da nobreza – República.
d. Expansão da força do presidente – Parlamentarismo.

e. Restrição da competência do congresso – Presidencialismo.

10. (FGV – Ensino Médio) `Capítulo 14`

Leia, com atenção, os textos a seguir:

Texto I:

O fim último, causa final e desígnio dos homens (que amam naturalmente a liberdade e o domínio sobre os outros), ao introduzir aquela restrição sobre si mesmos sob a qual os vemos viver nos Estados, é o cuidado com sua própria conservação e com uma vida mais satisfeita. Quer dizer, o desejo de sair daquela mísera condição de guerra que é a consequência necessária (conforme se mostrou) das paixões naturais dos homens, quando não há um poder visível capaz de os manter em respeito […]

Fonte: HOBBES, Thomas. *Leviatã ou matéria, forma e poder de um estado eclesiástico e civil.* São Paulo: Martins Fontes, 2003.

Texto II:

Hobbes desenvolveu sua teoria do Estado a partir da situação histórica provocada pelas guerras civis religiosas. Para ele, que testemunhou a formação do Estado absolutista na França […] não havia outro objetivo a não ser evitar a guerra civil (que lhe parecia iminente na Inglaterra) ou, se ela fosse deflagrada, encontrar meios de terminá-la. […] Observava que não havia nada mais instrutivo em matéria de lealdade e justiçado que a recordação da guerra civil. Em meio às agitações revolucionárias, procurava um fundamento sobre o qual se pudesse construir um Estado que garantisse paz e segurança

Fonte: KOSELLECK, Reinhart. *Crítica e crise.* São Paulo: Contraponto, 1999. p. 26.

Considerando os textos lidos, as concepções de *paixões naturais dos homens* e de Estado, na filosofia política de Hobbes, foram usadas para a finalidade de

a. analisar a formação dos estados modernos como consequência direta da interação humana em seu estado de natureza.

b. defender a liberdade natural das paixões humanas no estado da natureza, cerceado pela instituição de Estados autoritários como a França absolutista de sua época.

c. identificar contextos sociais propensos à deflagração de guerras civis, como a Inglaterra de seu tempo, a partir da concepção de que os homens são incapazes de manter a paz.

d. legitimar formas autoritárias de governo, como as monarquias absolutistas de seu tempo, sob a justificativa de que apenas elas podem controlar os impulsos destrutivos da interação natural humana.

e. criticar regimes autocráticos, como o Estado absolutista francês de seu tempo, a partir da ideia de que os homens devem superar a miséria da condição de guerra incessante estabelecida por tais regimes.

11. (FGV – Ensino Médio) `Capítulo 14`

No princípio dos tempos, o grande criador, a Razão, fez a terra para ser um tesouro comum. Nesse princípio não disse palavra alguma que permitisse entender que uma parte da humanidade devesse governar outra. Porém, imaginações egoístas impuseram um homem a ensinar e mandar em outro. E dessa forma o homem foi reduzido à servidão e tornou-se mais escravo dos que pertencem à sua mesma espécie, do que eram os animais dos campos relativamente a ele. […] Mas no princípio não era assim, pois foi pela espada que vossos ancestrais introduziram, na criação, o poder de cercar a terra e de fazê-la sua propriedade; foram eles que primeiro mataram os seus próximos, para assim roubarem a terra que a estes pertencia. O mais pobre dos homens possui título tão autêntico e direito tão justo à terra quanto o mais rico dentre eles. A verdadeira liberdade reside no livre desfrute da terra.

Fonte: WINSTANLEY. G. Um Manifesto do Povo Pobre e Oprimido da Inglaterra, 1649. Disponível em: <www.bilderberg.org/land/poor.htm>. Acesso em: jul. 2012 (trad.).

Tendo como referência o texto, um fator socioeconômico responsável pela Revolução Puritana, ocorrida na Inglaterra, encontra-se em:

a. avanço da concentração de bens.

b. reforço das práticas monopolistas.

c. recuo das mobilizações camponesas.

d. resistência contra a nova política fiscal.

e. esvaziamento das atividades burguesas.

TEMA 5
A EXPANSÃO IBÉRICA E A ABERTURA DO MUNDO
Capítulos 12, 15 e 16

▶ A expansão Ibérica

A tomada de Constantinopla pelos turcos otomanos em 1453 reduziu o volume de bens negociados nas rotas comerciais com a Ásia, de onde vinham as especiarias e o açúcar, gerando a necessidade de um contato direto com o Oriente, criou a necessidade de ampliar as rotas mercantis em busca de ouro, importante para as trocas comerciais e em falta no Ocidente e também constituiu uma ameaça para os Estados cristãos. Além disso, o Humanismo estimulava o ser humano a romper com os mitos sobre o Oceano Atlântico. Diversos instrumentos e técnicas (alguns deles de origem árabe) foram adotados e aperfeiçoados no período, a exemplo da bússola, do astrolábio e das caravelas, permitindo que os navegadores pudessem se deslocar e se localizar em alto-mar com mais segurança.

O pioneirismo português

Portugal tornou-se uma das primeiras monarquias firmemente estabelecidas da Europa, mas o fim da Reconquista e a força de Castela impediam que o novo rei da dinastia de Avis, D. João I, realizasse a expansão pelo continente. Pelo Atlântico, Portugal esperava conquistar novas terras, descobrir fontes de metais preciosos e combater os inimigos da fé.

O primeiro local a ser conquistado foi Ceuta, no norte muçulmano da África, em 1415. Nas décadas seguintes, Portugal ocupou ilhas atlânticas, destacando-se os arquipélagos da Madeira (1419) e Açores (1427), e ocuparam São Tomé e Príncipe (1471). Na Madeira e em São Tomé, produziram açúcar para abastecer o mercado europeu. Em meados do século XV, os portugueses passaram a explorar a costa ocidental da África, estabeleceram contato com os povos da África subsaariana e criaram feitorias para negociar pessoas escravizadas, ouro, pimenta-malagueta e marfim. O tráfico negreiro teve suas bases lançadas nesse momento.

Em 1488, Bartolomeu Dias dobrou o Cabo das Tormentas, no sul da África, rebatizado de Cabo da Boa Esperança. Pela primeira vez, estabelecia-se uma passagem entre os oceanos Atlântico e Índico. Em maio de 1498, Vasco da Gama chegou à cidade de Calicute, na Índia. Tinha início o comércio com a Ásia, gerador de grandes lucros para Portugal, que passou a revender as especiarias para toda a Europa.

Ao fazer um desvio na rota seguida por Vasco da Gama, a frota de Pedro Álvares Cabral chegou, em 22 de abril de 1500, à atual região de Porto Seguro, na Bahia. A nova terra foi chamada inicialmente de Ilha de Vera Cruz e, posteriormente, tornou-se Terra de Santa Cruz. Só mais tarde recebeu o nome de Brasil, devido à existência de uma madeira corante – o pau-brasil – ao longo do litoral.

O Tratado de Tordesilhas

Após a viagem de Colombo, financiada por Isabel de Castela, Portugal e Espanha passaram a disputar o controle dos novos territórios com os quais os europeus se depararam. No entanto, as intervenções do papa Alexandre VI foram favoráveis às pretensões espanholas, o que ameaçava o domínio português sobre o Atlântico Sul e o projeto de alcançar a Ásia por meio da circum-navegação da África. Iniciou-se uma negociação diplomática entre Portugal e Espanha, da qual surgiu o Tratado de Tordesilhas, assinado em 1494. Por meio dele, portugueses e espanhóis dividiram as áreas "descobertas e por descobrir" e, a partir de uma linha imaginária, preservaram para si o controle das rotas marítimas, assegurando o "fechamento" dos oceanos a outros reinos.

Contatos, exploração, conversão

Os primeiros contatos com nativos reforçaram a ideia europeia de que o Paraíso terrestre estava próximo, pondo em xeque uma série de valores europeus, uma vez que aquelas pessoas, nuas, desconheciam a noção de propriedade privada, de lucro e algumas eram antropófagas. Em contrapartida, a catequização e a civilização dessas pessoas serviriam como justificativa para a expansão marítima dos reinos ibéricos.

América espanhola

Conquista

Vários fatores, em conjunto, podem explicar os porquês da rápida desintegração dos grandes sistemas políticos indígenas, especialmente dos impérios Asteca e Inca, decorrentes da conquista espanhola, como:
- o choque biológico provocado pela chegada dos espanhóis;
- as rivalidades internas e as alianças de povos indígenas com espanhóis, existentes em decorrência dos impérios Asteca e Inca;
- a utilização de cavalos – desconhecidos pelos nativos –, que conferiam velocidade aos ataques;
- a tecnologia bélica.

A ocupação espanhola da América se concentrou nas regiões onde havia maior número de pessoas e riquezas que interessavam ao mercado europeu. Assim, os territórios dos antigos impérios Asteca e Inca, ricos em metais preciosos e mão de obra indígena, continuaram a ser os mais populosos do continente.

Mão de obra

Apesar de ter existido escravização indígena sobretudo no início da colonização e em áreas de conflito com grupos que resistiam à conquista, os espanhóis privilegiaram outras formas de exploração do trabalho nativo, como:
- *Encomiendas*, para exploração das minas e terras, segundo o qual a Coroa espanhola confiava certa quantidade de indígenas a um *encomendero*, que se comprometia a protegê-los e a cuidar de sua evangelização. Em troca, poderiam exigir tributos e serviços dos nativos, que assim poderiam continuar vivendo em suas aldeias;
- *Repartimiento*, sistema rotativo, segundo o qual os nativos eram obrigados a trabalhar durante determinado período, mediante pagamento, em fazendas, minas, fábricas (*obrajes*) e obras públicas. Cumprida essa obrigação, voltavam às suas aldeias, onde trabalhavam para pagar os impostos devidos ao governo; a sua principal manifestação foi a *Mita*: na região andina, a cada sete anos, todos os nativos de uma região eram obrigados a se dirigir às minas e a prestar serviços por um ano. Foi importante principalmente na exploração de prata em Potosí.

Em razão das doenças, a população indígena sofreu uma queda acelerada até o início do século XVII. Para compensar parcialmente a falta de mão de obra, tornou-se comum nas regiões mais ricas ter africanos escravizados para a execução de trabalhos especializados e em funções de supervisão, sem, contudo, substituir completamente a mão de obra dos indígenas. Tanto africanos quanto indígenas resistiram de diversas maneiras à dominação colonial. Ao mesmo tempo, a interação desses grupos com os espanhóis deu origem a sociedades profundamente diversificadas.

Administração

A Coroa espanhola reconheceu a necessidade de estabelecer uma administração efetiva de suas posses no Novo Mundo.
- Cabildos: câmaras municipais, cujo controle da maioria dos cargos cabia às elites locais;
- Casa de Contratação: criada em 1503 e sediada em Sevilha, na Espanha, regulava a crescente circulação de mercadorias e pessoas, procurando garantir o controle do comércio e aumentar os lucros da Coroa espanhola;
- Audiências: tribunais superiores que também exerciam funções políticas e administrativas no governo local;
- O planejamento urbano refletia uma ordem social, política e econômica de caráter espanhol, e esse aspecto era decisivo para consolidar a dominação colonial.

América portuguesa

A exploração do pau-brasil

Ao contrário do Oriente, a única riqueza encontrada em abundância na Mata Atlântica foi a árvore de pau-brasil, que oferecia madeira de qualidade e um pigmento vermelho usado para tingir tecidos de luxo. A exploração foi possível pela participação dos indígenas por meio do escambo.

As enormes quantidades de pau-brasil do litoral atraíram marinheiros de outros reinos, sobretudo da França, que instalavam feitorias e se aliavam a grupos indígenas. Apesar do envio de expedições guarda-costas, entre 1516 e 1528, Portugal não conseguiu expulsar os navios franceses do imenso litoral americano, restando assim, como estratégia a ocupação efetiva do território.

As capitanias hereditárias e o governo-geral

Em 1532, uma expedição liderada por Martim Afonso de Sousa fundou a primeira vila da América portuguesa, em São Vicente. Entre 1534 e 1536, o território que cabia a Portugal foi dividido em 15 partes – que tinham como limites o Atlântico e o meridiano do Tratado de Tordesilhas –, entregues cada uma a um capitão donatário, com amplas atribuições administrativas e econômicas. Esse sistema é chamado de capitanias hereditárias. As principais atribuições do donatário eram ministrar a justiça, promover o recolhimento de impostos e presidir a distribuição de sesmarias.

O sistema de capitanias permitiu o início da ocupação efetiva no litoral da América sem gastar recursos régios, voltados para o lucrativo comércio com o Oriente. Contudo, a maioria do território ainda estava longe de desenvolver atividades econômicas que garantissem o sucesso da colonização, e as ameaças indígenas e francesas subsistiam. Assim, no final de 1548, o rei D. João III retomou parte das prerrogativas que havia cedido aos donatários e instituiu o governo-geral, com a função de coordenar o esforço colonizador. Fundou-se, assim, a cidade de Salvador, primeira capital da América portuguesa. Junto com o primeiro governador-geral, Tomé de Sousa, instituiu-se um embrião de aparato administrativo.

Indígenas e colonos

Apesar da harmonia dos contatos iniciais, a ocupação a partir da instauração das capitanias trouxe uma crescente demanda por escravos e terras, que afetou radicalmente as sociedades indígenas e provocou conflitos. As guerras se intensificaram com a instalação do governo-geral, em 1549. Para os colonizadores, só deveriam restar duas opções aos nativos: a conquista militar e escravização ou a conversão ao cristianismo e subordinação, o que configurou uma política que protegia indígenas aliados (ou "mansos") e declarava guerra e escravização dos ditos "selvagens".

Em diversos momentos, a guerra contra os indígenas se confundiu com os conflitos contra os outros europeus, como ingleses e holandeses, que se aventuravam pelo território. Essa pressão estrangeira impulsionou a colonização através da consolidação da presença lusitana no litoral.

Administração

Nas pequenas vilas e cidades de todo o Império português, a câmara municipal era o principal órgão de poder local, cabendo-lhe, por exemplo, organizar os espaços urbano e rural, fiscalizar o comércio local, cobrar certos impostos e negociar com o rei e seus governadores. Aqueles que participavam das câmaras eram considerados "homens bons" e integravam a elite local.

Colonização, Reforma Católica e escravidão

A aproximação entre Igreja e monarquia fez da religião, de modo semelhante ao que estava acontecendo na Europa, um dos elementos fundamentais para o controle das populações da América portuguesa.

Nas localidades mais antigas e maiores, como Salvador ou Rio de Janeiro, onde a presença das instituições religiosas era mais efetiva, parte da população pôde se manter próxima dos preceitos de um catolicismo rigoroso. Entre africanos, indígenas e seus descendentes, porém, a religiosidade poderia mesclar cultos e religiões de diferentes origens, fazendo surgir um catolicismo mestiço. Tais práticas religiosas mestiças podiam envolver diferentes estratos sociais, entre os quais as elites.

Em todo o mundo ibérico, a questão da liberdade dos indígenas encontrou na Companhia de Jesus sua principal defensora. O principal esforço dos jesuítas dirigiu-se à conversão dos indígenas que, organizaram núcleos artificiais de evangelização, chamados de aldeamentos ou reduções. Neles, os jesuítas sistematizaram uma língua geral, baseada no tupi, e difundiram valores cristãos.

Para os colonizadores, a visão do mundo dos nativos deveria ser abandonada, já que partiam do princípio de que a cultura ameríndia era inferior. Essa visão eurocêntrica era utilizada, de formas diferentes, por grupos como os colonos e os jesuítas, que defendiam maneiras bem diversas de lidar com os nativos. A arrogante certeza da superioridade cultural justificava tanto as violentas ações de escravização quanto as tentativas de imposição cultural, como a conversão.

Quando a ocupação portuguesa se intensificou nas décadas de 1550 e 1560, os indígenas conheceram uma catástrofe demográfica, pois epidemias de gripe, varíola e sarampo dizimaram milhares de pessoas. Mas, como a América portuguesa precisava do trabalho escravo, a defesa da liberdade não se estendia a todos os seres humanos: enquanto defendiam os indígenas, os inacianos começaram a justificar a escravização dos africanos, postura reforçada por padre Antônio Vieira, um dos mais brilhantes e influentes jesuítas do Império português no século XVII, afirmava que a escravidão poderia funcionar como um caminho de purificação para que os africanos alcançassem o paraíso.

Questões para você praticar

1. (Enem – 2014) [Capítulo 12]

> Todo homem de bom juízo, depois que tiver realizado sua viagem, reconhecerá que é um milagre manifesto ter podido escapar de todos os perigos que se apresentam em sua peregrinação; tanto mais que há tantos outros acidentes que diariamente podem aí ocorrer que seria coisa pavorosa àqueles que aí navegam querer pô-los todos diante dos olhos quando querem empreender suas viagens.
>
> J. P. T. Histoire de plusieurs voyages aventureux. 1600. In: DELUMEAU, J. História do medo no Ocidente: 1300-1800. São Paulo: Cia. das Letras, 2009 (adaptado).

Esse relato, associado ao imaginário das viagens marítimas da época moderna, expressa um sentimento de

a. gosto pela aventura.
b. fascínio pelo fantástico.
c. temor do desconhecido.
d. interesse pela natureza.
e. purgação dos pecados.

2. (Fuvest-SP – 2012) [Capítulo 12]

> Deve-se notar que a ênfase dada à faceta cruzadística da expansão portuguesa não implica, de modo algum, que os interesses comerciais estivessem dela ausentes — como tampouco o haviam estado das cruzadas do Levante, em boa parte manejadas e financiadas pela burguesia das repúblicas marítimas da Itália. Tão mesclados andavam os desejos de dilatar o território cristão com as aspirações por lucro mercantil que, na sua oração de obediência ao pontífice romano, D. João II não hesitava em mencionar entre os serviços prestados por Portugal à cristandade o trato do ouro da Mina, "comércio tão santo, tão seguro e tão ativo" que o nome do Salvador, "nunca antes nem de ouvir dizer conhecido", ressoava agora nas plagas africanas...
>
> Luiz Felipe Thomaz, "D. Manuel, a Índia e o Brasil". Revista de História (USP), 161, 2º Semestre de 2009, p. 16-17. Adaptado.

Com base na afirmação do autor, pode-se dizer que a expansão portuguesa dos séculos XV e XVI foi um empreendimento

a. puramente religioso, bem diferente das cruzadas dos séculos anteriores, já que essas eram, na realidade, grandes empresas comerciais financiadas pela burguesia italiana.

b. ao mesmo tempo religioso e comercial, já que era comum, à época, a concepção de que a expansão da cristandade servia à expansão econômica e vice-versa.

c. por meio do qual os desejos por expansão territorial portuguesa, dilatação da fé cristã e conquista de novos mercados para a economia europeia mostrar-se-iam incompatíveis.

d. militar, assim como as cruzadas dos séculos anteriores, e no qual objetivos econômicos e religiosos surgiriam como complemento apenas ocasional.

e. que visava, exclusivamente, lucrar com o comércio intercontinental, a despeito de, oficialmente, autoridades políticas e religiosas afirmarem que seu único objetivo era a expansão da fé cristã.

3. (Unama-PA – 2014) [Capítulo 12]

> "A Sagrada Escritura atesta que Nosso Senhor criou o Paraíso terrestre e nele colocou a árvore da vida [...] todos os teólogos eruditos concordam que o Paraíso terrestre ficava no Oriente etc. [...] creio que passar para baixo da linha do Equador e chegar lá, encontrarei ali, no ponto mais elevado, um clima mais frio e grande diferença nas estrelas e nas águas [...] acredito que o Paraíso terrestre fica lá, e ninguém pode entrar nele a não ser com a permissão de Deus"
>
> (COLOMBO, Cristóvão. Carta aos Reis Católicos sobre a terceira viagem às Índias. In: O Correio da Unesco. Rio de Janeiro, FGU, ano 15, n. 06, junho/1987, p. 8-9). In: FARIA, Ricardo de Moura. História. Belo Horizonte, MG: Ed. Lê 1989, p. 30 e 31)

A partir da leitura do documento acima podemos afirmar que, a época em que ele realizou suas viagens,

a. estava se vivendo entre os mundos medieval e moderno e os homens de sua época, profundamente religiosos, eram primeiramente impulsionados a se engajarem nas viagens do além-mar, em busca desse lugar em que as riquezas espirituais se sobressaíam as materiais.

b. Colombo, como os demais navegadores dos séculos XV era um homem que vivia o medievalismo católico, pois na sua descrição feita aos reis espanhóis, identifica-se que ele como muitos navegadores foram impulsionados pelo desejo de encontrarem essas terras.

c. a Igreja Católica através das descrições contidas na Bíblia reforçava o mito da existência de um Paraíso criado por Deus em algum lugar da Terra, no entanto, essa visão não é compartilhada por todos os navegadores, Colombo por ser muito religioso, era uma exceção.

d. os navegadores europeus acreditavam que o Paraíso terrestre existia em algum lugar do planeta, sendo reforçada essa ideia através da descrição de vários navegadores e do próprio Colombo que deixa claro sua crença na existência desse lugar.

4. (Fuvest-SP – 2013) Capítulo 15

Quando Bernal Díaz avistou pela primeira vez a capital asteca, ficou sem palavras. Anos mais tarde, as palavras viriam: ele escreveu um alentado relato de suas experiências como membro da expedição espanhola liderada por Hernán Cortés rumo ao Império Asteca. Naquela tarde de novembro de 1519, porém, quando Díaz e seus companheiros de conquista emergiram do desfiladeiro e depararam-se pela primeira vez com o Vale do México lá embaixo, viram um cenário que, anos depois, assim descreveram: "vislumbramos tamanhas maravilhas que não sabíamos o que dizer, nem se o que se nos apresentava diante dos olhos era real".

Matthew Restall. *Sete mitos da conquista espanhola*. Rio de Janeiro: Civilização Brasileira, 2006, p. 15-16. Adaptado.

O texto mostra um aspecto importante da conquista da América pelos espanhóis, a saber,

a. a superioridade cultural dos nativos americanos em relação aos europeus.

b. o caráter amistoso do primeiro encontro e da posterior convivência entre conquistadores e conquistados.

c. a surpresa dos conquistadores diante de manifestações culturais dos nativos americanos.

d. o reconhecimento, pelos nativos, da importância dos contatos culturais e comerciais com os europeus.

e. a rápida desaparição das culturas nativas da América Espanhola.

5. (Uespi – 2014) Capítulo 15

"As aldeias de índios estão forçadas a entregar certa quantidade de seus membros aptos para realizar trabalhos […], durante um prazo determinado. Esses índios são compensados com certa quantidade de dinheiro e destinados aos mais variados tipos de serviços".

Esse trecho da obra de Sérgio Bagú, *Economia da sociedade colonial*, apresenta as condições de trabalho compulsório

a. dos diversos grupos indígenas das áreas colonizadas por espanhóis e portugueses.

b. dos grupos indígenas das áreas espanholas submetidos à instituição da "mita".

c. dos grupos indígenas das áreas portuguesas submetidas às regras da "guerra justa".

d. dos grupos indígenas das áreas agrícolas de colonização espanhola submetidos ao regime de *"encomienda"*.

e. dos grupos indígenas das áreas portuguesas e espanholas originários das "missões" dos jesuítas.

6. (PUC-RS – 2014) Capítulo 15

Leia o texto abaixo.

"A colonização do Peru ilustra seguramente a variedade de ritmos de aculturação num mesmo espaço cultural. Economicamente, o processo foi rápido: introduziu-se o cultivo de frutas e legumes europeus, a criação de aves e de gado […]. Por outro lado, todo o sistema de recrutamento de aldeãos, montado no Império Inca, foi canalizado para suprir o trabalho nas empresas coloniais, notadamente a produção mineratória. Apesar de tudo, o milho e a batata permaneceram como os alimentos essenciais das comunidades, e em pouco tempo foram difundidos entre os europeus. Socialmente, o processo foi lento e ambivalente: à progressiva 'hispanização' dos Kuracas [chefes tribais]

[...] contrapôs-se a preservação, pela massa aldeã, dos costumes e normas do parentesco e da própria língua quíchua ou aymara [...]. Enfim, no terreno religioso, campo das mentalidades coletivas, a tendência foi no sentido da 'inércia', ou seja, da manutenção, ainda que dissimulada e perseguida, dos cultos tradicionais – as wakas –, especialmente entre a população trabalhadora das aldeias".

(VAINFAS, Ronaldo. *Economia e Sociedade na América Espanhola*. Rio de Janeiro: Graal, 1984, p. 44)

A leitura do texto permite afirmar que o processo colonizatório espanhol, na região americana ali analisada, estabeleceu um espaço sócio-histórico no qual ocorreu

a. a aniquilação rápida dos traços culturais e dos laços sociais autóctones pelos colonizadores.

b. a prevalência unilateral do ritmo de exploração econômica mercantilista sobre os demais fatores socioculturais.

c. a surgimento diferenciado de relações socioculturais complexas de dominação e resistência.

d. a tolerância jurídica por parte da administração laica metropolitana das manifestações religiosas locais.

e. a irreverência dos fatores linguísticos como elementos de defesa cultural dos povos colonizados.

7. (Enem – 2013) Capítulo 16

De ponta a ponta, é tudo praia-palma, muito chã e muito formosa. Pelo sertão nos pareceu, vista do mar, muito grande, porque, a estender olhos, não podíamos ver senão terra com arvoredos, que nos parecia muito longa. Nela, até agora, não pudemos saber que haja ouro, nem prata, nem coisa alguma de metal ou ferro; nem lho vimos. Porém a terra em si é de muito bons ares [...]. Porém o melhor fruto que dela se pode tirar me parece que será salvar esta gente.

Carta de Pero Vaz de Caminha. In: MARQUES, A.; BERUTTI, F; FARIA, R. *História moderna através de textos*. São Paulo: Contexto, 2001.

A carta de Pero Vaz de Caminha permite entender o projeto colonizador para a nova terra. Nesse trecho, o relato enfatiza o seguinte objetivo:

a. Valorizar a catequese a ser realizada sobre os povos nativos.

b. Descrever a cultura local para enaltecer a prosperidade portuguesa.

c. Transmitir o conhecimento dos indígenas sobre o potencial econômico existente.

d. Realçar a pobreza dos habitantes nativos para demarcar a superioridade europeia.

e. Criticar o modo de vida dos povos autóctones para evidenciar a ausência de trabalho.

8. (Fuvest-SP – 2016) Capítulo 16

Eu por vezes tenho dito a V. A. aquilo que me parecia acerca dos negócios da França, e isto por ver por conjecturas e aparências grandes aquilo que podia suceder dos pontos mais aparentes, que consigo traziam muito prejuízo ao estado e aumento dos senhorios de V. A. E tudo se encerrava em vós, Senhor, trabalhardes com modos honestos de fazer que esta gente não houvesse de entrar nem possuir coisa de vossas navegações, pelo grandíssimo dano que daí se podia seguir.

Serafim Leite. *Cartas dos primeiros jesuítas do Brasil*, 1954.

O trecho acima foi extraído de uma carta dirigida pelo padre jesuíta Diogo de Gouveia ao Rei de Portugal D. João III, escrita em Paris, em 17/02/1538. Seu conteúdo mostra

a. a persistência dos ataques franceses contra a América, que Portugal vinha tentando colonizar de modo efetivo desde a adoção do sistema de capitanias hereditárias.

b. os primórdios da aliança que logo se estabeleceria entre as Coroas de Portugal e da França e que visava a combater as pretensões expansionistas da Espanha na América.

c. a preocupação dos jesuítas portugueses com a expansão de jesuítas franceses, que, no Brasil, vinham exercendo grande influência sobre as populações nativas.

d. o projeto de expansão territorial português na Europa, o qual, na época da carta, visava à dominação de territórios franceses tanto na Europa quanto na América.

e. a manifestação de um conflito entre a recém-criada ordem jesuíta e a Coroa portuguesa em torno do combate à pirataria francesa.

9. (FGV – Ensino Médio) Capítulo 16

Saía um padre ou um pequeno número de padres, com ou sem apoio militar, e se dirigia a cada uma das 'nações' (indígenas), a cada uma das aldeias índias e aí fazia sua pregação, batizava geralmente um grande número de indivíduos e se retirava, considerando cumprida ali sua tarefa.

[…]

Nos aldeamentos, índios das mais diferentes tribos eram reunidos para que pudessem, mais facilmente, ser convertidos […]. As aldeias são um espaço, território preciso produzido pelos jesuítas. São, pois, território cristão.

Fonte: NEVES, Luís F. Baêta. *O combate dos soldados de Cristo na terra dos papagaios*. Rio de Janeiro: Forense Universitária, 1978. p. 113-119.

Considerando o texto lido, no Brasil colonial, a reunião dos índios em aldeamentos jesuíticos, em lugar das aldeias nativas, teve como objetivo

a. a transformação dos índios em súditos e cristãos.

b. a promoção da mestiçagem entre nativos e brancos.

c. a facilitação da ascensão de aborígenes aos cargos de governo.

d. a facilitação da utilização de mão de obra indígena na mineração.

e. o fornecimento de trabalhadores em áreas onde houvesse escassez de africanos.

10. (FGV – Ensino Médio) Capítulo 16

Leia os textos a seguir:

Texto I:

Cidadão: homem que goza dos direitos de alguma Cidade, das isenções e privilégios, que se contém no seu foral (posturas), homem bom.

Fonte: SILVA, Antonio de Moraes. Verbete *Cidadão*. *Dicionário da língua portuguesa*. Lisboa: Typographia Lacerdina, 1789, vol. I, p. 394.

Texto II:

Na Europa da Época Moderna, assim como no Brasil colonial, a cidadania não era considerada, como hoje, um direito político. Cidadãos eram aqueles que, por participarem do governo local, nas câmaras municipais, recebiam privilégios, honras e mercês do rei de Portugal.

Fonte: BICALHO, Maria Fernanda. *O que significava ser cidadão nos tempos coloniais*. In: SOIHET, Rachel & ABREU, Martha. (Orgs.). *Ensino de História*: Conceitos, Temáticas e Metodologia. Rio de Janeiro: Casa da Palavra, 2003, p. 139.

Ao se fazer uma análise comparativa a respeito da concepção de cidadão do Antigo Regime e o significado atual desse conceito, conclui-se que

a. ao se basear em critérios censitários, a cidadania no Antigo Regime estende o direito de voto à maioria da população afastando-se do modelo democrático representativo que vigora atualmente.

b. há certas semelhanças, apesar da distância temporal, pois, ainda que os direitos políticos fossem cerceados no Antigo Regime, os direitos civis e sociais eram compartilhados por toda a sociedade.

c. as concepções são similares, pois na prática o poder continua concentrado nas mãos de um pequeno grupo dotado de privilégios jurídicos, enquanto a maioria da população não participa do processo político.

d. escravos, estrangeiros e mulheres não eram considerados cidadãos no Antigo Regime; somente os homens maiores de 18 anos de idade podiam participar das resoluções políticas, diferentemente do voto censitário de hoje.

e. no Antigo Regime, o conceito de cidadão restringia-se apenas a um grupo de homens privilegiados que exercem sua cidadania sobretudo no governo político local, diferente da democracia representativa atual garantida constitucionalmente.

TEMA 6 — A ESCRAVIDÃO E A CONSTRUÇÃO DO MUNDO ATLÂNTICO

Capítulos 17, 18 e 19

▶ O escravismo como sistema econômico mundial

A escravização foi uma prática comum em muitas sociedades ao longo da história, e a África não foi exceção. Os escravizados eram importantes como meios de produção de riqueza, mas também como símbolo de prestígio e poder.

A África é composta de uma diversidade de povos que vivem em meio a múltiplos conflitos entre si, fator responsável pelo surgimento da maior parte dos cativos. Embora a escravização de pessoas de dentro do próprio grupo também ocorresse, geralmente como punição por um crime – assassinato ou feitiçaria –, a maioria das pessoas escravizadas pertencia a um grupo inimigo.

Os escravizados eram uma parcela importante das trocas mercantis. Era comum que os indivíduos escravizados passassem por diversos "donos" e, por serem, em geral, separados da família e conhecidos, perdessem progressivamente seu conjunto de referências. Por isso, tinham de reconstruir seus laços sociais na condição de escravizados. A tendência era que, quanto mais distante a pessoa escravizada estivesse de seu lugar de origem, mais valiosa ela viria a ser, pois acreditava-se que o cativo seria mais obediente.

Assim, a negociação de indivíduos escravizados foi uma importante atividade desde o século VII. As principais rotas do tráfico levaram milhões de escravos da África Subsaariana para o Mediterrâneo (norte da África) e para a Península Arábica e o Índico (Emirados Árabes e Estados da Península Indiana).

Com o aumento da demanda por trabalho escravo nas *plantations* americanas, a rota do tráfico foi redesenhada. O próprio mapa político da África sofreu mudanças devido ao fortalecimento de alguns Estados e ao enfraquecimento de outros, em razão do comércio de pessoas escravizadas para a América.

Congo

Por volta de 1470, o navegador português Diogo Cão começou a explorar as bordas do reino do Congo. Quinze anos mais tarde, retornou e estabeleceu relações amistosas com o rei. Em 1491, houve a conversão do *manicongo*, que passou a se chamar D. João I, à fé cristã – movido também por interesses de se fortalecer diante de adversários políticos.

Com a morte de D. João I, dois filhos disputaram o reino: D. Afonso I, cristão, e outro não cristão. Com a ajuda de Portugal, D. Afonso I venceu e procurou centralizar o poder e diminuir a atuação dos chefes locais, provocando conflitos. Depois de sua morte, diversas linhagens disputaram o trono e sob influência de interesses holandeses, no século XVII, a relação com Portugal se deteriorou.

Angola

O reino de Ndongo – depois chamado de Angola pelos colonizadores portugueses – viveu vários conflitos que envolviam Portugal, Congo e povos das adjacências. Angola foi posta sob a jurisdição de um governador-geral português em 1589. Em 1603, foi estabelecida uma aliança com o *ngola*, o que interessava aos portugueses que buscavam metais preciosos no território. Como isso não aconteceu, o principal papel de Angola passou a ser o de fornecer escravos para a América, através das vitórias portuguesas em lutas armadas.

Uma trégua só parecia acontecer em 1624, quando os portugueses propuseram um acordo Nzinga. Mas os europeus não cumpriram suas promessas e ela então se organizou com os imbangalas. A paz só chegou em 1656, mas, para isso, Nzinga teve de abrir seus domínios a mercadores lusos e se aproximou do cristianismo.

O golfo de Benim

A região do Golfo do Benim tornou-se uma das principais exportadoras de cativos no continente africano a partir da segunda metade do século XVII, ficando conhecida como Costa dos Escravos.

Benim funcionava como entreposto, redistribuindo mercadorias que vinham do interior e do litoral ao longo do Rio Níger. Com o tempo, o comércio tornou-se a atividade mais importante do reino, que comprava e vendia o que os demais produziam.

Em 1514, partiu de Benim uma embaixada para Portugal com o objetivo de obter armas de fogo. Apesar de o obá não ter se convertido, ele permitiu a pregação da fé cristã e o batismo em seu reino. Quando um novo rei, decidido a não abandonar as práticas religiosas tradicionais, subiu ao poder em 1517, a relação com os portugueses foi abalada. Na segunda metade do século XVI, a disputa com outras nações europeias provocou o deslocamento dos interesses portugueses do Benim para o porto de Aladá.

▶ O escravismo como sistema econômico no Brasil

Desde o início da colonização efetiva da América em meados do século XVI, Portugal reconheceu o cultivo do açúcar como um negócio lucrativo para a Coroa e que atrairia colonos. A imensa mão de obra necessária era escrava – solução para a dificuldade de convencer as pessoas a atravessarem o oceano para trabalhar em péssimas condições no Novo Mundo. Assim, primeiro os indígenas – "os negros da terra" – foram explorados. Mas, muitos se rebelavam, fugiam e não se adaptavam ao trabalho agrícola – além de inúmeras mortes provocadas por doenças quando entraram em contato com os europeus –, fazendo com que sua escravização fosse um processo difícil. Ainda mais importante, a crise demográfica causada pela disseminação de doenças tornou esses trabalhadores mais escassos. A solução foi a importação dos africanos escravizados, por volta de 1560, pelos principais senhores de engenho de Pernambuco e Bahia, iniciando um processo de transição que se completou somente no século seguinte.

A escravidão foi a característica fundamental da economia e da sociedade do Brasil Colonial. A sociedade portuguesa assumiu a escravidão como algo natural e autorizado por lei, pois essa prática era conhecida na Península Ibérica, ainda que fosse praticada em pequena escala. Possuir escravos era sinal de riqueza e prestígio, e todos que podiam compravam cativos na primeira oportunidade. A escravidão estava em todos os lugares, mas a propriedade era concentrada: embora muitos tivessem um ou dois cativos, a maioria estava nas mãos de um punhado de grandes proprietários.

Fosse por juntar uma grande quantidade de dinheiro e pela afeição do senhor, um escravo poderia conseguir uma carta de alforria, que lhe devolvia a liberdade. Entretanto, como a carta era prerrogativa do senhor, os cativos se mobilizaram em várias formas de resistência como fuga, rebelião e até mesmo suicídio. Muitas vezes, os fugitivos conseguiam se reunir em comunidades em áreas de difícil acesso. Essas comunidades ficaram conhecidas como quilombos, representando um desafio constante para o poder escravocrata e colonial.

O açúcar

Em toda a América portuguesa, a produção do açúcar concentrou-se nas *plantations*, propriedades monocultoras direcionadas ao mercado externo. Com cerca de 60 a 80 trabalhadores escravizados, essas unidades possuíam reservas florestais, das quais se extraía a madeira para alimentar as caldeiras que produziam o açúcar; plantações de cana; uma área destinada aos cultivos de subsistência; a casa-grande, onde moravam o senhor de engenho e sua família; uma capela; e as habitações dos escravizados, que podiam ser casebres ou uma senzala comum.

Na hierarquia social, em primeiro lugar estavam os senhores de engenho, que, apesar de não possuírem o título oficial de nobreza, eram "os nobres da terra" por seu acúmulo de terras, armas e escravizados. Abaixo dos senhores estavam os lavradores de cana-de-açúcar – pequenos e médios proprietários ou arrendatários de terra. Além desses, havia os comerciantes – que ganharam destaque no século XVIII e, quando enriqueciam, compravam terra, engenhos e escravizados para se inserir na elite social –; alguns pecuaristas de destaque por poderem controlar latifúndios e seus rebanhos essenciais para alimentação e transporte de cargas; um grupo de artesãos, e a base da pirâmide social era formada por escravizados.

É importante ressaltar que a movimentação econômica proporcionada pelos pecuaristas, a produção de alimentos necessária para sustentar a crescente população colonial e a existência de diversas atividades artesanais tornavam a economia mais complexa, de modo que ela não pode ser considerada única e exclusivamente açucareira.

▶ Ingleses, franceses e holandeses

Ao longo do século XVII, Inglaterra, França e Holanda atacaram terras na Ásia, África e América, alcançando maior êxito na última.

O objetivo dessas metrópoles era lucrar com a produção colonial. Por isso, quando houve a possibilidade, foram cultivados gêneros de exportação, como o açúcar, explorados por meio do trabalho de africanos escravizados.

Mercantilismo

A consolidação dos Estados europeus exigia a arrecadação de recursos, como vimos anteriormente. A forma mais simples de consegui-lo era a cobrança de impostos, principalmente sobre o comércio. Esse controle das riquezas do comércio ficou conhecido como mercantilismo. Seu princípio básico – e nunca cumprido – era autossuficiência de suas manufaturas para importar o menos possível, estimulando a economia de cada reino.

O mercantilismo trouxe consigo a prática do metalismo, acúmulo de metais preciosos vindos principalmente do Novo Mundo. Os países que não tivessem condições de obtê-los viam-se obrigados a comercializar com quem os tivesse. Assim, ao longo do século XVI, Inglaterra, França e Holanda tomaram territórios de ultramar, o que proporcionou a contestação da hegemonia ibérica, redesenhando o mapa da América ao construir impérios em áreas onde a presença hispânica era frágil ou inexistente.

Inglaterra

Em 1606, o rei inglês Jaime I criou a Virginia Company, composta de duas companhias de comércio encarregadas de promover a colonização da América do Norte. Essas colônias inglesas poderiam ter ainda outros estatutos, com as chamadas "colônias proprietárias" - territórios originados a partir da iniciativa de uma pessoa física, sendo, portanto, uma propriedade privada, transmissível aos herdeiros. Seriam similares às capitanias hereditárias do Brasil.

As colônias dispunham de assembleias representativas locais, inspiradas no Parlamento inglês. Por meio delas, os colonos desenvolveram uma tradição de participação política. Embora o voto fosse censitário, muito mais homens podiam votar do que na Inglaterra. Por sua vez, os reis ingleses garantiam sua soberania na América por meio de decisões de política externa e do comércio, mas pouco interferiam para além desses temas.

França

Em 1608, o francês Samuel de Champlain fundou a colônia de Quebec, no Canadá, com o objetivo de converter os indígenas ao cristianismo. Devido ao clima frio e pouca possibilidade de enriquecimento, não houve grande encorajamento para emigração.

Como não venceram os indígenas militarmente, os franceses dependeram de alianças para manter suas possessões. O comércio com os nativos fornecia praticamente o único artigo de exportação da região: peles de animais, trocadas por armas de fogo e ferramentas de metal.

Holanda

Os holandeses criaram, em 1621, a Companhia Neerlandesa das Índias Ocidentais, que deveria atacar as colônias ibéricas na América e na África para obter lucros e prejudicar a Espanha, com a qual estavam em guerra desde 1568. Tinha como alvo o Brasil, pois Portugal e seu império fizeram parte da monarquia hispânica entre 1580 e 1640.

Assim, em 1624, as tropas da Companhia desembarcaram em Salvador, sede do governo-geral da América portuguesa, mas foram expulsas no ano seguinte. Em anos posteriores, após sucessivos ataques, a Companhia estendeu seu domínio por Itamaracá, Rio Grande do Norte, Paraíba, Ceará e parte do Maranhão, e conseguiram fazer comércio na região.

Ao perceberem a importância do trabalho escravo na produção do açúcar, os holandeses atacaram a África a fim de conseguir mão de obra escravizada da Costa da Mina e de Angola.

Entre 1637 e 1644, ocorreu o governo de Maurício de Nassau no Brasil holandês. O período foi marcado pela declaração de tolerância religiosa – o que atraiu vários migrantes que fugiam das perseguições católicas na Europa – e pela prosperidade econômica causada pelo aumento do preço do açúcar. O fim da União Ibérica em 1640 e o retorno de Nassau para a Holanda em 1644 facilitaram a expulsão dos holandeses, que levaram sua produção para outros lugares, como o Suriname, na tentativa de concorrer com o açúcar produzido no Brasil.

A América no final do século XVII

No final do século XVII, a América apresentava uma configuração diferente da de cem anos antes: Inglaterra, França e Holanda haviam entrado na corrida colonial. Como esses países utilizaram o trabalho de africanos escravizados em suas colônias, a escravidão atingiu cifras sem precedentes e a demanda por cativos continuou a crescer nos séculos seguintes. O Atlântico tornou-se o principal eixo econômico da economia ocidental, destronando o Mediterrâneo.

Questões para você praticar

1. (Fuvest-SP – 2015) Capítulo 17

Se o açúcar do Brasil o tem dado a conhecer a todos os reinos e províncias da Europa, o tabaco o tem feito muito afamado em todas as quatro partes do mundo, em as quais hoje tanto se deseja e com tantas diligências e por qualquer via se procura. Há pouco mais de cem anos que esta folha se começou a plantar e beneficiar na Bahia [...] e, desta sorte, uma folha antes desprezada e quase desconhecida tem dado e dá atualmente grandes cabedais aos moradores do Brasil e incríveis emolumentos aos Erários dos príncipes.

André João Antonil. *Cultura e opulência do Brasil por suas drogas e minas*. São Paulo: EDUSP, 2007. Adaptado.

O texto acima, escrito por um padre italiano em 1711, revela que

a. o ciclo econômico do tabaco, que foi anterior ao do ouro, sucedeu o da cana-de-açúcar.
b. todo o rendimento do tabaco, a exemplo do que ocorria com outros produtos, era direcionado à metrópole.
c. não se pode exagerar quanto à lucratividade propiciada pela cana-de-açúcar, já que a do tabaco, desde seu início, era maior.
d. os europeus, naquele ano, já conheciam plenamente o potencial econômico de suas colônias americanas.
e. a economia colonial foi marcada pela simultaneidade de produtos, cuja lucratividade se relacionava com sua inserção em mercados internacionais.

2. (Enem – 2012) Capítulo 17

Torna-se claro que quem descobriu a África no Brasil, muito antes dos europeus, foram os próprios africanos trazidos como escravos. E esta descoberta não se restringia apenas ao reino linguístico, estendia-se também a outras áreas culturais, inclusive à da religião. Há razões para pensar que os africanos, quando misturados e transportados ao Brasil, não demoraram em perceber a existência entre si de elos culturais mais profundos.

SLENES, R. Malungu, ngoma vem! África coberta e descoberta do Brasil. *Revista USP*, n. 12, dez./jan./fev. 1991-1992 (adaptado).

Com base no texto, ao favorecer o contato de indivíduos de diferentes partes da África, a experiência da escravidão no Brasil tornou possível a

a. formação de uma identidade cultural afro-brasileira.
b. superação de aspectos culturais africanos por antigas tradições europeias.
c. reprodução de conflitos entre grupos étnicos africanos.
d. manutenção das características culturais específicas de cada etnia.
e. resistência à incorporação de elementos culturais indígenas.

3. (FGV – Ensino Médio) Capítulo 17

Leia, atentamente, o trecho a seguir:

Apesar da ênfase dada à agroexportação, a economia colonial não se esgotava nas plantações de açúcar voltadas para o mercado europeu. [...] Havia os pequenos produtores de alimentos que, utilizando o trabalho familiar e/ou escravo, abasteciam os engenhos e as cidades [...] No momento do declínio do preço internacional, houve ampliação das áreas de cultivo de cana e produção de açúcar. [...] Isso nos leva a concluir que, mesmo num período de diminuição dos preços do açúcar no mercado externo, houve ampliação do consumo interno do produto. [...] A grande unidade agrária não produzia alimentos suficientes para sustentar os que nela viviam, obrigando-os a comprar no mercado parte dos alimentos que consumiam. Foi por isso que em inúmeras áreas surgiram propriedades escravistas voltadas para esse mercado interno.

Fonte: FRAGOSO, João; FLORENTINO, Manolo; FARIA, Sheila de Castro. *A economia colonial brasileira* (séculos XVI-XIX). São Paulo: Atual, 1988. p. 49-56.

A análise do texto apresentado revela a seguinte conclusão:

a. Os latifúndios canavieiros dedicavam-se à produção de alimentos para o mercado interno.
b. A economia colonial era essencialmente marcada por pequenas unidades de produção, voltadas para o mercado externo.
c. A economia colonial caracterizava-se por grandes plantéis de escravos, pelo latifúndio policultor e pela exportação.

d. A crise internacional do preço do açúcar levou ao declínio da sua produção, devido à diminuição da demanda pelo produto no mercado externo.

e. A economia colonial contava com latifúndios de açúcar e uma considerável parcela de pequenos proprietários produzindo alimentos para o mercado interno.

4. (FGV – Ensino Médio) Capítulo 17

   Leia o texto a seguir:

   Como a colonização de outras regiões do Novo Mundo, a ocupação portuguesa do Brasil deu início a um conjunto de mudanças ambientais. [...] Em áreas de população relativamente densa, como as regiões açucareiras da Bahia e Pernambuco, e mais tarde Minas Gerais, os colonos alteraram dramaticamente a terra e seus ecossistemas antes de 1800. Menos óbvio, mas os efeitos cumulativos da caça, coleta, corte de madeira e, acima de tudo, a pecuária, alteraram decisivamente a flora e a fauna das religiões colonizadas e além.

   Fonte: RICHARDS, John F. *The Unending Frontier*: an environmental history of the early modern world (trad.). Berkeley: University of California Press, 2003. p. 411.

   A associação, evidenciada no texto, entre conquista portuguesa do espaço americano e impacto sobre a biodiversidade regional reside em:

   a. ampliação da biodiversidade, em razão do cultivo de novas plantas.

   b. destruição da Mata Atlântica devido ao uso predatório de suas riquezas.

   c. recuperação da vegetação como consequência da queda demográfica indígena.

   d. delimitação das áreas de monocultura pelo decréscimo dos terrenos disponíveis.

   e. extinção de várias espécies pela presença de animais estranhos trazidos pelos imigrantes.

5. (FGV – Ensino Médio) Capítulo 17

   Leia, com atenção, os dois textos a seguir:

   Texto I:

   Tornam-se [os escravos] mais dedicados ao serviço, quando tratados com maior liberalidade, ou com mais alimentos e vestimentas, ou com dispensa de tarefas, ou ainda permitindo que apascentem na propriedade algo de seu próprio pecúlio, e outras coisas do gênero, para que aqueles que receberem uma ordem ou advertência mais dura consolem-se e restitua-se sua boa vontade e disposição para com o senhor.

   Fonte: VARRÃO. *Sobre as coisas do campo*. Cap. XVII, século I a.C. Tradução do De Re Rustica I de Varrão. In: TREVIZAM, Matheus. *Linguagem e interpretação na literatura agrária latina*. Campinas: IEL/UNICAMP, 2006. p. 401-450. (Tese de Doutorado)

   Texto II:

   Negar-lhes totalmente os seus folguedos, que são o único alívio do seu cativeiro, é querê-los desconsolados e melancólicos, de pouca vida e saúde. Portanto, não lhes estranhem os senhores o criarem seus reis, cantar e bailar por algumas horas honestamente em alguns dias do ano, e o alegrarem-se inocentemente à tarde depois de terem feito pela manhã suas festas de Nossa Senhora do Rosário, de São Benedito e do orago da capela do engenho, sem gasto dos escravos, acudindo o senhor com sua liberalidade aos juízes e dando-lhes algum prêmio do seu continuado trabalho.

   Fonte: ANTONIL, André João. Cap. IX, século XVII d.C. In: *Cultura e opulência do Brasil por suas drogas e minas*. 3. ed. Belo Horizonte: Itatiaia, 1982.

   Apesar de separados por mais de um milênio e meio, os textos de Varrão e de Antonil, quando aconselham os donos sobre o tratamento a ser dado aos escravos, demonstram a mesma preocupação em relação

   a. às estratégias para o controle dos escravos que não passem apenas pela coerção violenta.

   b. à moralidade e o humanismo no tratamento dos escravos, que não podiam ser tratados como mera mão de obra.

   c. à ilegitimidade da escravidão, exceto nas situações nas quais os senhores tratassem seus escravos com liberalidade.

   d. ao rígido controle das atividades econômicas e religiosas dos escravos, visando a reprimir qualquer espaço de autonomia dos escravos.

   e. ao estímulo dos escravos a cultivarem o sentimento de liberdade por intermédio de produções próprias ou de suas práticas religiosas específicas.

6. (UFT-TO – 2014) Capítulo 18

"O Mercantilismo resulta numa exaltação do espírito de empresa e trabalho criador. Realiza assim, em relação aos ideais pregados pela cultura medieval, uma verdadeira subversão das hierarquias e dos valores. É levado a lutar contra os preconceitos nobiliários, a ociosidade, o gosto da função pública, mantido pela venalidade e hereditariedade dos ofícios".

Fonte: DEYON, Pierre. *O Mercantilismo*. São Paulo: Perspectiva, 1992, p. 54.

O Mercantilismo tinha como princípio básico:

a. o desenvolvimento do exército para resguardar o Estado.
b. o estímulo ao consumo de bens e produtos importados.
c. o princípio de autonomia entre a metrópole e a colônia.
d. o aumento das taxas sobre produtos de exportação.
e. o enriquecimento e fortalecimento do Estado.

7. (FGV – Ensino Médio) Capítulo 18

Leia o texto a seguir:

A conquista da Guanabara deu-se após intensos e violentos combates que envolveram grupos indígenas, franceses e portugueses. Nela se evidenciam também a flexibilidade de relações entre os grupos envolvidos e os vários interesses que os motivaram.

Fonte: ALMEIDA, Maria Regina Celestino de. *Os índios na história do Brasil*. Rio de Janeiro: FGV, 2010, p. 57.

O trecho selecionado informa sobre a tentativa da conquista da baía da Guanabara pelos franceses, conhecida como França Antártica. Em relação às guerras travadas nesse território, é correto afirmar que

a. eram reflexos das rivalidades europeias no contexto da expansão ultramarina e se associaram na América aos conflitos entre grupos indígenas.
b. foram motivadas por disputas religiosas uma vez que os franceses tinham como objetivo expandir o luteranismo, aliando-se aos indígenas através da conversão.
c. os franceses não concordavam com a escravização dos índios pelos portugueses, seus grandes parceiros na extração ilegal do pau-brasil o que acarretou a invasão e as batalhas.
d. muito mais do que a conquista do Rio de Janeiro, o alvo da disputa entre franceses e portugueses era o controle comercial do Atlântico, e graças ao apoio indígena os franceses saíram vitoriosos.
e. com a assinatura do tratado de Tordesilhas que dividia o mundo entre Portugal e Espanha, a França ficou impedida de participar do comércio do açúcar, planejando por isso conquistar o território brasileiro.

8. (FGV – Ensino Médio) Capítulo 18

Leia, atentamente, o trecho a seguir:

A oeste, a Companhia das Índias Ocidentais, criada em 1621, deixava seus corsários – Willekens, Piet Hein – saquear as costas do Brasil, ocupar a Guiana e a região de Sergipe e do Maranhão. O apogeu desse Brasil holandês situa-se na época em que Maurício de Nassau chega a Pernambuco em 1637 com uma missão de urbanistas e de cientistas.

Fonte: FERRO, Marc. *História das colonizações*: das conquistas às independências (séc. XVIII a XX). São Paulo: Cia. das Letras, 1996. p. 77-78.

O objetivo da empreitada colonizadora, chefiada por Maurício de Nassau na América portuguesa, foi

a. estimular o comércio entre Holanda e Brasil, já que o Pacto Colonial encontrava-se em contestação devido à União Ibérica.
b. estimular a construção de cidades nos moldes holandeses, devido à inferioridade técnica das áreas urbanas de tipo português.
c. estabelecer a catequização dos indígenas, tendo por base o ideário holandês de civilização, em detrimento do modelo jesuítico oriundo de Portugal.
d. controlar a produção e a comercialização açucareira do Brasil, uma vez que Portugal via-se em dificuldades de proteger o vasto território da colônia.

e. pesquisar as riquezas naturais e minerais do Nordeste do Brasil, já que Portugal não dispunha de recursos humanos e técnicos para o empreendimento.

9. (Enem – 2007) Capítulo 19

A identidade negra não surge da tomada de consciência de uma diferença de pigmentação ou de uma diferença biológica entre populações negras e brancas e(ou) negras e amarelas. Ela resulta de um longo processo histórico que começa com o descobrimento, no século XV, do continente africano e de seus habitantes pelos navegadores portugueses, descobrimento esse que abriu o caminho às relações mercantilistas com a África, ao tráfico negreiro, à escravidão e, enfim, à colonização do continente africano e de seus povos.

K. Munanga. Algumas considerações sobre a diversidade e a identidade negra no Brasil. In: *Diversidade na educação*: reflexões e experiências. Brasília: SEMTEC/MEC, 2003, p. 37.

Com relação ao assunto tratado no texto acima, é correto afirmar que

a. a colonização da África pelos europeus foi simultânea ao descobrimento desse continente.

b. a existência de lucrativo comércio na África levou os portugueses a desenvolverem esse continente.

c. o surgimento do tráfico negreiro foi posterior ao início da escravidão no Brasil.

d. a exploração da África decorreu do movimento de expansão europeia do início da Idade Moderna.

e. a colonização da África antecedeu as relações comerciais entre esse continente e a Europa.

10. (FGV – Ensino Médio) Capítulo 19

Leia o texto a seguir:

Uma vez ao ano, pagavam-se impostos ao rei. Num ambiente de grande festa, quando o soberano presenteava os governadores e os confirmava em seus cargos, ou os demitia, se os tributos que traziam eram insuficientes.

Com os bens recebidos, o mani Congo alimentava e honrava a corte, mantinha guardas, pajens, músicos, funcionários. Comprava fidelidades. [...]

Pagar tributo tinha sentido político e também religioso. Vinculava uma pequena comunidade a um grande reino. Marcava, através da diferença nas contribuições, a hierarquia dos grupos sociais, das províncias, dos distritos, das aldeias e, portanto, dos homens que as comandavam.

Fonte: SILVA, Alberto da Costa e. *A enxada e a lança*: a África antes dos portugueses. 3. ed. Rio de Janeiro: Nova Fronteira, 2006, p. 52-56.

O pagamento dos tributos ao Rei do Congo cumpria o papel político de reforçar as

a. distinções étnicas.

b. disputas religiosas.

c. diferenças culturais.

d. autonomias regionais.

e. desigualdades sociais.

11. (FGV – Ensino Médio) Capítulo 19

No Atlântico português formou-se uma matriz espacial colonial específica. De um lado, no litoral da América do Sul, desenvolveram-se uma economia e uma sociedade fundadas no trabalho escravo africano. Do outro, principalmente em Angola, e também no Golfo de Guiné, situavam-se as redes de reprodução dessa mão de obra escrava. As duas margens do Atlântico Sul se completavam em um só sistema de exploração colonial, cuja singularidade ainda marca profundamente o Brasil contemporâneo.

Fonte: ALENCASTRO, Luiz Felipe de. "Com quantos escravos se constrói um país?" In: FIGUEIREDO, Luciano. *Raízes africanas*. Rio de Janeiro: SABIN, 2009, p. 26.

De acordo com o texto, as histórias do Brasil colonial e de Angola estavam fortemente entrelaçadas, pois essa ligação

a. tornava a relação com Portugal desnecessária.

b. permitia a produção e reprodução do escravismo.

c. fornecia uma alternativa à exploração da metrópole.

d. incentivava a produção para exportação em ambas as colônias.

e. estimulava um desenvolvimento similar nas duas margens do Atlântico.

TEMA 7
O DESENVOLVIMENTO DO MUNDO MODERNO: ILUMINISMO, REVOLUÇÃO AMERICANA, REVOLUÇÃO FRANCESA E REVOLUÇÃO INDUSTRIAL

Capítulos 20, 23, 24 e 25

▶ A Revolução Científica e o Iluminismo

No século XVII, a Ciência ganhou terreno no Ocidente motivada pelas expedições marítimas, pela descoberta de um novo continente e pela Reforma Protestante. Conforme o conhecimento científico avançava, alguns conflitos eram desencadeados. A Inquisição, reativada pela Igreja durante a Reforma Católica, foi particularmente conservadora. Diferentemente, nos países protestantes, como a Holanda, as discussões científicas puderam ocorrer com mais liberdade.

A Revolução Científica não aconteceu subitamente, ela é tanto resultado de um processo complexo, feito de rupturas com a tradição e a sabedoria dos "antigos", como de continuidades, que trouxeram uma nova forma de descrever o universo e novos métodos para se fazer ciência. A matematização da realidade, assim como a ênfase na pesquisa experimental e no método racional, foi um dos elementos centrais dessa inovação. Intensificou-se, portanto, a separação entre o conhecimento da natureza e a religião, crescentemente vistos como saberes distintos.

Esse cenário em torno de debates científicos foi base para o Iluminismo, um movimento intelectual promovido por cientistas, escritores, filósofos e pensadores em geral, que surgiu na Grã-Bretanha, na década de 1690, e se propagou por quase toda a Europa, durante o século XVIII. A França católica foi o principal centro.

Ao estender o racionalismo da Revolução Científica ao estudo da sociedade e do ser humano, os pensadores iluministas submeteram tudo à razão, defendendo a ideia de que a humanidade caminhava rumo ao progresso. A maioria deles se opunha à intolerância religiosa e pregava a liberdade de consciência. O discurso iluminista era universalista e pretendia ser válido para todas as pessoas. A crítica iluminista pautava-se na denúncia dos excessos da sociedade de ordens, baseada na desigualdade social e jurídica.

Com a imprensa e os progressos na produção e distribuição de livros, as ideias iluministas se propagaram. Apesar da censura vigilante dos Estados, elas também se inseriram em jornais, gazetas e revistas científicas. Difundidas, sobretudo, entre as elites urbanas, passaram crescentemente a moldar a opinião pública.

O absolutismo ilustrado

Influenciados pelo Iluminismo, Estados absolutistas tentaram conciliar os princípios da Ilustração e a autoridade monárquica. Seus representantes eram chamados de déspotas esclarecidos. Esse absolutismo ilustrado almejava reforçar o poder do monarca pela racionalização da administração estatal, tornando-a mais eficiente e capaz de transmitir as ordens régias. Entretanto, muitas vezes os reis se distanciavam das aspirações ilustradas por maior liberdade de consciência e expressão.

▶ Revolução Industrial

A Revolução Industrial é um marco na construção do capitalismo contemporâneo por ter adicionado a ele um dos seus elementos fundamentais: a inovação tecnológica aplicada ao processo produtivo de maneira sistemática e constante, levando a um prolongado crescimento econômico. A industrialização também promoveu uma transformação vital no processo de trabalho, com a substituição das ferramentas pelas máquinas e da força humana pela força motriz.

A Inglaterra foi pioneira na Revolução Industrial, durante o século XVIII, em razão de diversos fatores: o país contava com um Estado que desde o final do século XVII procurava estimular o comércio, inclusive obtendo acesso a mercados no exterior; ao longo da Época Moderna, a disseminação do trabalho assalariado no campo e o aumento da produtividade liberaram mão de obra para as cidades e criaram um mercado consumidor para produtos produzidos em larga escala e a baixo custo; o incentivo à aplicação prática da ciência produziu inovações utilizadas para diminuir os custos com mão de obra e ampliar a produtividade industrial.

Assim, a partir do século XVIII as máquinas aceleraram o processo de produção. As indústrias se multiplicaram e passaram a se concentrar nos centros urbanos mais populosos, em pontos estratégicos de circulação de pessoas e de transportes. Com o tempo, o tear manual e a produção têxtil doméstica perderam espaço, pois não conseguiam competir com as novas invenções, utilizadas majoritariamente pelos sistemas fabris.

A grande inovação do período consistiu na produção de ferro fundido, necessário para a fabricação de máquinas, caldeiras, trilhos e armamentos. O sistema ferroviário passou a se desenvolver após a invenção da locomotiva a vapor, e o setor siderúrgico impulsionou e modernizou o setor de transportes, favorecendo a ampliação do comércio.

As condições de vida e trabalho e a resistência dos operários

A concentração industrial fez surgir um novo tipo de trabalhador: o operário fabril, sob péssimas condições de trabalho, muito distintas das que conhecera antes da expansão das fábricas. O proletariado buscou resistir à exploração de diversas maneiras. Uma das primeiras foi o ludismo, que no início do século XIX destruiu máquinas para fazer pressão sobre os patrões. Para além da busca por melhores salários, os trabalhadores começaram a lutar por direitos políticos.

Esse contexto de avanço do capitalismo e de disputas políticas deu origem a várias teorias que propunham formas distintas de superar o sistema econômico e político vigente, tais como o socialismo utópico, o anarquismo e o socialismo marxista/comunismo.

▶ Revolução Americana

As origens da independência das Treze Colônias podem ser encontradas na Guerra dos Sete Anos (1756-1763). As principais monarquias europeias envolvidas eram Inglaterra e França, que disputavam o domínio marítimo e comercial sobre as colônias da América do Norte e da Índia. Os ingleses, apesar de vitoriosos, estavam em uma situação financeira desastrosa. Para tentar ampliar a arrecadação de impostos e se recuperar sem taxar excessivamente a população britânica, a metrópole recorreu às suas colônias norte-americanas, que cresciam em importância econômica e estratégica, mas ainda pagavam poucos impostos.

Foram tomadas ainda medidas no intuito de ampliar a arrecadação de impostos como a Lei da Receita ou do Açúcar (1764); a Lei do Selo (1765); a Lei Townshend (1767); a Lei do Chá (1773); e as chamadas Leis Coercitivas (1774). Tais medidas atacavam a autonomia que os colonos tradicionalmente gozavam, o gerou grande insatisfação por parte deles. Como os representantes eleitos pelos colonos não integravam o Parlamento inglês, os colonos defendiam que somente suas próprias assembleias teriam o poder de tributá-los. Passaram, portanto, a criticar as ações da metrópole em jornais e panfletos e a boicotar as mercadorias britânicas como forma de protesto.

Em setembro de 1774, na Filadélfia, no Primeiro Congresso Continental, os colonos reunidos elaboraram uma declaração na qual reconheciam o direito do Parlamento britânico de regulamentar o comércio imperial, mas se recusavam a aceitar que a metrópole tivesse o poder de tributar ou interferir na vida política e econômica da colônia. Os confrontos armados contra os britânicos se iniciaram em abril de 1775, na Batalha de Lexington.

Após um longo debate, o Congresso Continental optou pela separação e uma comissão foi encarregada de elaborar a Declaração da Independência dos Estados Unidos da América, aprovada pelos congressistas e oficializada em 4 de julho. O texto da declaração foi redigido por Thomas Jefferson (1743-1826) e retomava ideias iluministas. Em 1783, a Inglaterra assinou o Tratado de Paris e reconheceu a independência dos Estados Unidos da América.

Os Estados Unidos

A Constituição dos Estados Unidos (1787) adotou um regime republicano presidencial e federalista, que garantia a autonomia dos estados e tinha por base a separação de poderes em Executivo, Legislativo e Judiciário. Representando o Poder Executivo, George Washington foi eleito o primeiro presidente dos Estados Unidos em abril de 1789 e governou por dois mandatos, até 1797.

A nova república, porém, não garantia a todos o exercício dos direitos políticos. O sufrágio universal, por exemplo, não existia; a renda mínima era exigida para participar da política; mulheres, indígenas e negros estavam excluídos do processo eleitoral e a escravidão foi preservada. Por outro lado, a Revolução Americana contribuiu para reconfigurar o estatuto político do Novo Mundo ao evidenciar a possibilidade real de criar novos Estados na América visto a derrota militar das metrópoles europeias. A Revolução Americana demonstrou ainda que era possível construir uma nação tendo como base os princípios iluministas.

▶ Revolução Francesa

A França havia apoiado os norte-americanos, mas os gastos militares agravaram a crise do país: em 1788, a monarquia estava praticamente falida. Assim, em 1789 reuniu-se a assembleia dos Estados Gerais convocada pelo monarca para tentar realizar reformas capazes de resolver os problemas da França. Entretanto, os estados privilegiados (Clero e Nobreza) resistiram a qualquer mudança que os afetasse. Buscando maior protagonismo político por representar a grande maioria da população, o Terceiro Estado (povo) declarou-se, com apoio do baixo clero, Assembleia Nacional Constituinte e se comprometeu a produzir uma Constituição legitimada pela soberania popular. Em apoio aos constituintes, pequenos comerciantes, artesãos e trabalhadores urbanos invadiram a Bastilha, prisão símbolo da autoridade real e do Antigo Regime.

A Assembleia votou diversas medidas revolucionárias que deram fim ao Antigo Regime: pressionados pelos camponeses, os deputados votaram pelo fim dos direitos senhoriais. Em julho de 1790, foi abolido o estatuto da nobreza. Em setembro de 1791, a nova Constituição foi promulgada, instituindo uma monarquia constitucional; mas pouco tempo depois, em razão da guerra contra as potências estrangeiras e do apoio do rei aos projetos contrarrevolucionários, os deputados recém-eleitos se reuniram, aboliram a monarquia e proclamaram a república. A Assembleia Nacional foi transformada em Convenção, que funcionou até outubro de 1795.

Dentro da Convenção, três forças políticas distintas se delinearam e se confrontaram, basicamente em função da estratégia revolucionária a seguir: os girondinos (com propostas ligadas ao capitalismo e à burguesia), a Montanha (mais radical, com o apoio das massas, desejava uma reforma completa da sociedade) e a Planície ou Pântano (apoiava os girondinos ou a Montanha, dependendo do tema e da correlação de forças).

Após longos debates, Luís XVI foi declarado culpado de traição e decapitado em 21 de janeiro de 1793. Em junho, os girondinos foram expulsos da Convenção durante as chamadas jornadas revolucionárias, que mobilizaram os setores populares, expressados principalmente na figura dos *sans-culottes* – artesãos e pequenos proprietários urbanos. Apoiados nesse movimento, a Montanha assumiu o controle na Convenção.

Em 1793, sentindo o risco que corria a Revolução em razão da ameaça de invasão estrangeira, os deputados suspenderam a Constituição. Em 17 de setembro, foi implantada pela Convenção a Lei dos Suspeitos, que permitiu a criação dos Tribunais Revolucionários para julgar todos aqueles que tramavam contra a Revolução Francesa. Foi o chamado período do Terror, pois milhares de pessoas foram executadas, algumas das quais sem provas críveis. Rebeldes dentro da própria França também foram duramente reprimidos.

Neste período, as ameaças externas foram derrotadas. No plano interno, além da da abolição da escravidão em todas as colônias francesas, foram adotadas medidas intervencionistas com o objetivo de melhorar as condições de vida das populações mais pobres. Contudo, as perseguições promovidas pelo governo foram impopulares e ele se tornou frágil, o que ocasionou em sua derrubada. Esse movimento ficou conhecido como Reação Termidoriana e Robespierre foi guilhotinado em 1794. A república tornou-se, então, mais conservadora, abandonando os projetos socialmente revolucionários do período da Convenção. Em 22 de agosto de 1795, uma nova Constituição foi elaborada e fundamentava-se na defesa da propriedade, na garantia das liberdades civis e individuais, instituía o voto censitário e separava a Igreja do Estado. Os direitos sociais perdiam, porém, espaço, prejudicando os setores populares.

Em oposição a essa guinada conservadora, em 1796 ocorreu o movimento radical chamado Conspiração dos Iguais. A agitação se organizou em torno de Gracchus Babeuf (1760-1797), que fazia duras críticas ao governo e à propriedade privada em seu jornal *A tribuna do povo*. Entretanto, o movimento foi denunciado e dois de seus integrantes foram condenados à morte.

Como as ideias da Revolução ganhavam terreno pela Europa, formou-se em 1798 uma nova coalizão contra a França, integrada por Grã-Bretanha, Áustria, Rússia, Nápoles e Império Otomano. Essa situação, somada às ameaças dos radicais de esquerda e dos monarquistas à direita dentro da própria França, levou a burguesia e parte dos políticos a recorrer aos militares para garantir a estabilidade do regime. No golpe de Estado conhecido como 18 Brumário – 9 de novembro –, os membros dos conselhos foram expulsos por soldados. O Diretório chegou ao fim. Teve início o Consulado, fase inicial da Era Napoleônica.

Era Napoleônica

Desde o início, o general Napoleão Bonaparte era a principal figura do novo regime. Por meio de plebiscito, implementou uma nova Constituição. Assumiu o posto de primeiro-cônsul da França, o único com poder de legislar e controlar o orçamento. Passou a nomear ministros, funcionários e juízes e a comandar a política externa, o Exército e a administração do país. Em 1802, tornou-se cônsul vitalício. Criou o Banco da França e instituiu uma nova moeda, o franco. Realizou grandes obras públicas e estimulou a indústria nacional e a agricultura por meio de financiamentos.

Uma das medidas mais significativas de Napoleão, já no final do Consulado, em 1804, foi a promulgação do Código Civil Napoleônico. O texto legal aboliu definitivamente qualquer distinção baseada no nascimento e no sangue – instituindo a igualdade jurídica –, além de assegurar a liberdade religiosa, o caráter laico do governo, o direito à propriedade e a liberdade econômica. Entretanto, o Código Civil Napoleônico baniu greves e sindicatos de trabalhadores e restabeleceu a escravidão nas colônias. Ainda em 1804, Napoleão se fez proclamar, por meio de um novo plebiscito, "Imperador hereditário dos franceses", sob o nome de Napoleão I, e obteve a sagração papal. Com isso, o poder assumiu a forma de uma nova monarquia, dessa vez respaldada pela soberania popular.

Grande parte da legitimidade napoleônica advinha de suas vitórias militares, que permitiram a expansão do poder francês por uma vasta extensão da Europa. O maior rival do novo império era a Grã-Bretanha, em razão de seu poder naval. Para prejudicar as exportações manufatureiras britânicas, Napoleão decretou o Bloqueio Continental em 1806, proibindo que os países europeus fizessem negócios com os ingleses. O autoritarismo napoleônico e as dificuldades econômicas advindas do Bloqueio Continental alimentaram a insatisfação nos Estados dominados.

Como a Rússia rompera a aliança com a França, Napoleão lançou-se em uma nova guerra de conquista em 1812. Apesar da tomada de Moscou, abandonada pelos russos, os franceses, depois de incendiarem a cidade, foram obrigados a retornar em virtude da falta de suprimentos. A retirada da Rússia foi um desastre para a França e a queda de Napoleão começou a se delinear a partir desse episódio. A crise econômica gerou insatisfação na burguesia e descontentamento popular.

Da colônia de São Domingos ao Haiti

São Domingos era a principal colônia francesa, pois sua imensa população escravizada produzia grandes quantidades de café e açúcar, abastecendo diversos mercados europeus. As muitas alforrias e a herança de pais brancos que haviam tido filhos com escravas possibilitaram a formação de um grupo social de mulatos livres que dispunha de recursos consideráveis e participava ativamente da economia local. Entretanto, após o fim da Guerra dos Sete Anos, em 1763, houve uma grande imigração de brancos pobres para a ilha, que uniram forças com os grandes proprietários para criar um regime de segregação racial.

Em 1789, quando a Assembleia Nacional aceitou a participação de deputados oriundos da colônia, os mulatos – agora alijados da vida política – tentaram se organizar para conseguir a igualdade civil por meio da Sociedade dos Cidadãos de Cor, reivindicando a aplicação nas colônias dos Direitos do Homem e do Cidadão. Os conflitos entre mulatos e brancos abriram espaço para uma gigantesca revolta escrava em 1791. Em setembro de 1792, uma comissão civil da nova Assembleia francesa visitou a colônia com o objetivo de traçar uma aliança com líderes da revolta do norte, garantindo-lhes a liberdade em troca da restauração da ordem. Os colonos brancos, por sua vez, recorreram à Coroa espanhola e à Grã-Bretanha. Tal atitude só acelerou o processo de abolição da escravidão, uma vez que os senhores de escravos foram considerados inimigos da república.

Em 1798, os ingleses firmaram um acordo com o general negro Toussaint e se retiraram da ilha. Mas, em visita a São Domingos, o comissário do Diretório francês pensou que Toussain havia dado muitas concessões aos ingleses e apoiou Rigaud a desafiar o general negro. Em 1800, Toussain saiu vitorioso, promulgando uma Constituição e declarando São Domingos como "colônia autogovernada".

Em outubro de 1803, os generais negros e mulatos mais proeminentes voltaram-se contra os franceses. A ameaça do restabelecimento da escravização e do antigo regime colonial recompôs a aliança entre esses chefes militares. Em 1804, eles decretavam a liberdade do segundo Estado independente da América, o Haiti.

Questões para você praticar

1. (Enem – 2014) Capítulo 20

A filosofia encontra-se escrita neste grande livro que continuamente se abre perante nossos olhos (isto é, o universo), que não se pode compreender antes de entender a língua e conhecer os caracteres com os quais está escrito. Ele está escrito em língua matemática, os caracteres são triângulos, circunferências e outras figuras geométricas, sem cujos meios é impossível entender humanamente as palavras; sem eles, vagamos perdidos dentro de um obscuro labirinto.

GALILEI, G. O ensaiador. *Os pensadores*. São Paulo: Abril Cultural, 1978.

No contexto da Revolução Científica do século XVII, assumir a posição de Galileu significava defender a

a. continuidade do vínculo entre ciência e fé dominante na Idade Média.

b. necessidade de o estudo linguístico ser acompanhado do exame matemático.

c. oposição da nova física quantitativa aos pressupostos da filosofia escolástica.

d. importância da independência da investigação científica pretendida pela Igreja.

e. inadequação da matemática para elaborar uma explicação racional da natureza.

2. (Enem – 2012) Capítulo 20

É verdade que nas democracias o povo parece fazer o que quer; mas a liberdade política não consiste nisso. Deve-se ter sempre presente em mente o que é independência e o que é liberdade. A liberdade é o direito de fazer tudo o que as leis permitem; se um cidadão pudesse fazer tudo o que elas proíbem, não teria mais liberdade, porque os outros também teriam tal poder.

MONTESQUIEU. *Do Espírito das Leis*. São Paulo: Editora Nova Cultural, 1997 (adaptado).

A característica de democracia ressaltada por Montesquieu diz respeito

a. ao *status* de cidadania que o indivíduo adquire ao tomar as decisões por si mesmo.

b. ao condicionamento da liberdade dos cidadãos à conformidade às leis.

c. à possibilidade de o cidadão participar no poder e, nesse caso, livre da submissão às leis.

d. ao livre-arbítrio do cidadão em relação àquilo que é proibido, desde que ciente das consequências.

e. ao direito do cidadão exercer sua vontade de acordo com seus valores pessoais.

3. (FGV – Ensino Médio) Capítulo 20

Leia o texto a seguir:

A soberania não pode ser representada, pela mesma razão que não pode ser alienada; ela consiste essencialmente na vontade geral, e a vontade de modo algum se representa; ou é a mesma ou é outra; não há nisso meio-termo. Os deputados do povo não são, pois, nem podem ser seus representantes, são quando muito seus comissários e nada podem concluir definitivamente. São nulas todas as leis que o povo não tenha ratificado; deixam de ser leis.

Fonte: ROUSSEAU, Jean-Jacques. *Do contrato social*. São Paulo: Nova Cultural, 1997. p. 131.

Tendo como referência o texto, a concepção político-institucional do pensador das *Luzes* fundamenta a democracia ao propor a

a. definição de governo como instância reguladora do bem comum.

b. expressão jurídica como forma de defesa dos direitos do homem.

c. participação suprema da coletividade como fonte legítima do poder.

d. ação autônoma da assembleia eleita como instrumento de cidadania.

e. definição da esfera pública como meio de vigilância dos atos individuais.

4. (Fuvest-SP – 1997) Capítulo 20

Sobre o chamado despotismo esclarecido é correto afirmar que

a. foi um fenômeno comum a todas as monarquias europeias, tendo por característica a utilização dos princípios do Iluminismo.

b. foram os déspotas esclarecidos os responsáveis pela sustentação e difusão das ideias iluministas elaboradas pelos filósofos da época.

c. foi uma tentativa bem-intencionada, embora fracassada, das monarquias europeias reformarem estruturalmente seus Estados.

d. foram os burgueses europeus que convenceram os reis a adotarem o programa de modernização proposto pelos filósofos iluministas.

e. foi uma tentativa, mais ou menos bem-sucedida, de algumas monarquias reformarem, sem alterá-las, as estruturas vigentes.

5. (FGV – Ensino Médio) Capítulo 20

Leia, atentamente, a afirmação a seguir:

> O homem é bom por natureza. É a sociedade que o corrompe.
>
> Rousseau, filósofo do século XVIII.

Baseando-se na assertiva do pensador iluminista Jean-Jacques Rousseau, conclui-se que o ser humano

a. nem sempre é fruto de seu meio. Assim, a sociedade também forja homens bons.

b. tem sua mente vazia ao nascer. O preenchimento acontece ao longo de sua infância.

c. tem o hábito de entender tudo de forma maniqueísta, logo, o homem representa o bem e o mal.

d. quando nasce é puro, logo, é a sociedade, com suas mazelas, que o degenera ao longo de sua vida adulta.

e. tem sempre dois caminhos na vida: o do bem e o do mal. A sociedade em que ele vive é que irá determinar um dos caminhos.

6. (UPM-SP – 2014) Capítulo 23

A respeito das consequências do processo industrial na Inglaterra, durante os anos 1840, Friedrich Engels escreveu.

> Todas as grandes cidades possuem um ou vários "bairros de má reputação" – onde se concentra a classe operária. É certo que é frequente a pobreza morar em vielas escondidas, muito perto dos palácios dos ricos, mas, em geral, designaram-lhe um lugar à parte, onde, ao abrigo dos olhares das classes mais felizes, tem de se safar sozinha, melhor ou pior. Estes "bairros de má reputação" são organizados em toda a Inglaterra mais ou menos da mesma maneira, as piores casas na parte mais feia da cidade [...].
>
> Friedrich Engels. *A situação da classe trabalhadora em Inglaterra*. Lisboa: Afrontamento, 1975, p. 59.

Pela análise da citação acima e do contexto histórico da época, assinale a alternativa correta.

a. Em uma perspectiva comparada, o Brasil também vivenciou, à mesma época citada do excerto, um processo industrial significativo, com exploração da mão de obra imigrante na implantação dos setores de infraestrutura. Esse processo ficou conhecido como "desenvolvimentismo".

b. Apesar dos avanços verificados no processo produtivo, a introdução de máquinas pouco contribuiu para a remodelação do espaço urbano, uma vez que continuaram predominantes as mesmas concepções medievais, com destaque para os "bairros de má reputação".

c. No início do século XIX, as cidades industriais europeias lembravam os antigos espaços urbanos da época renascentista: remodelados conforme as necessidades da população – elite e populares.

d. A Europa vivenciou, naquele período, o nascimento de ideologias contestatórias do sistema capitalista, destacando-se o Anarquismo defendido por Engels, segundo o qual o melhor caminho para alcançar uma sociedade mais justa seria a social-democracia.

e. A consolidação da maquinofatura no processo produtivo provocou uma definitiva separação entre capital e trabalho, gerou amplas camadas marginalizadas do processo de acumulação capitalista e criou concepções burguesas de ocupação dos espaços públicos.

7. (Unesp-SP – 2013) Capítulo 23

Todo processo de industrialização é necessariamente doloroso, porque envolve a erosão de padrões de vida tradicionais. Contudo, na Grã-Bretanha, ele ocorreu com uma violência excepcional, e nunca foi acompanhado por um sentimento de participação nacional num esforço comum. Sua única ideologia foi a dos patrões. O que ocorreu, na realidade, foi uma violência contra a natureza humana. De acordo com uma certa perspectiva, esta violência pode ser considerada como o resultado da ânsia pelo lucro, numa época em que a cobiça dos proprietários dos meios de produção estava livre das antigas restrições e não tinha ainda sido limitada pelos novos instrumentos de controle social. Não foram nem a pobreza, nem a doença os responsáveis pelas mais negras sombras que cobriram os anos da Revolução Industrial, mas sim o próprio trabalho.

(Edward P. Thompson. *A formação da classe operária inglesa*, vol. 2, 1987. Adaptado.)

O texto afirma que a Revolução Industrial

a. aumentou os lucros dos capitalistas e gerou a convicção de que era desnecessário criar mecanismos de defesa e proteção dos trabalhadores.

b. provocou forte crescimento da economia britânica e, devido a isso, contou com esforço e apoio plenos de todos os segmentos da população.

c. representou mudanças radicais nas condições de vida e trabalho dos operários e envolveu-os num duro processo de produção.

d. piorou as condições de vida e de trabalho dos operários, mas trouxe o benefício de consolidar a ideia de que o trabalho enobrece o homem.

e. preservou as formas tradicionais de sociabilidade operária, mas aprofundou a miséria e facilitou o alastramento de epidemias.

8. (FGV – Ensino Médio) Capítulo 23

Leia o texto a seguir:

A máquina é uma arma de guerra dirigida contra essas barreiras de resistência que são os operários de ofício. Ela permite eliminá-los, substituí-los por uma equipe de engenheiros ou técnicos, racionalizados por natureza, mais ligados à direção da empresa. Ela permite que o patronato se assenhoreie da totalidade do processo de produção. […] O que está em jogo não é apenas o emprego […] e sim o controle: controle das matérias-primas […] controle dos produtos em qualidade e quantidade, controle dos ritmos e dos homens. A máquina é um instrumento de disciplina.

Fonte: PERROT, Michelle. *Os excluídos da história: operários, mulheres e prisioneiros.* São Paulo: Paz e Terra, 1988.

As modificações impostas pelas máquinas no mundo do trabalho foram interpretadas, pela autora, como uma forma de

a. alcançar a capacidade máxima de produção dos trabalhadores.

b. aumentar a produtividade do trabalhador e melhorar a sua renda.

c. controlar o tempo, o ritmo e a qualidade do trabalho do empregado.

d. diminuir o número de trabalhadores necessários e baratear a produção.

e. padronizar a produção das mercadorias, diminuindo os defeitos de fabricação.

9. (Enem – 2009) Capítulo 23

Até o século XVII, as paisagens rurais eram marcadas por atividades rudimentares e de baixa produtividade. A partir da Revolução Industrial, porém, sobretudo com o advento da revolução tecnológica, houve um desenvolvimento contínuo do setor agropecuário. São, portanto, observadas consequências econômicas, sociais e ambientais inter-relacionadas no período posterior à Revolução Industrial, as quais incluem

a. a erradicação da fome no mundo.

b. o aumento das áreas rurais e a diminuição das áreas urbanas.

c. a maior demanda por recursos naturais, entre os quais os recursos energéticos.

d. a menor necessidade de utilização de adubos e corretivos na agricultura.

e. o contínuo aumento da oferta de emprego no setor primário da economia, em face da mecanização.

10. (FGV – Ensino Médio) Capítulo 23

Leia o texto a seguir:

Qualquer aperfeiçoamento de máquinas põe alguns operários na rua e quanto mais importante é o progresso, maior é a parcela da classe jogada no desemprego, assim, todo aperfeiçoamento mecânico tem, para um bom número de operários, os mesmos efeitos de uma crise comercial, gerando miséria, sofrimentos e crime.

Fonte: ENGELS, F. *A situação da classe trabalhadora na Inglaterra* [1845]. São Paulo: Boitempo, 2008, p. 174.

As transformações trazidas pela Revolução Industrial geraram diversas reações por parte dos trabalhadores ingleses, dentre as quais

a. os roubos cometidos contra a burguesia.

b. o desencantamento com a política organizada.

c. a quebra de máquinas como forma de protesto.

d. a migração para as colônias em busca de riquezas.

e. o investimento em educação para aumentar sua qualificação.

11. (ESPM-SP – 2012) Capítulo 24

Em 1773, procurando aliviar as dificuldades financeiras da Companhia das Índias Orientais, o governo britânico concedeu-lhe o monopólio do chá nas colônias. Os colonos reagiram e disfarçados de índios, patriotas de Boston, abordaram navios que transportavam chá, lançando a mercadoria nas águas do porto.

(H. C. Allen. *História dos Estados Unidos da América*)

A ação descrita pelo texto levou o parlamento britânico a promulgar, em 1774, as Leis Coercitivas ou, como foram chamadas pelos colonos, Intoleráveis. Tais leis:

a. lançavam impostos sobre vidro e corantes;
b. interditavam o porto de Boston até que fosse pago o prejuízo causado pelos colonos;
c. proibiam a emissão de papéis de crédito na colônia que, até então, eram usados como moeda;
d. impunham aos colonos os custos do alojamento e fornecimento de víveres para as tropas britânicas enviadas para a colônia;
e. enfraqueceram a autoridade do governador de Massachusetts.

12. (Unicamp-SP – 2015) Capítulo 24

A igualdade, a universalidade e o caráter natural dos direitos humanos ganharam uma expressão política direta pela primeira vez na Declaração da Independência americana de 1776 e na Declaração dos Direitos do Homem e do Cidadão de 1789. Embora se referisse aos "antigos direitos e liberdades" estabelecidos pela lei inglesa e derivados da história inglesa, a *Bill of Rights* inglesa de 1689 não declarava a igualdade, a universalidade ou o caráter natural dos direitos. Os direitos são humanos não apenas por se oporem a direitos divinos ou de animais, mas por serem os direitos de humanos em relação uns aos outros.

(Adaptado de Lynn Hunt, *A invenção dos direitos humanos*: uma história. São Paulo: Companhia das Letras, 2009, p. 19.)

Assinale a alternativa correta.

a. A prática jurídica da igualdade foi expressa na Declaração de Independência dos EUA e assegurada nos países independentes do continente americano após 1776.
b. A lei inglesa, ao referir-se aos antigos direitos, preservava a hierarquia, os privilégios exclusivos da nobreza sobre a propriedade e os castigos corporais como procedimento jurídico.
c. No contexto da Revolução Francesa, a Declaração dos Direitos do Homem e do Cidadão significou o fim do Antigo Regime, ainda que tenham sido mantidos os direitos tradicionais da nobreza.
d. Os direitos do homem, por serem direitos dos humanos em relação uns aos outros, significam que não pode haver privilégios, nem direitos divinos, mas devem prevalecer os princípios da igualdade e universalidade dos direitos entre os humanos.

13. (FGV – Ensino Médio) Capítulo 24

Leia, atentamente, o texto a seguir:

Na Constituição americana, de 1787, foi incorporada a Declaração de Independência, de 1776, que afirma que "todos os homens foram criados iguais". Porém, dos três principais mentores da república dos EUA, George Washington, Jefferson e Hamilton, os dois primeiros eram proprietários de legiões de escravos. Estes, aparentemente, não eram "homens", ou mulheres.

Fonte: FRANCIS, Paulo. Ontem, hoje, sempre racista. In: FRANCIS, Paulo. *Diário da corte*. São Paulo: Três Estrelas, 2012. p. 138.

Ao se referir a três líderes norte-americanos pós-independência, o autor do texto lido expõe um valor comum daquela sociedade, expresso pelo caráter indicado na seguinte opção:

a. segregador, pois as leis excluíam os direitos civis aos negros.
b. iluminista, já que o Estado garantia as liberdades aos indivíduos.
c. aristocrático, pois os proprietários manipulavam o governo do país.
d. democrático, porque os republicanos evitavam o retorno ao absolutismo.
e. oligárquico, uma vez que os ricos exploravam os trabalhadores do campo.

14. (Enem – 2007) Capítulos 24 e 25

Em 4 de julho de 1776, as treze colônias que vieram inicialmente a constituir os Estados Unidos da América (EUA) declaravam sua independência e justificavam a ruptura do Pacto Colonial. Em palavras profundamente subversivas para a época, afirmavam a igualdade dos homens e apregoavam como seus direitos inalienáveis: o direito à vida, à liberdade e à busca da felicidade. Afirmavam que o poder dos governantes, aos quais cabia a defesa daqueles direitos, derivava dos governados. Esses conceitos revolucionários que ecoavam o Iluminismo foram retomados com maior vigor e amplitude treze anos mais tarde, em 1789, na França.

Emília Viotti da Costa. Apresentação da coleção. In: Wladimir Pomar. *Revolução Chinesa*. São Paulo: UNESP, 2003 (com adaptações).

Considerando o texto acima, acerca da independência dos EUA e da Revolução Francesa, assinale a opção correta.

a. A independência dos EUA e a Revolução Francesa integravam o mesmo contexto histórico, mas se baseavam em princípios e ideais opostos.

b. O processo revolucionário francês identificou-se com o movimento de independência norte-americana no apoio ao absolutismo esclarecido.

c. Tanto nos EUA quanto na França, as teses iluministas sustentavam a luta pelo reconhecimento dos direitos considerados essenciais à dignidade humana.

d. Por ter sido pioneira, a Revolução Francesa exerceu forte influência no desencadeamento da independência norte-americana.

e. Ao romper o Pacto Colonial, a Revolução Francesa abriu o caminho para as independências das colônias ibéricas situadas na América.

15. (FGV – Ensino Médio) Capítulo 25

Artigo 1º: A mulher nasce livre e tem os mesmos direitos do homem. As distinções sociais só podem ser baseadas no interesse comum. [...]

Artigo 4º: A liberdade e a justiça consistem em restituir tudo aquilo que pertence a outros, assim, o único limite ao exercício dos direitos naturais da mulher, isto é, a perpétua tirania do homem, deve ser reformado pelas leis da natureza e da razão.

[...]

Artigo 6º: A lei deve ser a expressão da vontade geral. Todas as cidadãs e cidadãos devem concorrer pessoalmente ou com seus representantes para sua formação; ela deve ser igual para todos. Todas as cidadãs e cidadãos, sendo iguais aos olhos da lei devem ser igualmente admitidos a todas as dignidades, postos e empregos públicos, segundo as suas capacidades e sem outra distinção a não ser suas virtudes e seus talentos. [...]

Fonte: GOUGES, Olympe de. *Declaração dos Direitos da Mulher e da Cidadã*. França, 1791. Disponível em: <http://www.direitoshumanos.usp.br/index.php/Documentos-anteriores-%C3%A0-cria%C3%A7%C3%A3o-da-Sociedade-das-Na%C3%A7%C3%B5es-at%C3%A9-1919/declaracao-dos-direitos-da-mulher-e-da-cidada-1791.html>. Acesso em: jul. 2012.

De acordo com o texto legal, a definição de cidadania para as mulheres, proposta pelos movimentos de finais do século XVIII e início do século XIX, está expressa em:

a. respeito à igualdade civil.
b. defesa do sufrágio universal.
c. ingresso na educação formal.
d. perda dos privilégios honoríficos.
e. garantia de trabalho remunerado.

16. (FGV – Ensino Médio) Capítulo 25

Leia o texto a seguir sobre um episódio da Revolução Francesa, conhecido como Grande Medo:

Em algumas regiões bem definidas da França [...] os ataques a castelos ocorriam por toda parte. Às vezes a casa era literalmente arrasada, como o grande castelo de Senozan, perto de Mâcon, propriedade do irmão de Talleyrand. Porém tais calamidades foram raras, e os camponeses atacantes eram liderados por gente de posição social mais alta: fazendeiros abastados e, em muitas ocasiões, a autoridade local, o "syndic". Quase sempre alegavam agir em nome do rei, pois achavam que este havia não só sancionado como encorajado o não pagamento de qualquer taxa feudal.

Fonte: SCHAMA, Simon. *Cidadãos*: uma crônica da Revolução Francesa. São Paulo: Companhia das Letras, 1989. p. 357.

Tendo em vista a análise do autor, esse levante social rural teve como característica

a. o abandono das terras comuns.
b. a partilha das terras da nobreza.
c. a cobrança dos tributos da monarquia.
d. o assalto aos símbolos do poder senhorial.
e. o confisco das propriedades dos religiosos.

8 O BRASIL DA DESCOBERTA DO OURO À VINDA DA CORTE

Capítulos 21, 22 e 26

▶ A América dourada

No final do século XVII a economia portuguesa passava por uma crise. Entre seus motivos, podemos listar a concorrência do açúcar caribenho, a quebra do monopólio lusitano sobre o comércio asiático graças à ação de holandeses e ingleses e a escassez de metais preciosos no reino – que até o fim da União Ibérica em 1640 era obtido pelo comércio ilícito com a América espanhola. Diante dessa difícil situação, Lisboa reagiu de diversas maneiras para buscar novas fontes de riqueza. Na América portuguesa isso significou incentivos oficiais para as incursões bandeirantes pelo sertão em busca do ouro, aproveitando-se das tradicionais expedições em busca de indígenas para serem escravizados. Assim, a descoberta do ouro no final do século XVII não deve ser entendida como um acidente histórico, mas sim como um desdobramento das ações da própria Coroa e dos colonos.

A exploração aurífera promoveu uma rápida reorganização da colônia americana, acarretando grandes consequências, das quais podemos destacar inicialmente o aumento da migração e o crescimento vertiginoso do tráfico de escravos. Como as Minas Gerais eram uma região até então desabitada, não havia uma produção de alimentos que pudesse sustentar a grande quantidade de pessoas que se mudou para lá em busca de ouro. Assim, nos primeiros anos houve fome e falta de produtos, que ficaram mais caros e facilitaram um cenário que estimulou a formação de redes comerciais para abastecer a região, visto que os comerciantes poderiam obter elevados lucros.

As tensões se intensificaram na região quando os paulistas, que haviam sido os primeiros a ocupar região, passaram a exigir da Coroa o monopólio de exploração das Minas. Era uma reação contra os recém-chegados (apelidados de emboabas, que em tupi significa "os que usam calçados"). Na chamada Guerra dos Emboabas, que teve início em 1707, paulistas e emboabas disputaram o controle da região. Após dois anos de lutas, os paulistas foram derrotados em seu projeto de monopolizar as Minas Gerais. Muitos migraram para áreas mais distantes, descobrindo outras minas em Goiás e Mato Grosso. Em consequência, a Coroa reforçou sua ingerência nesse território com a criação de um aparato administrativo e os forasteiros passaram a controlar a região. É importante destacar o papel das câmaras, que organizavam o comércio local, o espaço urbano e eram responsáveis pela justiça em primeira instância. Muitos membros da elite local fortaleceram seu poder político e econômico por meio de sua atuação nelas.

Tendo em vista a importância que tinha a arrecadação do ouro extraído na colônia portuguesa para a Coroa, várias estratégias foram colocadas em prática para que não houvesse burla no pagamento do quinto. Em 1719, D. João V instituiu a obrigatoriedade das casas de fundição. A partir de então, ficou proibida a circulação do ouro em pó, que somente poderia ser fundido nas casas de fundição, onde, obrigatoriamente, já era recolhido o imposto. Nem todos aceitaram pacificamente a decisão e, em Vila Rica, por exemplo, houve uma revolta, mas isso não impediu a consolidação das determinações de D. João V.

Na década de 1720, foram encontradas jazidas de diamantes no distrito de Serro Frio, o que fez com que essa região fosse rigidamente controlada pela coroa portuguesa. No entanto, é importante frisar que, apesar de dificultar, essas medidas não impediram o contrabando por pessoas de todas as classes sociais. Além disso, em virtude do Tratado de Methuen, firmado entre Inglaterra e Portugal, pelo qual o primeiro país fornecia produtos industrializados (mais caros) para o segundo e este fornecia vinhos e azeite para o primeiro, cerca de 50% do ouro obtido por Portugal em sua colônia americana tinha como destino os cofres ingleses.

As mudanças trazidas pelo ouro

A mineração foi responsável pelo crescimento demográfico colonial, pelo aumento da integração regional e pelo estímulo à diversificação produtiva no século XVIII. Não somente a extração de ouro e outros metais geravam riquezas: a pecuária, a agricultura, o comércio, a prestação de diversos tipos de serviços, além da comercialização de africanos e afrodescendentes escravizados, foram atividades que passaram a enriquecer determinados setores da sociedade – especialmente os grandes comerciantes, que reuniam cada vez mais poder e riqueza. Em consequência, mesmo quando o ouro entrou em declínio em meados do século XVIII, Minas Gerais e o Brasil continuaram a prosperar.

Em razão de sua proximidade com Minas, o Rio de Janeiro foi privilegiado nas trocas comerciais com a região aurífera. O Rio viu, assim, crescer significativamente sua produção de alimentos, o tráfico de escravos e o comércio com a Europa, encaminhando boa parte de todos esses produtos para esse mercado no interior. Abria-se assim espaço para a sua posterior transformação na capital do Estado do Brasil em 1763.

Redesenhando a América portuguesa

Com a descoberta do ouro e o rápido povoamento e urbanização da atual Região Centro-Sul, os limites do Tratado de Tordesilhas haviam sido ultrapassados. Em 1750 as coroas portuguesa e espanhola assinaram o Tratado de Madri, estabelecendo novas fronteiras entre as colônias ibéricas na América. A Espanha tinha interesse em obter o domínio sobre a Colônia de Sacramento por conta de sua posição estratégica para o comércio no Rio da Prata, enquanto Portugal buscava incorporar a região conhecida como Sete Povos das Missões, que era habitada pelos Guaranis e resistia à mudança de soberania. Ambas coroas se uniram para dizimar os indígenas no conflito, que ficou conhecido como Guerra Guaranítica.

Fonte: BETHELL, Leslie (Org.). *História da América Latina*: a América Latina Colonial. São Paulo/Brasília: Edusp/Fundação Alexandre Gusmão, 1997. v. I, p. 481.

▶ Outras Idades Médias: África

O Período Pombalino

O Marquês de Pombal é considerado o déspota esclarecido de Portugal, embora não fosse o monarca, mas sim o primeiro-ministro do rei D. José I. Um dos seus principais objetivos era tornar Portugal menos dependente da Inglaterra. Para isso, estimulou a produção manufatureira no Reino e deu maior *status* aos comerciantes de Portugal. Aumentou o quanto pode a dominação portuguesa em relação à colônia com a taxação sobre o ouro e o controle da exploração da região e das companhias de comércio, que garantiam que o fluxo de produtos para algumas regiões fosse monopólio português. Reagindo contra o que enxergava como uma ameaça ao poder régia, expulsou os jesuítas de todas as colônias portuguesas. Após a morte de D. José I, sua filha e sucessora, Maria I, voltou atrás em algumas das reformas pombalinas, mas manteve a estrutura herdada do reinado anterior.

▶ A vida social na América portuguesa

A América portuguesa entre o século XVI e XVIII não pode ser vista como um espaço homogêneo. A variação regional, a presença de diversas etnias e as transformações ao longo do tempo produziram dinâmicas sociais profundamente diversificadas. Uma das marcas era a presença de europeus, indígenas de diferentes nações e de africanos e seus descendentes. Os colonizadores desejavam reproduzir o modelo herdado do Antigo Regime Português, mas o caráter escravista e colonial do Brasil impôs uma série de adaptações: o preconceito contra o trabalho manual se ampliou na América, a cor e a etnia importaram elementos importantes de hierarquização e as honrarias concedidas pelo rei eram raras. Mesmo assim, as elites latifundiárias do Brasil procuraram se afirmar como nobrezas locais, não muito diferentes das elites locais portugueses. Ao longo do período colonial, porém, a população livre tornou-se cada vez menos branca, passando a ser crescentemente negra, indígena (principalmente no norte do Brasil) ou miscigenada.

Diante dessa grande diversidade social, a religião católica era vista como uma forma de homogeneizar essa sociedade, pois todos deveriam seguir os preceitos da Igreja. Seguindo o modelo europeu, a família patriarcal era vista como ideal, reforçando o poder dos homens e subordinando as mulheres e crianças dentro de matrimônios legitimados pela Igreja. Entretanto, havia muitos outros modelos familiares no Brasil colonial, apesar da repressão eclesiástica e estatal, especialmente entre os mais pobres e escravos, como relações de concubinato e o nascimento de filhos fora do casamento. Em virtude da fragilidade da estrutura eclesiástica, o poder da Igreja de fiscalizar e reprimir os comportamentos considerados desviantes era limitado.

Mesmo assim, o catolicismo estava presente na vida de todos, especialmente em festas e cerimônias religiosas públicas. As irmandades leigas eram uma das principais formas de sociabilidade da população colonial, inclusive entre indígenas, africanos e mestiços. No entanto, na colônia lusitana, a religião católica se misturou a práticas e crenças das religiões de indígenas e africanos em diferentes graus, dando origem a diversas formas híbridas de se relacionar com o sobrenatural. A Igreja procurou reprimir essas religiosidades heterodoxas, mas não foi plenamente bem-sucedida.

▶ De colônia à Reino

As conjurações

Durante o final do século XVIII, em meio a Guerra de Independência dos EUA (iniciada em 1776) e, principalmente, a Revolução Haitiana (a partir de 1791), a economia agroexportadora da América portuguesa estava em ascensão graças a um cenário internacional desfavorável para outras colônias. A grande prosperidade da América portuguesa deixava cada vez mais claro que ela se tornava o verdadeiro coração do Império. No entanto, com o objetivo de garantir a transferência das riquezas americanas para Portugal, D. Maria I passou a tomar algumas medidas restritivas e proibiu, por exemplo, as manufaturas no Brasil em 1785.

Influenciados pelo contexto internacional marcado com as ideias iluministas e a independência dos Estados Unidos, certos grupos passaram a questionar tal submissão. Alguns membros da elite local percebiam a crescente importância da colônia e passaram a questionar o governo metropolitano, visto como prejudicial aos seus interesses.

A primeira tentativa de independência com relação à Portugal ocorreu em Minas Gerais, justamente por causa das especificidades da economia aurífera e da pressão da metrópole sobre essa região para produzir maiores lucros. A Conjuração Mineira ocorreu em 1789, quando membros da elite se uniram para contrariar a cobrança das dívidas por parte da Coroa e transformar a região mineradora em uma república independente de Portugal. O objetivo não era a independência do Brasil, mas sim da região mineradora, mesmo porque ainda não havia a ideia de uma "nação brasileira" no século XVIII. O Brasil só era percebido como unidade pela metrópole. O movimento dos conjurados foi delatado e não chegou a ocorrer. Os conspiradores foram presos e alguns foram degredados para a África, mas somente Tiradentes, o menos rico e influente dos conjurados, foi condenado à morte.

Criada em 1786, a Sociedade Literária do Rio de Janeiro tinha como intuito discutir as ideias iluministas. Dentro do contexto de "paranoia" após o movimento mineiro e o início da Revolução Francesa, seus sócios foram acusados de traição em 1794. No entanto, foram inocentados, pois percebeu-se que não tinham qualquer plano de derrubar a monarquia.

Na Bahia, em 1798, também ocorreu uma revolta que ficou conhecida como Conjuração Baiana. A população sofria com o aumento do preço de alimentos e as notícias da Revolução Francesa animavam os insatisfeitos com o regime colonial a planejar a derrubada do regime. O movimento foi divulgado por meio de panfletos. Diferentemente do que ocorreu em Minas Gerais, vários conjurados baianos eram livres de cor, pobres e até escravos, de modo que o fim da discriminação era uma das principais reivindicações do movimento, para além da instauração de uma república independente na Bahia. Havia membros da elite envolvidos, mas somente os negros e pardos foram punidos.

A vinda da família real portuguesa para o Brasil

Em 1806, o imperador francês Napoleão Bonaparte decretou o Bloqueio Continental para prejudicar o comércio da Inglaterra, então no início de sua Revolução Industrial. Portugal, que tinha os britânicos como seus principais aliados há um século e meio, foi ameaçado de invasão caso não aderisse ao Bloqueio. O príncipe regente, D. João, decidiu se posicionar a favor da Inglaterra com temor de que a poderosa marinha britânica bloqueasse o comércio com o Brasil.

Constantino Fontes. *Dom João VI de Portugal e toda a família real embarcando para o Brasil no cais de Belém, em 27 de novembro de 1807*, 1820. Gravura, 11,5 × 16,4 cm (detalhe).

Quando os franceses atacaram no fim de 1807, o governante transferiu a corte portuguesa para sua colônia na América com apoio inglês. Em solo brasileiro, a primeira medida tomada por D. João VI foi a abertura dos portos às nações amigas para, com a arrecadação de impostos alfandegários, sustentar a Corte no Brasil. Na prática, esse alvará significou o fim do exclusivo comercial metropolitano. O país que mais lucrou com a abertura comercial foi a Inglaterra, que possuía tarifas alfandegárias preferenciais a outros países e precisava escoar suas manufaturas em um contexto em que os mercados europeu e norte-americano estavam quase fechados para seus produtos. Em tratados posteriores, os portugueses também se comprometeram a paulatinamente abolir o tráfico de escravos.

A instalação da Corte na colônia trouxe grandes mudanças estruturais para o Brasil e principalmente para o Rio de Janeiro, que se tornou a capital de todo o império português. Diversas instituições foram criadas, como o Banco do Brasil, a Intendência Geral da Polícia, a Real Biblioteca, o Jardim Botânico, alguns cursos superiores e vários tribunais e conselhos régios. Todas essas medidas faziam parte de um projeto de "europeizar" a cidade do Rio de Janeiro. Ao mesmo tempo, porém, o aumento do tráfico de escravos garantiu que a maior parte da população continuaria a ser de origem africana.

Em 1815, ano em que as tropas de Napoleão foram derrotadas na Europa, D. João VI elevou o *status* do Brasil de colônia para Reino Unido a Portugal e Algarves, um sinal de que não pretendia voltar para Lisboa. Em 1818, dois anos após a morte de D. Maria I, D. João VI foi oficialmente coroado rei em cerimônia realizada em terras brasileiras.

Durante sua estada no Brasil, um dos maiores problemas enfrentados pela família real foi um movimento insurgente em Pernambuco, em 1817, em virtude do aumento dos impostos, o projeto autonomista da região e um forte sentimento antilusitano. O governador apoiado pela coroa foi deposto e em seu lugar um grupo composto de pessoas de diferentes origens sociais governou Pernambuco: proclamaram a República, instituíram a liberdade religiosa, a igualdade de direitos e aboliram alguns impostos. A Revolução se expandiu para outros estados vizinhos, mas foi sufocada em 15 de abril do mesmo ano e os envolvidos foram mortos ou presos.

Questões para você praticar

1. (FGV – Ensino Médio) Capítulo 21

   Leia o texto a seguir:

   > A sede insaciável do ouro estimulou a tantos a deixarem suas terras e a meterem-se por caminhos tão ásperos como são os das Minas, que dificultosamente se poderá dar conta do número das pessoas que atualmente lá estão. [...] Cada ano vêm nas frotas quantidade de portugueses e de estrangeiros para passarem às Minas. Das cidades, vilas, recôncavos e sertões do Brasil vão brancos, pardos e pretos e muitos índios de que os paulistas se servem. A mistura é de toda a condição de pessoas: homens e mulheres, moços e velhos, pobres e ricos, nobres e plebeus, seculares e clérigos, e religiosos de diversos institutos, muitos dos quais não têm no Brasil convento nem casa.

   Fonte: ANTONIL, João André. *Cultura e opulência do Brasil por suas drogas e minas*. Lisboa: CNCDP, 2001, p. 242-244.

   Segundo o texto, a descoberta do ouro na região do planalto central da América Portuguesa teve com um de seus resultados a

   a. ruralização de espaços coloniais, com a fuga da população para essa área.
   b. diminuição da prosperidade econômica, em razão do contrabando das riquezas.
   c. interiorização da colônia, frente à ocupação de novos territórios em busca de minérios.
   d. utilização do trabalho compulsório dos indígenas, em razão da catástrofe demográfica.
   e. constituição de um espaço colonial específico, com atividades econômicas autônomas.

2. (UFSM-RS – 2011) Capítulo 21

   Mineração na América portuguesa

   Paisagem industrial inglesa

   As duas figuras simbolizam dois processos econômicos que se consolidaram e se expandiram no século XVIII, provocando amplas e irreversíveis modificações nos respectivos ecossistemas.

   As relações históricas entre os dois processos podem ser consideradas:

   a. meramente cronológicas, pois ambos se desenvolveram nos inícios do século XVIII, época em que se expandia, tanto na Europa quanto nas Américas colonizadas pelos europeus, a utilização do trabalho escravo dos negros africanos devidamente controlados e administrados pelos seus proprietários, os membros da elite branca.
   b. muito tênues, na medida em que apenas representam dois exemplos isolados de destruição predatória dos ambientes naturais, seja para extrair riquezas minerais em zonas rurais despovoadas, seja para promover a urbanização das cidades industriais afetadas pela poluição, prevenindo os efeitos danosos dessa poluição na vida e na saúde da crescente população.
   c. significativas, pois, desde a assinatura do tratado de Methuen (1703), o Estado português ficou subordinado aos interesses da Inglaterra: como as importações dos 'panos' tecidos pelas manufaturas inglesas custavam mais caro para Portugal do que as receitas com as exportações de 'vinhos' para o mercado inglês, o ouro extraído das regiões mineiras da América colonial lusitana foi amplamente transferido para o mercado inglês, aí contribuindo para sedimentar as precondições para o desenvolvimento da Revolução Industrial.

d. de reciprocidade, pois o processo de urbanização das cidades industriais inglesas inspirou o planejamento urbano das povoações coloniais americanas que se expandiram para o interior, permitindo antecipar e corrigir problemas como: ocupação intensa e acelerada, traçado das ruas e das praças, integração do setor rural com o urbano, articulação com as demais vilas e cidades e com os portos de escoamento da produção mineira.

e. de modernização, pois os novos produtos da moderna tecnologia industrial inglesa puderam ser importados pelos proprietários das minas e dos escravos, permitindo incrementar a produção colonial, diminuir os custos e obter maiores lucros, dinamizando a economia e a sociedade da mineração e encaminhando o Estado português para a emancipação da hegemonia da Inglaterra.

3. (UFRGS-RS – 2007) Capítulo 21

Observe o gráfico a seguir, relativo à produção aurífera no Brasil do século XVIII.

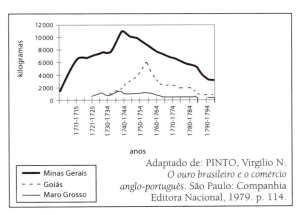

Adaptado de: PINTO, Virgílio N. *O ouro brasileiro e o comércio anglo-português*. São Paulo: Companhia Editora Nacional, 1979. p. 114.

Com base nos dados do gráfico, considere as seguintes afirmações.

I – O auge da produção de ouro em Minas Gerais foi atingido ainda na primeira metade do século XVIII, mas, na segunda metade do século, a extração aurífera na capitania entrou em declínio acentuado.

II – A produção aurífera conjunta de Goiás e de Mato Grosso suplantou durante alguns períodos a produção de ouro da capitania de Minas Gerais.

III – A produção aurífera de Goiás atingiu seu ápice ao mesmo tempo em que ocorria a queda nos rendimentos do ouro produzido na região de Minas Gerais.

Quais estão corretas?

a. Apenas I.
b. Apenas I e II.
c. Apenas I e III.
d. Apenas II e III.
e. I, II e III.

4. (Fuvest-SP – 1993) Capítulo 22

A sociedade colonial brasileira "herdou concepções clássicas e medievais de organização e hierarquia, mas acrescentou-lhe sistemas de graduação que se originaram da diferenciação das ocupações, raça, cor e condição social. [...] As distinções essenciais entre fidalgos e plebeus tenderam a nivelar-se, pois o mar de indígenas que cercava os colonizadores portugueses tornava todo europeu, de fato, um gentil-homem em potencial. A disponibilidade de índios como escravos ou trabalhadores possibilitava aos imigrantes concretizar seus sonhos de nobreza. [...] Com índios, podia desfrutar de uma vida verdadeiramente nobre. O gentio transformou-se em um substituto do campesinato, um novo estado, que permitiu uma reorganização de categorias tradicionais. Contudo, o fato de serem aborígenes e, mais tarde, os africanos, diferentes étnica, religiosa e fenotipicamente dos europeus, criou oportunidades para novas distinções e hierarquias baseadas na cultura e na cor."

(Stuart B. Schwartz, *Segredos internos*)

A partir do texto pode-se concluir que:

a. a diferenciação clássica e medieval entre clero, nobreza e campesinato, existente na Europa, foi transferida para o Brasil por intermédio de Portugal e se constituiu no elemento fundamental da sociedade brasileira colonial.

b. a presença de índios e negros na sociedade brasileira levou ao surgimento de instituições como a escravidão, completamente desconhecida da sociedade europeia nos séculos XV e XVI.

c. os índios do Brasil, por serem em pequena quantidade e terem sido facilmente dominados, não tiveram nenhum tipo de influência sobre a constituição da sociedade colonial.

d. a diferenciação de raças, culturas e condição social entre brancos e índios, brancos e negros, tendeu a diluir a distinção clássica e medieval entre fidalgos e plebeus europeus na sociedade colonial.

e. a existência de uma realidade diferente no Brasil, como a escravidão em larga escala de negros, não alterou em nenhum aspecto as concepções medievais dos portugueses durante os séculos XVI e XVII.

5. (FGV – Ensino Médio) Capítulo 22

Leia, atentamente, os textos a seguir:

Texto I:

Entre as instituições em torno das quais os negros se agregaram de forma mais ou menos autônoma, destacam-se as confrarias ou irmandades religiosas, dedicadas à devoção de santos católicos. Elas funcionavam como sociedades de ajuda mútua. Seus associados contribuíam com joias de entrada e taxas anuais, recebendo em troca assistência quando doentes, quando presos, quando famintos ou quando mortos. Quando mortos porque uma das principais funções das irmandades era proporcionar aos associados funerais solenes, com acompanhamento dos irmãos vivos, sepultamento dentro das capelas e missas fúnebres.

A irmandade representava um espaço de relativa autonomia negra, no qual seus membros – em torno das festas, assembleias, eleições, funerais, missas e da assistência mútua – construíam identidades sociais significativas, no interior de um mundo às vezes sufocante e sempre incerto. A irmandade era uma espécie de família ritual, em que africanos desenraizados de suas terras viviam e morriam solidariamente.

Fonte: REIS, João José. *Identidade e diversidades étnicas nas Irmandades negras no tempo da escravidão*. Tempo, vol. 2, n. 3, 1996, p. 14.

Texto II:

Apesar de os brancos temerem a autonomia das irmandades de negros e mulatos, estas, na maioria dos casos, aceitaram a cultura dominante e tiveram uma natureza principalmente integradora. Cultivaram o sentimento de dignidade e legitimaram a atividade religiosa africana.

Fonte: KLEIN, Herbert S. & LUNA, Francisco Vidal. *Escravismo no Brasil* (trad.). São Paulo: EDUSP/Imprensa Oficial, 2010, p. 261-262.

a. De acordo com os textos expostos, é correto concluir que as irmandades eram usadas como um mecanismo de difusão da igualdade social no espaço colonial, através da fusão dos laços culturais de escravos, negros, forros e brancos, daí sua natureza integradora.

b. instrumento de solidariedade e identidade negra que auxiliavam a integração da população africana, funcionando assim como um mecanismo de controle e manutenção da ordem escravista.

c. uma herança metropolitana transportada para a colônia com o objetivo transformar as crenças africanas através da introdução do catolicismo em rituais como funerais, missas e devoção aos santos.

d. associações que reuniam negros de um mesmo ofício através de comunidades religiosas e tinha como objetivo defender os interesses desses indivíduos frente aos senhores de engenho e os interesses metropolitanos.

e. estabelecimentos que davam voz às insatisfações dos escravos contra seus senhores através da religiosidade, tornando possível a ultrapassagem do trauma da escravidão através da edificação de suas próprias comunidades.

6. (FGV – Ensino Médio) Capítulo 22

Leia o texto a seguir:

Para formalizar seu casamento na Igreja, o escravo precisava do consentimento do senhor, que muitas vezes não o permitia. Mas isso não significava a ausência, no cativeiro, dos laços entre os cativos e nem a proibição desses laços por parte do senhor. A situação escapava das regras de uma sociedade cristã que criticava as uniões consensuais. No texto de Antonil, verifica-se que estas ocorriam com a permissão dos senhores, mas não eram aceitas pelos religiosos, que pregavam a formalização desses laços.

Fonte: MIRANDA, Amanda Rodrigues. Família escrava no Brasil: um debate historiográfico. IN: *Temporalidades*. Belo Horizonte, v. 4, n. 2 (ago./dez. 2012).

A família escrava no Brasil, segundo a autora, formava-se

a. clandestinamente, contrariando a oposição da Igreja e dos senhores.

b. independentemente da formalização da Igreja e com a aprovação dos senhores.

c. raramente, devido ao baixo número de escravas nas grandes propriedades rurais.

d. normalmente, sem aprovação da Igreja, mas com as bênçãos dos orixás africanos.

e. exclusivamente no campo, pois nas cidades havia uma menor concentração de escravos.

7. (UFSM-RS – 2011) Capítulo 26

Analise a imagem e o texto:

Fonte: NOVAES & LOBO. *História do Brasil para principiantes.* 2. ed. São Paulo: Ática, 1998. p. 129.

Seus objetivos foram mais abrangentes, não se limitando apenas aos ideais de liberdade e independência. O levante do final do século XVIII propunha mudanças verdadeiramente revolucionárias na estrutura da colônia. Pregava a igualdade de raça e de cor, o fim da escravidão, a abolição de todos os privilégios, podendo ser considerada a primeira tentativa de revolução social brasileira.

Fonte: COSTA & MELO. *História do Brasil.* São Paulo: Scipione, 1999. p. 118.

Assinale a alternativa que contém o nome desse movimento e indica a fonte de uma das principais influências externas por ele recebidas.

a. Guerra dos Mascates – Revolução Inglesa

b. Inconfidência Mineira – Independência dos Estados Unidos

c. Conjuração Baiana – Revolução Francesa

d. Confederação do Equador – Congresso de Viena

e. Revolta dos Malês – Revolução Independentista do Haiti

8. (FGV – Ensino Médio) Capítulo 26

Leia, atentamente, o texto a seguir:

Que ele arrancava dentes, é fácil de se imaginar. Mas a habilidade de Joaquim José da Silva Xavier que realmente causava arrepios nas autoridades portuguesas era outra: ele falava pelos cotovelos. E falava bem. Antes de se tornar o "mártir da Independência", Tiradentes foi um exímio comunicador: persuasivo, incansável e – talvez seu traço mais relevante – sem preconceito de público. Onde houvesse concentração de gente e pontos de encontro propícios à conversa, lá estava ele [...] Tiradentes trafegava com desenvoltura pelo submundo da Colônia, em ambientes especialmente favoráveis à divulgação de propostas ousadas. Tavernas e prostíbulos eram os locais por excelência para tramas envolvendo fugas de escravos, negociatas ilícitas e ações subversivas. Afinal, ali se reuniam todas as gentes: homens brancos, escravos, libertos, vadios e militares, principalmente os de baixa patente.

Fonte: GASPAR, Tarcísio. Quem tem boca vai à forca. *Revista de História da Biblioteca Nacional,* 12/4/2009. <http://www.revistadehistoria.com.br/secao/artigosrevista/quemtembocavaiaforca> Acesso em: set. 2013.

Conforme demonstra o texto, um dos principais meios de difusão de ideias, ao longo do período colonial, era:

a. o ensino.

b. o comércio.

c. a oralidade.

d. a criminalidade.

e. a miscigenação.

9. (Enem – 2014) Capítulo 26

A transferência da corte trouxe para a América portuguesa a família real e o governo da Metrópole. Trouxe também, e sobretudo, boa parte do aparato administrativo português. Personalidades diversas e funcionários régios continuaram embarcando para o Brasil atrás da corte, dos seus empregos e dos seus parentes após o ano de 1808.

NOVAIS, F. A.; ALENCASTRO, L. F. (Org.). *História da vida privada no Brasil.* São Paulo: Cia. Das Letras, 1997.

Os fatos apresentados se relacionam ao processo de independência da América portuguesa por terem

a. incentivado o clamor popular por liberdade.

b. enfraquecido o pacto de dominação metropolitana.

c. motivado as revoltas escravas contra a elite colonial.

d. obtido o apoio do grupo constitucionalista português.

e. provocado os movimentos separatistas das províncias.

TEMA 9 — A CRIAÇÃO DAS NAÇÕES AMERICANAS

Capítulos 27, 29 e 32

▶ As independências da América espanhola

A partir de meados do século XVIII, a Espanha buscou diminuir a influência das elites locais compostas de latifundiários *criollos* (brancos nascidos na América) e arrecadar mais impostos, elevando de maneira crescente os gastos militares da monarquia, envolvida em guerras como a independência dos Estados Unidos, e os conflitos com a França revolucionária.

Em consequência, intensificou-se a oposição entre *criollos* e peninsulares (naturais da Espanha, detentores dos principais postos na administração e no comércio). Influenciados pelas revoluções americana e francesa, a elite *criolla* passou a criticar o domínio metropolitano quando tentava manter seu domínio sobre uma população subalterna e pobre, composta de brancos, indígenas e mestiços.

A ocupação napoleônica da Península Ibérica, a deposição do monarca da Dinastia Bourbon e a instalação de José Bonaparte (1768-1844), irmão do imperador francês, no trono espanhol em 1808 foram o estopim do rompimento com a metrópole. Nos dois lados do Atlântico, os súditos espanhóis não reconheceram a autoridade do monarca e formaram juntas autônomas de governo lideradas pelas elites locais. Na América, esses órgãos gradualmente passaram a defender a autonomia regional, entrando diversas vezes em conflito com militares e funcionários régios que desejavam manter o laço com a Espanha. O rompimento foi potencializado pelas decisões das Cortes (o Parlamento hispânico), que não desejavam estabelecer uma relação igualitária entre metrópole e colônias.

Após o Congresso de Viena (1814-1815), que reconduziu Fernando VII ao trono espanhol, as forças realistas intensificaram a ofensiva contra as reformas liberais na metrópole e os projetos independentistas na América. A Espanha passou então à intervenção militar com o objetivo de punir os insurgentes e retomar o controle sobre as colônias que haviam anunciado a ruptura com a metrópole. As guerras civis intensificaram-se e se arrastaram até 1825. Ao final, a Espanha manteve o controle apenas sobre as ilhas caribenhas de Cuba e Porto Rico, cujas elites escravistas não se revoltaram.

Alguns poderosos membros da elite *criolla* se destacaram como líderes nas guerras de independência e governantes das novas nações. Apesar do desejo unificador do mais famoso deles, Símon Bolívar, a América Espanhola se fragmentou em diversos países, todos dominados pelos antigos grupos dominantes coloniais.

▶ Formação dos Estados Hispano-Americanos

Os novos Estados da América Latina adotaram constituições federativas, mas a base econômica continuou a ser predominantemente rural, e a Grã-Bretanha era seu maior parceiro comercial. Foi nesse contexto que se destacaram os caudilhos, grandes proprietários rurais de origem *criolla*, e que controlavam bandos armados usados para alcançar o poder político, tanto em suas províncias quanto no âmbito nacional. Eram homens dotados de amplo carisma, tendo muitos clientes que dependiam de seus favores para sobreviver e, em troca, prestavam serviços em suas fazendas ou em suas milícias particulares. Após a crise revolucionária, os caudilhos ampliaram seu poder e transferiram para a esfera política o modelo social rural, baseado em relações clientelísticas e na troca de favores. Muitas vezes o poder dos caudilhos era efêmero, pois eles eram substituídos por outros, sem que houvesse uma continuidade das propostas anteriores.

Apesar da instabilidade política e das disputas entre os caudilhos, a elite conservou-se no poder, mantendo sobre seu domínio sobre a população pobre, indígena, negra e mestiça.

No final do século XIX, a América Latina ganhou espaço na economia mundial ao atender à demanda dos países industrializados por matérias-primas. A entrada maciça de capitais estrangeiros na economia latino-americana, investidos principalmente em obras de infraestrutura, facilitava a produção e o comércio exterior. Os empréstimos aos governos eram meios de ampliar a influência das grandes potências, pois as nações do subcontinente passavam a depender das economias industrializadas para obter recursos. Tal dominação econômica e política foi chamada de neocolonialismo, termo que enfatiza a crescente inserção subordinada desses países em um mercado mundial dominado pelos países industrializados.

▶ Os EUA no século XIX

Crescimento territorial e expansão econômica

Nos Estados Unidos do início do século XIX, a expansão territorial foi um elemento que contribuiu para o intenso crescimento demográfico (potencializado pela chegada de milhões de imigrantes) e o avanço econômico dos Estados Unidos. A ocupação do território promoveu investimentos, tanto públicos como privados, em estradas, ferrovias, canais para ampliar os rios navegáveis e transportes, com o objetivo de facilitar o escoamento e o barateamento de produtos tanto para o mercado interno como para o mundial. Esse desenvolvimento integrou economicamente o território, possibilitando a formação de um grande mercado interno, dinamizando ainda mais a economia do país. Tal avanço só foi possível, porém, com a expulsão dos indígenas de suas terras, o extermínio de muitos grupos que resistiram e o confinamento das etnias sobreviventes em reservas muito menores do que os territórios em que antes viviam.

A partir de 1830, o crescimento industrial começou a acelerar e a se diversificar, localizando-se predominantemente nos estados nortistas, que vendiam seus produtos dentro do crescente mercado interno estadunidense. Apesar de o Norte possuir uma grande classe média rural que produzia com base no trabalho familiar, passou a se dedicar cada vez mais ao sistema fabril, ampliando também a importância de seus portos. Já os estados do Sul mantiveram uma agricultura latifundiária, escravista e exportadora. O algodão, matéria-prima essencial para a dinâmica indústria têxtil, era o principal produto da região. Cabe destacar que vários laços conectavam o Norte ao Sul, pois seus bancos emprestavam dinheiro para os escravagistas comprarem cativos e expandirem sua produção, assim como seus industriais compravam algodão e exportavam suas manufaturas para a região. Contudo, as transformações sociais, econômicas e políticas romperam o frágil equilíbrio entre os interesses do Norte, em processo de industrialização, e do Sul escravagista.

A escravidão jamais fora fundamental para a economia nortista e a maior parte dos estados da região já a havia abolido (ou estava em processo acelerado de fazê-lo), empregando essencialmente trabalhadores livres. Com o avanço da fronteira agrícola para o Oeste, a agricultura comercial ampliou significativamente a produção de trigo, assim como as produções de algodão e açúcar. Em consequência, a mão de obra escrava valorizou-se e cresceu ainda mais. A maioria dos cativos trabalhava no campo, mas também havia escravizados domésticos ou que desempenhavam alguns tipos de ofício, como o de ferreiro ou carpinteiro, dentro das propriedades rurais. Enquanto isso, o Norte recebia milhões de imigrantes; muitos deles arranjaram trabalho nas fábricas, que se multiplicaram nos anos 1840 e 1850. A discussão em meados do século passava a ser sobre os territórios recém-ocupados a Oeste e se eles adotariam ou não a escravidão. O resultado dessa disputa reforçaria o poder político do Sul ou permitiria que o Norte passasse a controlar a União.

Nas eleições de 1860, Abraham Lincoln (1809-1865), advogado contrário à expansão da escravidão, acabou vitorioso. A possibilidade de que o Norte adotasse medidas desfavoráveis ao Sul foi suficiente para a separação: os estados da Carolina do Sul, Alabama, Flórida, Mississipi, Geórgia, Louisiana e Texas desligaram-se da União e formaram em 1861 os Estados Confederados da América. Lincoln não aceitou a separação, o que deu início à violenta Guerra Civil (1861-1865).

Em 1863, Lincoln promulgou a Proclamação da Emancipação, que libertou os escravizados das áreas rebeldes e permitiu o alistamento de negros. A resistência escrava foi fundamental para diminuir a produtividade da agricultura sulista e restringir os recursos disponíveis para financiar a guerra contra o Norte. Em janeiro de 1865, a escravidão foi definitivamente abolida pela Décima Terceira Emenda à Constituição. O Sul finalmente se rendeu às forças do Norte.

A Reconstrução

A Guerra de Secessão ampliou as diferenças regionais. O Sul, onde ocorrera a maior parte dos combates, custou para se reerguer, teve sua agricultura desestruturada e perdeu o controle sobre o mercado mundial do algodão. Já o modelo industrial nortista prosperou ainda mais – sobretudo no setor bélico, em decorrência da necessidade de suprir o Exército – atraiu um número crescente de imigrantes e se diversificou, lançando as bases dos Estados Unidos modernos.

Uma das grandes questões debatidas ao final da guerra referia-se à política de reintegração dos estados separatistas, ou seja, ao tratamento a ser dado ao Sul após sua rendição. Andrew Johnson (1865-1869), vice-presidente de Lincoln, acabou conduzindo o assunto após o assassinato de seu antecessor. Apesar de os estados do Sul terem ratificado a Décima Terceira Emenda, a autonomia dos estados na estrutura federativa permitiu-lhes aprovar os Códigos Negros (*Black Codes*). De maneira geral, essas leis regulavam a conduta e a vida dos negros, impedindo-os de se casar com brancos, de consumir bebida alcoólica, de possuir armas de fogo ou de comprar terras. Assim, os libertos não foram efetivamente integrados na sociedade, que continuou a discriminá-los por mais um século.

Em 1866, foram aprovadas duas emendas para assegurar o direito dos negros: a Décima Quarta Emenda, que declarava que qualquer indivíduo nascido nos Estados Unidos era um cidadão pleno, o que pressupunha o mesmo tratamento para negros e brancos; e a Décima Quinta Emenda, que proibia os estados de limitarem o direito de voto pela raça, cor ou condição anterior de servidão. Por um curto período, ocorreu um aumento da participação negra na política, como a eleição de ex-escravizados no Sul e dos primeiros senadores negros no Mississipi. Com essas medidas, a hostilidade no Sul para com os negros acabou se convertendo em violência. Nesse contexto, emergiu a Ku Klux Klan (KKK), grupo segregacionista que torturou e assassinou republicanos do Norte e do Sul, principalmente os negros.

Em 1877, o governo do republicano Rutherford Hayes (1822-1893) comprometeu-se com os sulistas a iniciar o processo de desmilitarização do território. O governo do Sul passou às mãos dos chamados "redentores". Esses políticos sulistas, defensores da supremacia branca, solidificaram a segregação racial: mecanismos discriminatórios impostos aos negros os excluíram da participação política e do exercício da cidadania. Além disso, a Suprema Corte considerou constitucional a separação dos espaços públicos brancos e negros. Somente na década de 1960 os direitos civis e políticos dos negros seriam recuperados.

Prosperidade

A consolidação do caráter capitalista e industrial dos Estados Unidos após a vitória do Norte abriu uma era de grande crescimento econômica para a nação. Em termos econômicos, a expansão industrial foi facilitada pela existência de abundante mão de obra no país. O aumento da população decorria, de um lado, de seu crescimento vegetativo, graças à diminuição das taxas de mortalidade e às melhores condições de vida e, do outro, das enormes vagas de imigrantes, que se tornaram ainda mais numerosos no final do século XIX. O aumento vertiginoso das ferrovias revolucionou os transportes, reduzindo as distâncias entre as fontes de matérias-primas e as indústrias. As cidades cresceram e tornaram-se mais diversificadas, ganhando arranha-céus. A abundância de recursos naturais, principalmente de ferro e aço, impulsionou investimentos nas máquinas necessárias para o progresso industrial. O país começou a estimular a inovação tecnológica em seu próprio território. Todas essas transformações deram origem, porém, a grandes empresas que passaram a exercer uma influência econômica e política cada vez maior, num movimento ligado à crescente desigualdade social e ao reforço do poder das elites ricas do país.

A partir da força obtida com sua expansão econômica e estabilização política, os Estados Unidos puderam estender sua influência para o restante do continente. Em 1898, derrotada na Guerra Hispano-Americana, a Espanha cedeu-lhes as Filipinas, Guam e Porto Rico, enquanto Cuba praticamente se tornava uma colônia americana. No mesmo ano, o Havaí foi invadido, sendo anexado em 1900. Ficava claro que os Estados Unidos estavam dispostos a utilizar a força militar para defender seus interesses, como fizeram em outros momentos em diversos pequenos países do Caribe e da América Central.

Questões para você praticar

1. (Uneal – 2015) `Capítulo 27`

Entre fim do século XVIII e começo do XIX, organizaram-se vivamente os revoltosos latino-americanos, influenciados pelas ideologias advindas com a Revolução Francesa e pelas independências norte-americana e haitiana. Assinale a alternativa correta.

a. Para os *criollos*, a independência norte-americana não poderia servir de modelo, pois duas origens coloniais eram diferentes.

b. A América do Sul conseguiu a independência, expulsando os espanhóis do continente em 1825, não restando nenhum país sob regime colonial.

c. Os territórios libertados convocaram diferentes e sucessivos congressos, com o reiterado objetivo de organizar constitucionalmente os novos estados e de mantê-los independentes entre si.

d. O grande sonho de Simon Bolívar era a unidade além das fronteiras da Grande Colômbia, somando toda a América Latina em uma grande confederação.

e. A partir da independência, em 1825, Cuba passou a ser um protetorado dos EUA até 1959, quando houve a Revolução Cubana.

2. (Unesp-SP – 2015) `Capítulo 27`

Era o fim. O general Simón José Antonio de la Santísima Trinidad Bolívar y Palacios ia embora para sempre. Tinha arrebatado ao domínio espanhol um império cinco vezes mais vasto que as Europas, tinha comandado vinte anos de guerras para mantê-lo livre e unido, e o tinha governado com pulso firme até a semana anterior, mas na hora da partida não levava sequer o consolo de acreditarem nele. O único que teve bastante lucidez para saber que na realidade ia embora, e para onde ia, foi o diplomata inglês, que escreveu num relatório oficial a seu governo: "O tempo que lhe resta mal dá para chegar ao túmulo."

(Gabriel García Márquez. *O general em seu labirinto*, 1989.)

O perfil de Simón Bolívar, apresentado no texto, acentua alguns de seus principais feitos, mas deve ser relativizado, uma vez que Bolívar

a. foi um importante líder político, mas jamais desempenhou atividades militares no processo de independência da América Hispânica.

b. obteve sucesso na luta contra a presença britânica e norte-americana na América Hispânica, mas jamais conseguiu derrotar os colonizadores espanhóis.

c. defendeu a total unidade das Américas, mas jamais obteve sucesso como comandante militar nas lutas de independência das antigas colônias espanholas.

d. teve papel político e militar decisivo na luta de independência da América Hispânica, mas jamais governou a totalidade das antigas colônias espanholas.

e. atuou no processo de emancipação da América Hispânica, mas jamais exerceu qualquer cargo político nos novos Estados nacionais.

3. (FGV – Ensino Médio) `Capítulo 27`

Leia, com atenção, o texto a seguir:

Em 1814, uma índia foi presa acusada de fazer proselitismo a favor de Artigas entre as tropas dos seus antagonistas. Esta índia, portanto, estava deliberadamente fazendo política em favor de Artigas e, ao que parece, obtendo resultados. Ela, provavelmente, estava minimamente inteirada sobre os debates políticos de então, pois deveria argumentar sobre as razões pelas quais Artigas era melhor que os demais líderes envolvidos nos conflitos.

Fonte: GARCIA, Elisa F. Dimensões da igualdade: significados da condição indígena no processo de Independência no Rio da Prata. In: UNICAMP, Departamento de Antropologia do IFCH, Projeto: Os índios na história do Brasil, p. 5. Disponível em: <www.ifch.unicamp.br/ihb/elisagarcia.pdf>. Acesso em: ago. 2012.

José Artigas foi um importante articulador das guerrilhas de libertação do Uruguai, apesar do fracasso, nos primeiros embates.

A participação voluntária de indígenas, nas lutas lideradas pelas elites criollas, se justifica pela

a. busca de emancipação social.

b. luta contra o comércio escravista.

c. militarização das repúblicas latinas.

d. obediência às ordens dos proprietários.

e. implementação da igualdade econômica.

4. (Unesp-SP – 2012) Capítulo 29

O caudilhismo é um fenômeno político hispano-americano do século XIX, que se associa

a. à resistência contra o intervencionismo norte-americano, sobretudo nas áreas do Caribe e América Central.

b. às guerras civis entre unitários e federalistas durante o processo de formação dos Estados nacionais.

c. aos pensadores liberais que lutaram pela emancipação política e econômica do continente.

d. às lideranças militares que atuaram nas guerras de independência e defenderam a unificação do continente.

e. ao temor, manifesto sobretudo na região do Prata, de que o Império brasileiro avançasse militarmente para o sul.

5. (FGV – Ensino Médio) Capítulo 32

Leia o texto a seguir:

> Talvez atraídos por experiências positivas com a liberdade econômica, ou motivados pelo medo de africanos, imigrantes e mudanças assustadoras, os nortistas na década de 1850 passaram a ver liberdade, democracia e capitalismo como um conjunto indissolúvel. [...] Após 1848, quando o "poder escravocrata" que comandava o Sul passava a exigir medidas cada vez mais ameaçadoras do governo federal, os filhos nortistas da revolução do mercado finalmente tomaram posição, não contra os agentes do capitalismo moderno, mas contra seus estridentes críticos escravocratas, que pareciam dispostos a obstruir todo o progresso para defender sua "instituição peculiar".
>
> Fonte: LARSON, John. The Market Revolution. In: FORD, Lacy K. *A Companion to the Civil War and Reconstruction*. Oxford: Blackwell, 2005. p. 56 (trad.).

A interpretação do texto sobre o fator que desencadeou a Guerra Civil Americana está correta em:

a. conflitos em torno da política econômica entre o Norte liberalizante e o Sul protecionista.

b. divergências entre o modelo do Norte capitalista e liberal e o do Sul aristocrático e escravista.

c. anseios expansionistas do Norte em direção ao México, em oposição aos desejos pacifistas do Sul.

d. objetivos da aristocracia sulista em manter a hegemonia política contra as aspirações da burguesia nortista.

e. oposição entre os nortistas, defensores do poder do Estado, e os sulistas, que priorizavam as liberdades individuais.

6. (Unesp-SP – 2014) Capítulo 32

Entre as diferenças políticas que levaram o Norte e o Sul dos Estados Unidos à Guerra Civil, em 1861, podemos citar

a. a disputa pelo mercado consumidor europeu de matérias-primas e pelo mercado consumidor latino-americano de manufaturados.

b. a disputa em relação às terras do Oeste, que vinham sendo conquistadas e gradualmente incorporadas à União.

c. o apoio nortista às lutas pela independência de Cuba e a rejeição sulista às emancipações políticas no Caribe.

d. a anexação de terras do México por estados do Norte e a defesa sulista da autonomia e da soberania territorial mexicana.

e. o esforço de expansão para o Sul e o consequente estabelecimento de hegemonia norte-americana sobre a América Latina.

TEMA 10
ASCENSÃO E QUEDA DO IMPÉRIO DO BRASIL
Capítulos 30 e 31

▶ Da Independência ao Império

Insatisfeitos com a permanência de D. João VI no Brasil, os portugueses exigiam que a família real voltasse para Portugal. Com o país ocupado pelos ingleses e em dificuldades econômicas em razão da decadência do comércio com o Brasil após a quebra do exclusivo comercial, os militares e a burguesia lideraram uma revolta que convocou as Cortes (o Parlamento lusitano) e exigiu uma Constituição, o retorno do monarca e o restabelecimento de Portugal como centro do Império Luso-brasileiro. Em abril de 1821, a família real retornou a Portugal, mas D. Pedro, herdeiro do trono, permaneceu na América. As Cortes tomaram medidas para diminuir a autonomia adquirida desde a chegada da Corte e a centralidade do Rio de Janeiro, desejando forçar o retorno definitivo de D. Pedro a Portugal.

As elites do Centro-Sul passaram a pressionar D. Pedro para que ele rompesse os laços com Portugal. Em janeiro de 1822, D. Pedro afirmou que ficaria na América e, ao longo do ano, foram tomadas medidas autonomistas que culminaram na independência. No entanto, apesar do rompimento com a metrópole, o imperador D. Pedro I era também herdeiro do trono de Portugal, uma situação diferente do que ocorreu no restante da América, e o poder de D. Pedro I não foi imediatamente aceito em todas as capitanias. Bahia, Maranhão e Pará, que tinham fortes laços comerciais com Portugal, e numerosas tropas militares portuguesas, resistiram durante meses a submeter-se ao Rio de Janeiro. Foi necessária uma intervenção militar para garantir a unidade territorial da ex-colônia.

Em 1823, a Assembleia Constituinte composta das elites das várias capitanias apresentou uma primeira versão de Carta Constitucional, de acordo com a qual o imperador teria seus poderes relativamente limitados. D. Pedro I então dissolveu a Assembleia e montou um conselho que redigiu outra Constituição, outorgada em 1824. Agora o poder passou a ficar centralizado nas mãos do imperador por meio do Poder Moderador, que lhe garantiria o poder de intervir nos demais Poderes (Executivo, Legislativo e Judiciário). Eram considerados cidadãos brasileiros os portugueses que tivessem aderido à causa da independência e todos os nascidos livres ou libertos no Brasil, excluindo-se somente os africanos libertos e, claro, os escravos – em um contexto em que ainda chegavam dezenas de milhares de cativos todos os anos no país. As eleições passaram a ser indiretas e censitárias, excluindo grande parte da população, e a religião católica foi declarada a fé oficial do Estado brasileiro. Dessa forma, a Constituição de 1824 pouco mudou a estrutura social e econômica do Brasil, reforçando o poder das elites brasileiras.

Entretanto, algumas regiões ficaram insatisfeitas com a concentração de poderes no imperador e no Rio de Janeiro e com a perda de autonomia local. Surgiu, assim, em 1824, a Confederação do Equador, movimento das províncias de Pernambuco, Ceará, Rio Grande do Norte e Paraíba, que se proclamaram uma república independente. Outro movimento separatista ocorreu na Província Cisplatina, região localizada na bacia do Rio da Prata, conquistada em 1817, que conseguiu se separar do Brasil após três anos de um conflito que também envolveu a Argentina. Desejando garantir a livre navegação na região, a Inglaterra mediou o conflito, que terminou com a criação de um novo país independente: o Uruguai.

A abdicação de D. Pedro I

O combate aos movimentos separatistas, os empréstimos tomados pelo governo e a queda do preço de alguns produtos exportados pelo Brasil desencadearam uma crise financeira. Com a morte de D. João VI e o envolvimento D. Pedro I na sucessão do trono português, o monarca foi se tornando cada vez mais impopular. Seu autoritarismo incomodava as elites locais. Pressionado pelo Exército, pela imprensa, pelo Parlamento e pela população, D. Pedro I abdicou do trono em 7 de abril de 1831 e deixou como herdeiro seu filho de 5 anos de idade, indo lutar em Portugal pelo trono de seu pai.

▶ O Período Regencial

O Período Regencial é conhecido como o intervalo entre a abdicação de D. Pedro I e a maioridade de seu filho. Nesse período, regentes nomeados por deputados e senadores administraram o país e foram aprovadas diversas leis com o intuito de diminuir o poder do imperador e fortalecer o Legislativo, controlado pelas elites locais. Da mesma maneira, as províncias conseguiram conquistar maior autonomia com relação ao poder central.

Revoltas Regenciais

O Período Regencial foi marcado por revoltas que demonstravam a fragilidade do regime e o descontentamento da população. A Guerra dos Cabanos ocorreu em Pernambuco e em Alagoas, em 1832. Na guerra, membros do Partido Restaurador (que desejavam o retorno de D. Pedro) buscaram o apoio da população mais pobre, chamados de cabanos. Entretanto, os setores populares passaram a ocupar terras de fazendeiros, libertar escravos e praticar uma agricultura comunitária, acabando por ser reprimidos, o que ocasionou a dissolução do movimento. Já a Cabanagem ocorreu no Pará, no contexto da oposição entre conservadores e liberais. Mais uma vez, uma parcela dos cabanos se uniu contra as elites locais e o governador, organizando um movimento de insurgência generalizada, que durou cinco anos, contra o Rio de Janeiro e o poder central, até ser selvagemente reprimida pela Monarquia.

A Balaiada ocorreu no Maranhão e no Piauí entre 1831 e 1841, em um contexto de conflito entre as elites da região. A revolta teve início com os liberais, mas estes se afastaram quando o movimento se radicalizou e a ele se uniram quilombolas, sertanejos e escravos. No entanto, como cada grupo dos revoltosos tinha prioridades diferentes, as tropas oficiais se aproveitaram dessa divisão para reprimir o movimento.

A Revolução Farroupilha ocorreu no Rio Grande do Sul e em Santa Catarina, entre 1835 e 1845. Foi um movimento elitista que questionava a centralização do poder no Rio de Janeiro e demais províncias do Sudeste, os altos impostos e a ação do governo para beneficiar os produtores de charque (carne-seca) estrangeiros em detrimento dos brasileiros, para garantir a alimentação de seus escravos ao mais baixo custo possível. Como era um movimento de elite, a Farroupilha não foi violentamente combatida, tendo fim por meio de um acordo entre o poder central e os rebelados que atendeu parte significativa das demandas dos sulistas.

Já a Sabinada ocorreu em Salvador, em 1837, e teve um caráter urbano. Os revoltosos questionavam o envio de recursos para a capital em um momento de seca e dificuldades financeiras na localidade. O movimento se declarou uma república independente até a maioridade do Imperador, mas foi reprimido com a ajuda dos senhores de engenho do Recôncavo Baiano.

Todas essas revoltas ameaçavam a unidade política do país. A política se polarizou em dois grupos: os saquaremas, conservadores, adeptos da centralização do poder e da manutenção da escravidão; e os liberais, mais concentrados nos estados do Sudestes e ligados aos centros urbanos que defendiam a descentralização política e a autonomia das províncias. Os conservadores assumiram o poder, revogaram medidas liberais e incentivaram o tráfico africanos escravizados para abastecer as fazendas exportadoras, apesar da lei que proibira esse comércio desde 1831. Para alcançar o poder, os liberais se articularam para antecipar a maioridade de D. Pedro II em 1840. No entanto, logo foram substituídos pelos conservadores, que consolidaram a centralização do poder, ajudados pelos impostos cobrados sobre os volumes cada vez maiores de café exportado. A partir de então, liberais e conservadores se alternavam junto a D. Pedro II no poder, propondo políticas semelhantes e idênticas em um sentido: a defesa da escravidão.

▶ O Segundo Reinado no Brasil

A partir de 1850, o Brasil passou por um período de relativa estabilidade econômica e política. Alguns fatores possibilitaram essa situação: a presença de um imperador adulto que seguia a Constituição, a alternância de poder entre conservadores e liberais, o fim das rebeliões locais e o avanço da produção cafeeira. Entre 1830 e 1840, um grande número de africanos escravizados foram trazidos para o Brasil para trabalhar nas lavouras de café, permitindo que o Brasil se tornasse o principal exportador mundial desse produto. No entanto, as terras do Vale do Paraíba foram exauridas e novas plantações foram estabelecidas no Oeste Paulista, consolidando-se a partir de 1870. A produção dessa região foi beneficiada pela construção de ferrovias a partir de 1854, o que barateou o escoamento da produção.

Assim como ocorria no Vale do Paraíba, a mão de obra na lavoura cafeeira do Oeste Paulista era baseada no trabalho escravo. No entanto, a pressão inglesa para que o Brasil cumprisse com os tratados internacionais assinados desde 1810 fez com que o tráfico atlântico fosse abolido em 1850, e um Estado imperial consolidado foi capaz de coibir o contrabando. Os cativos encareceram e gradualmente o comércio de escravos de áreas pobres para regiões mais ricas fez com que fossem cada vez mais concentrados nas regiões cafeicultoras.

Apesar de o café ser o principal produto, outros cultivos também tinham forte expressão em outras regiões, como, por exemplo, o algodão, a borracha, o tabaco, o cacau e o açúcar. O mercado interno também continuava vigoroso, com forte produção de alimentos, comércio interno, serviços e até o surgimento de pequenas fábricas de produtos simples.

A Guerra do Paraguai (1864-1870)

Foi um conflito que envolveu Brasil, Uruguai, Argentina e Paraguai na disputa pelo domínio do Rio da Prata. O ditador paraguaio Solano López temia que o país fosse dominado pelos vizinhos e buscou se consolidar como uma potência regional. Apesar da resistência dos soldados e do povo paraguaio, a derrota foi inevitável, em razão do maior poder bélico reunido pela chamada Tríplice Aliança.

Entretanto, o conflito evidenciou o despreparo do Brasil para a guerra, tanto do ponto de vista tático quanto de armamentos e pessoal. Com a vitória no conflito, o exército brasileiro se consolidou como instituição e passou a reivindicar maior participação nas decisões políticas da nação.

Movimento Republicano

Surgiu, em 1870, o Partido Republicano, cujas principais propostas eram: acabar com a monarquia, instituir o federalismo e diminuir o poder do Estado central. Gradualmente, essas ideias foram abraçadas pelos cafeicultores paulistas, insatisfeitos com o reduzido papel que sua província, cada vez mais rica, tinha no governo do Império, ainda dominado pelo Rio de Janeiro. Outras províncias também tinham interesse em conquistar mais autonomia financeira e política. Dessa maneira, gradualmente, classes médias, intelectuais, industriais e cafeicultores passaram a apoiar o republicanismo ao longo das décadas seguintes.

O movimento abolicionista

O verdadeiro movimento social do final do Império foi o movimento abolicionista, que reunia tanto intelectuais quanto ex-escravos. Como a propriedade de cativos estava se concentrando nas mãos dos mais ricos, cada vez menos pessoas possuíam escravos, o que erodiu a legitimidade dessa instituição. Assim, graças a essa pressão, foram aprovadas leis que visavam acabar com a escravidão. Após a proibição do tráfico, em 1850, foi aprovada a Lei do Ventre Livre, em 1871, que determinava que os filhos de escravas seriam livres. Entretanto, os senhores poderiam explorar seu trabalho até que os libertos completassem 21 anos ou receber uma indenização do Estado quando os cativos fizessem oito anos de idade. Ainda mais importante, os senhores passaram a ser obrigados a conceder a alforria dos escravos que conseguissem reunir os recursos necessários para comprar sua liberdade. A longo prazo, a escravidão estava condenada.

Internacionalmente, a escravidão não era vista como uma instituição aceitável, especialmente após seu fim nos Estados Unidos, em 1865. Os abolicionistas brasileiros tiveram apoio de intelectuais e políticos de diversos países. O movimento abolicionista comprou a alforria de muitos cativos e, na década de 1880, a resistência escrava enfraqueceu mais essa instituição. Apesar da resistência dos proprietários de cativos, o abolicionismo ganhava mais força. Em 1888, foi aprovada a abolição da escravidão sem indenização, libertando cerca de 700 mil pessoas, concentradas nas províncias de Minas Gerais, Rio de Janeiro e São Paulo.

Entretanto, o racismo vigente dificultava a integração dos negros na sociedade brasileira e desvalorizava seu trabalho. Desde a década de 1840 havia projetos de trazer imigrantes europeus para o Brasil para substituir os cativos, especialmente em São Paulo. No mesmo ano em que o tráfico atlântico foi proibido, o Congresso aprovou a Lei de Terras, que estabelecia a compra de terras do Estado ou de particulares como a única forma de acesso à terra, dificultando que trabalhadores (brasileiros ou estrangeiros) pudessem se tornar pequenos proprietários em vez de trabalhar para os latifundiários. Na década de 1880, com a iminência do fim da escravidão, o governo começou a subsidiar a viagem dos imigrantes, dando início à grande corrente migratória que traria milhões de europeus para o Brasil até 1930.

O fim do Império

Após a abolição da escravidão, a Monarquia ganhou popularidade entre os abolicionistas e os grupos subalternos negros e mulatos. Em contrapartida, perdeu seu principal esteio no meio século precedente: os cafeicultores do Vale do Paraíba Fluminense, que tinham perdido parte de suas fortunas com a abolição sem indenização.

Ao mesmo tempo, um exército fortalecido, desejoso de mais autonomia e influenciado pela doutrina positivista não aceitava mais a submissão a civis. Após alguns conflitos políticos, o Marechal Deodoro da Fonseca deu um Golpe de Estado e proclamou a República em 15 de novembro de 1889, contando com o apoio do Movimento Republicano em ascensão.

Questões para você praticar

1. (FGV –2015.1) Capítulo 30

Observe o mapa.

(Armelle Enders, *A nova história do Brasil*, p. 109.)

Os dados do mapa mostram que a emancipação política do Brasil

a. efetivou-se com o chamado Grito do Ipiranga, porque todas as províncias do Brasil, imediatamente, passaram a obedecer às ordens vindas do Rio de Janeiro na pessoa do Imperador Dom Pedro I e romperam todos os laços com as Cortes de Lisboa, defensoras da recolonização brasileira.

b. ocorreu de forma homogênea, com a divisão da liderança do movimento emancipacionista entre os principais comandos regionais do Brasil e com a constituição de acordos políticos que garantiram a unidade territorial e a efetivação do federalismo.

c. dividiu as regiões brasileiras entre as defensoras de uma emancipação vinculada ao fim do tráfico de escravos, caso das províncias do Norte e do Nordeste, e as províncias do Centro-Sul, contrárias à separação definitiva de Portugal e favoráveis à constituição de uma monarquia dual.

d. foi um processo complexo, no qual não houve adesão imediata de algumas províncias ao Rio de Janeiro, representado pelo poder do imperador Dom Pedro I, pois essas províncias continuaram fiéis às Cortes de Lisboa, levando a guerras de independência.

e. diferencia-se radicalmente das experiências da América espanhola, porque a América portuguesa obteve a sua independência sem que houvesse qualquer movimento de resistência armada por parte dos colonos ou da metrópole, interessados em uma separação negociada.

2. (Enem – 2010) Capítulo 30

Após a abdicação de D. Pedro I, o Brasil atravessou um período marcado por inúmeras crises: as diversas forças políticas lutavam pelo poder e as reivindicações populares eram por melhores condições de vida e pelo direito de participação na vida política do país. Os conflitos representavam também o protesto contra a centralização do governo. Nesse período, ocorreu também a expansão da cultura cafeeira e o surgimento do poderoso grupo dos "barões do café", para o qual era fundamental a manutenção da escravidão e do tráfico negreiro.

O contexto do Período Regencial foi marcado

a. por revoltas populares que reclamavam a volta da monarquia.

b. por várias crises e pela submissão das forças políticas ao poder central.

c. pela luta entre os principais grupos políticos que reivindicavam melhores condições de vida.

d. pelo governo dos chamados regentes, que promoveram a ascensão social dos "barões do café".

e. pela convulsão política e por novas realidades econômicas que exigiam o reforço de velhas realidades sociais.

3. (UFRGS-RS – 2015) Capítulo 30

No bloco superior abaixo, são citadas cinco rebeliões ocorridas no Brasil durante o período regencial; no inferior, as razões de ocorrências dessas rebeliões. Associe adequadamente o bloco inferior ao superior.

1 – Abrilada   4 – Sabinada
2 – Cabanagem
3 – Levante Malê   5 – Balaiada

( ) Movimento popular ocorrido na Bahia em 1835, com o objetivo de tomar o poder em Salvador e de estendê-lo para a região do Recôncavo.

( ) Movimento popular ocorrido no Pará que levou ao desligamento do Império e à proclamação da República.

( ) Movimento surgido da disputa entre conservadores e liberais no Maranhão, com a participação também de índios, negros e mestiços.

A sequência correta de preenchimento dos parênteses, de cima para baixo, é

a) 1 – 3 – 5.
b) 2 – 4 – 3.
c) 3 – 4 – 1.
d) 5 – 3 – 4.
e) 3 – 2 – 5.

4. (Enem – 2011) Capítulo 30

Art. 92. São excluídos de votar nas Assembleias Paroquiais:

I. Os menores de vinte e cinco anos, nos quais não se compreendam os casados, e Oficiais Militares, que forem maiores de vinte e um anos, os Bacharéis Formados e Clérigos de Ordens Sacras.

IV. Os Religiosos, e quaisquer que vivam em Comunidade claustral.

V. Os que não tiverem de renda líquida anual cem mil réis por bens de raiz, indústria, comércio ou empregos.

Constituição Política do Império do Brasil (1824). Disponível em: <https://legislação.planalto.gov.br>. Acesso em: 27 abr. 2010 (adaptado).

A legislação espelha os conflitos políticos e sociais do contexto histórico de sua formulação. A Constituição de 1824 regulamentou o direito de voto dos "cidadãos brasileiros" com o objetivo de garantir

a. o fim da inspiração liberal sobre a estrutura política brasileira.

b. a ampliação do direito de voto para maioria dos brasileiros nascidos livres.

c. a concentração de poderes na região produtora de café, o Sudeste brasileiro.

d. o controle do poder político nas mãos dos grandes proprietários e comerciantes.

e. a diminuição da interferência da Igreja Católica nas decisões político-administrativas.

5. (Unisc-RS – Vestibular de Verão 2014) Capítulo 30

Pressionada pela diplomacia inglesa, a assembleia geral decretou e sancionou, em 7 de novembro de 1831, uma lei que determinava que todos os escravos, a partir daquela data, que entrassem no território ou portos do Brasil, vindos do estrangeiro, ficavam livres.

Fonte: www.slavevoyages.org, acesso em 09 de Outubro de 2013.

Levando em consideração essa lei e a tabela abaixo, é possível afirmar que

Brazil						
	Amazonia	Bahia	Pernambuco	South-east Brazil	Brazil unspecified	Totals
1561-1575	0	0	2,461	0	0	2,461
1576-1600	0	5,647	16,110	4,770	287	26,814
1601-1625	0	46,278	77,060	32,395	735	156,468
1626-1650	0	69,239	44,978	48,317	1,404	163,938
1651-1675	0	94,921	41,263	68,248	143	204,575
1676-1700	1,096	103,035	83,221	72,123	0	259,475
1701-1725	2,513	184,871	110,748	121,938	3,092	423,161
1726-1750	1,668	231,174	73,430	159,523	2,895	468,690
1751-1775	22,927	176,069	70,653	204,942	1,419	476,010
1776-1800	44,630	223,790	74,505	270,157	8,074	621,156
1801-1825	59,303	256,268	170,015	499,566	27,609	1,012,762
1826-1850	10,094	158,083	89,038	776,366	8,383	1,041,964
1851-1856	0	981	350	5,568	0	6,899
Totals	142,231	1,550,355	853,833	2,263,914	54,041	4,864,374

Fonte: www.slavevoyages.org, acesso em 09 de Outubro de 2013.

I – A norma legal de 7 de novembro de 1831 pode ser considerada "letra morta" e "inócua" por não ter alcançado o objetivo de suspender, por completo, a entrada de escravos africanos no Brasil.

Ascensão e queda do Império do Brasil Tema 10

II – A aritmética dos dados revela que mais de 40% da importação de africanos para o Brasil, nos três séculos de tráfico negreiro, aconteceram na primeira metade do século XIX.

III – Parcela significativa das entradas de escravizados no período 1826-1850 ocorreu quando a legislação nacional havia tornado ilegal o tráfico negreiro.

IV – Logo após proclamar sua independência de Portugal, o Brasil, sensibilizado com a crueldade que representava o trabalho escravo, tratou de extinguir o tráfico negreiro.

Assinale a alternativa correta.

a. Somente as afirmativas I e II estão corretas.
b. Somente as afirmativas II e III estão corretas.
c. Somente as afirmativas I, II e IV estão corretas.
d. Somente as afirmativas I, II e III estão corretas.
e. Todas as afirmativas estão corretas.

6. (FGV – Ensino Médio) Capítulo 30

Leia o texto a seguir:

> A imprensa conheceu desenvolvimento sem precedentes na década de 1830. [...] Esse desenvolvimento da imprensa vinculava-se intimamente às disputas políticas, à emergência de diferentes projetos políticos e à mobilização da opinião pública. Foi a arena na qual os debates transcorreram com maior abertura e amplitude, além de franca virulência, facilitados pela relativa liberdade de expressão e pela prática comum do anonimato. Jornais e panfletos foram os grandes responsáveis pela produção e difusão da cultura política, ultrapassando até a barreira do analfabetismo, uma vez que os impressos eram habitualmente lidos e comentados em voz alta em público, o que multiplicava seu poder de comunicação. Exerceram, assim, vigorosa pedagogia política como principais veículos de expressão de ideias e de propaganda das facções concorrentes.
>
> Fonte: BASILE, Marcelo. O laboratório da nação: a era regencial (1831-1840). In: SALLES, Ricardo; GRINBERG, Keila (Orgs.). *O Brasil Imperial*. v. II: 1831-70. Rio de Janeiro: Civilização Brasileira, 2009, p. 65.

Um aspecto demonstrado no texto que evidencia a relação entre meios de comunicação e política durante a Regência está em:

a. domínio do partido conservador desde a abdicação de d. Pedro I, o que impediu que as propostas políticas diversas fossem divulgadas.

b. presença do senado em defesa da liberdade de expressão, o que impossibilitou que os regentes censurassem os periódicos de oposição.

c. controle dos partidos políticos, o que dificultou que novos espaços de participação fossem criados para publicizar as novidades do governo.

d. crescimento dos periódicos, o que permitiu que a população tomasse conhecimento das discussões entre grupos políticos diversos.

e. decretos pautados pelas decisões dos tribunais, o que estimulou que os políticos ofendidos acionassem a justiça para defender sua reputação.

7. (Enem – 2014) Capítulo 31

De volta do Paraguai

Cheio de glória, coberto de louros, depois de ter derramado seu sangue em defesa da pátria e libertado um povo da escravidão, o voluntário volta ao seu país natal para ver sua mãe amarrada a um tronco horrível de realidade!...

AGOSTINI. A vida fluminense, ano 3, n. 128, 11 de jun. 1870. In: LEMOS. R (Org.). *Uma história do Brasil através da caricatura (1840-2001)*. Rio de Janeiro: Letras & Expressões, 2001 (adaptado).

Na charge, identifica-se uma contradição no retorno de parte dos "voluntários da Pátria" que lutaram na Guerra do Paraguai (1864-1870), evidenciada na

a. negação da cidadania aos familiares cativos.

b. concessão de alforrias aos familiares escravos.

c. perseguição dos escravistas aos soldados negros.

d. punição dos feitores aos recrutados compulsoriamente.

e. suspensão das indenizações aos proprietários prejudicados.

8. (Uerj – 2014) Capítulo 31

A assinatura da Lei Áurea, em 13 de maio de 1888, reuniu uma multidão em frente ao Paço Imperial, no Rio de Janeiro.

www11.folha.uol.com.br

Essa ideia de que as pessoas saíram correndo e comemorando, isso é lenda. Depois do 13 de maio, meu bisavô e a maioria dos escravos continuaram vivendo onde trabalhavam. Registros históricos mostram que alguns receberam um pedaço de terra para plantar. Mas poucos passaram a ganhar ordenado, e houve quem recebesse uma porcentagem do café que plantava e colhia – conta o historiador Robson Luís

Machado Martins, que pesquisa a história de sua família, e a do Brasil, desde a década de 1990. Adaptado de *O Globo*, 12/05/2013.

A fotografia e a reportagem registram aspectos particulares sobre os significados da abolição, os quais podem ser associados aos seguintes fatores do contexto da época:

a. crise monárquica – exclusão social

b. estagnação política – ruptura econômica

c. expansão republicana – reforma fundiária

d. transição democrática – discriminação profissional

9. (Unicamp-SP – 2011) Capítulo 31

Indiferentes às advertências contra a rotina dos métodos agrícolas, os fazendeiros de Vassouras continuaram a derrubar e queimar a mata virgem. Havia municípios do Vale do Paraíba que tinham esgotado completamente toda a sua mata virgem para dar lugar aos cafezais. Em 1887, os fazendeiros da região se queixaram que chovia menos e com muito mais irregularidade do que antes.

(Adaptado de Stanley J. Stein, *Vassouras*: um município brasileiro do café, 1850-1900. Rio de Janeiro: Nova Fronteira, 1990, p. 255-258).

Podemos afirmar que o esgotamento da cultura cafeeira no Vale do Paraíba, mencionado no enunciado acima, deveu-se

a. ao desmatamento e ao cultivo em áreas de média e alta declividade, o que reduziu a infiltração de água no solo e diminuiu a disponibilidade de água no local, afetando o regime de chuvas; isso levou a uma queda na produtividade, com o endividamento dos fazendeiros da região, superada economicamente por regiões de cultivo cafeeiro mais recente, como o oeste paulista.

b. à falta de qualificação da mão de obra escrava, que empregava técnicas agrícolas atrasadas, como as queimadas, para dar lugar aos cafezais, provocando o aumento de emissão de CO_2 e intensificando o efeito estufa, o que reduziu as chuvas nessa área, tornando-a inadequada à cultura cafeeira e abrindo espaço à expansão da cultura canavieira, mais adaptada ao clima seco.

c. ao emprego de técnicas agrícolas atrasadas, como as queimadas, e ao cultivo nas planícies do rio Paraíba do Sul, fatores que reduziam a infiltração de água no solo, diminuindo a disponibilidade de água no local e afetando o regime de chuvas, o que levou a uma queda na produtividade da região.

d. ao desmatamento e ao uso de queimadas, para dar lugar aos cafezais, o que provocou o aumento de emissão de CO_2, intensificando o efeito estufa; isso causou a redução das chuvas nessa área, tornando-a inadequada à cultura cafeeira, e levando ao endividamento dos fazendeiros da região, que acabariam se deslocando para regiões de cultivo mais recente, como o oeste paulista.

10. (PUCC-SP – Vestibular de Inverno 2014) Capítulo 31

O Segundo Reinado, com seus rituais de *sociabilidade* da corte, se encerrou em 1889. Dentre os fatores que contribuíram fortemente para a decadência do regime monárquico pode-se citar

a. o crescimento do republicanismo e a perda de confiança das elites agrárias no imperador, quando este deixou de defender seus interesses econômicos.

b. a crise entre a Coroa e o exército, decorrente do fracasso da campanha militar na Guerra do Paraguai e da baixa bonificação concedida a almirantes e brigadeiros.

c. a vitória do movimento abolicionista, ao conseguir a proclamação da Lei Áurea e ao conquistar o apoio dos fazendeiros paulistas que destituiriam Pedro II por meio de golpe civil.

d. a tensão com a Igreja, uma vez que Pedro II apoiava a maçonaria e havia aprovado uma constituição que assegurava a separação entre Igreja e Estado, além da liberdade religiosa.

e. a pressão política das potências europeias, que consideravam o modelo brasileiro de monarquia anacrônico e defendiam uma monarquia parlamentarista nos moldes ingleses.

11. (Enem – 2013) Capítulo 31

Ninguém desconhece a necessidade que todos os fazendeiros têm de aumentar o número de seus trabalhadores. E como até há pouco supriam-se os fazendeiros dos braços necessários? As fazendas eram alimentadas pela aquisição de escravos, sem o menor auxílio pecuniário do governo. Ora, se os fazendeiros se supriam de braços à sua custa, e se é possível obtê-los ainda, posto que de outra qualidade, por que motivo não hão de procurar alcançá-los pela mesma maneira, isto é, à sua custa?

Resposta de Manuel Felizardo de Souza e Mello, diretor geral das terras Públicas, ao Senador Vergueiro. In: ALENCASTRO, L. F. (Org.) *História da vida privada no Brasil*. São Paulo: Cia das letras, 1998 (adaptado).

O fragmento do discurso dirigido ao parlamentar do Império refere-se às mudanças então em curso no campo brasileiro, que confrontam o Estado e a elite agrária em torno do objetivo de

a. fomentar ações públicas para ocupação das terras do interior.

b. adotar o regime assalariado para proteção da mão de obra estrangeira.

c. definir uma política de subsídio governamental para fomento da imigração.

d. regulamentar o tráfico interprovincial de cativos para sobrevivência das fazendas.

e. financiar a fixação de famílias camponesas para estímulo da agricultura de subsistência.

12. (FGV – Ensino Médio) Capítulo 30

Leia o texto a seguir:

Manoel Calafate era um escravo liberto e mestre muçulmano. Naquela noite de janeiro de 1835, ele abrigava em sua loja os negros que dariam início à mais ambiciosa das revoltas promovidas por escravos naquele período, epítome* dos levantes registrados em Salvador e nos engenhos e povoados da baía de Todos os Santos em 1807, 1809, 1813, 1826, 1827 e 1830. O plano em 1835 era simples: sairiam em massa às ruas na manhã de 25 de janeiro, durante o Ramadã, época de jejum e de combate ao mal para os islamitas. Eles aproveitariam o fato de os soldados estarem em ritmo de feriado, já que era dia de Nossa Senhora da Guia e muita gente estava fora da cidade ou festejando. Pela manhã, quando os negros eram mandados para a rua buscar água ou realizar outras tarefas para os seus senhores, eles agiriam. Os escravos percorreriam Salvador, juntando aliados e depois fugiriam em direção ao Recôncavo. Lá arregimentariam os negros trabalhadores dos campos, mais numerosos que os da cidade e mais dispostos a se revoltar por terem chegado da África havia menos tempo. Com o reforço, eles retornariam a Salvador e tomariam a cidade.

* epítome = síntese, resumo

Fonte: TEIXEIRA, Fábio. Em nome de Alá e da Liberdade. In: Revista História Viva. n. 118, p. 34, ago. 2013.

A passagem apresentada retrata uma das principais revoltas vividas pela Bahia, à época Imperial, conhecida como

a. Conjuração Baiana, de forte cunho político.
b. Levante dos Malês, de forte cunho religioso.
c. Conjuração Baiana, de forte cunho religioso.
d. Sabinada, de forte cunho religioso e político.
e. Levante dos Malês, de forte cunho econômico.

13. (FGV – Ensino Médio) Capítulos 30 e 31

Leia, atentamente, o texto a seguir:

Essa interpenetração entre forças políticas no Rio Grande do Sul e nas repúblicas vizinhas ficou atestada durante a Revolução Farroupilha, quando os revolucionários estabeleceram alianças importantes no Uruguai e na Argentina. [...] A Farroupilha foi também mais um momento histórico em que ficou clara, de forma dramática, a multiplicidade de caminhos possíveis no processo de formação dos Estados do Brasil e das repúblicas platinas. Estabeleceu-se no Rio Grande do Sul e manteve-se durante anos uma organização republicana formalmente independente do Brasil [...].

Fonte: FERREIRA, Gabriela. Conflitos no Rio da Prata. In: GRINBERG, Keila; SALLES, Ricardo (Orgs.). O Brasil Imperial I. Rio de Janeiro: Civilização Brasileira, 2009. p. 335.

A Revolução Farroupilha, de acordo com o texto anterior, deve ser analisada pelos estudiosos como um movimento que

a. levou à invasão dos países fronteiriços.
b. reduziu os limites das províncias nacionais.
c. evidenciou a fragilidade do unitarismo político.
d. consolidou a união das repúblicas sul-americanas.
e. organizou uma confederação das nações gaúchas.

14. (FGV – Ensino Médio) Capítulo 30

Ao tratar do chamado Levante dos Malês, revolta ocorrida em 1835, na Bahia, o historiador João José Reis afirma:

Os conspiradores de 1835 certamente idealizaram seu projeto de rebelião levando em conta a divisão entre os homens livres e a insatisfação rebelde entre os escravos africanos. Estes últimos se caracterizavam por forte identidade étnica, que também os dividia, mas que contraditoriamente constituía sua principal referência de ruptura com o mundo do branco.

Fonte: REIS, João José. Rebelião Escrava no Brasil: a história do levante dos Malês. São Paulo: Brasiliense, 1986, p. 283.

Para compreender essa revolta social, é necessário considerar as raízes culturais dos integrantes, uma vez que elas

a. incentivaram a participação de libertos na revolta.
b. diminuíram a chance de vitória do projeto rebelde.
c. facilitaram a negociação política entre rebeldes e governo.
d. possibilitaram a construção de uma unidade de resistência.
e. ampliaram o alcance social das reivindicações dos revoltosos.

11 MOTORES DA GUERRA
Capítulos 28, 33, 35 e 36

▶ Conservadorismo e liberalismo na Europa

O congresso de Viena e a Santa Aliança

Após a derrota napoleônica, Rússia, Prússia, Áustria, Grã-Bretanha e França organizaram o Congresso de Viena (1815), cujo objetivo era retornar à ordem pré-1789: restaurar a autoridade dinástica, preservar o equilíbrio europeu e restabelecer as fronteiras anteriores às conquistas de Napoleão. Em setembro do mesmo ano, constituiu-se a Santa Aliança, que pretendia proteger a religião, a paz e a justiça e impedir que novos movimentos revolucionários subvertessem a ordem estabelecida na Europa. O cerceamento das liberdades individuais e dos direitos políticos gerou, porém, contestações.

As revoltas liberais de 1820 e 1830

Na década de 1820, ocorreram mobilizações populares na Espanha (Revolução de Cádiz), em Portugal (Revolução do Porto), no Reino das Duas Sicílias, no Piemonte e na Grécia contra o domínio dos monarcas absolutistas. Apoiados em ideias liberais, os revolucionários defendiam a elaboração de constituições que garantissem as liberdades. Desse modo, o povo, e não mais o rei, passaria a ser o representante da nação. Contudo, a maior parte dessas revoltas fracassou.

Em 1830, após a morte de Luís XVIII (1755-1824), seu sucessor, o conservador Carlos X (1757-1836), fez aprovar leis que previam indenização para os nobres que tiveram seus bens confiscados durante a Revolução Francesa, impôs a censura à imprensa e dissolveu a Câmara de Deputados. As medidas desencadearam uma revolta, com ampla participação dos trabalhadores de Paris, incentivados pela classe média e pela elite que pretendiam depor o rei. Carlos X abdicou em 1830. Uma monarquia constitucional foi instaurada, tendo à frente Luís Filipe de Orléans (1773-1850), que condenou a censura e admitiu o papel imprescindível do Parlamento e da Constituição, ficando conhecido como o "Rei Cidadão". Entretanto, seu conservadorismo fez com que ficasse cada vez mais impopular.

A Primavera dos Povos (1848)

As maiores revoltas ocorreram em 1848, alastrando-se pelas atuais França, Alemanha, Itália, Áustria, Hungria e República Tcheca. Iniciadas na França, foram marcadas pela polarização entre os liberais, defensores da adoção de um governo parlamentar, e os partidários de uma república democrática que promovesse a reforma social, a soberania do povo e os ideais de igualdade. O nacionalismo também exerceu um importante papel na mobilização da população. Apesar de derrotados pelos conservadores, os movimentos de 1848 conseguiram realizar parte das reformas reivindicadas nos anos seguintes. A República foi instaurada na França, mas em 1852 um golpe de Estado instaurou o Segundo Império na França, sob o comando de Napoleão III (1808-1873), sobrinho do primeiro Napoleão.

▶ As unificações italiana e alemã

Itália

Após o Congresso de Viena, o território italiano estava dividido em Estados conservadores independentes, muitos dos quais eram controlados pela Áustria. Ocorriam protestos a favor do autogoverno, pelo fim da censura e pela liberdade civil.

O Reino do Piemonte e Sardenha, principal estado independente no norte da península, prestou auxílio militar às revoltas contra os austríacos. O objetivo do rei Carlos Alberto (1798-1849) era anexar territórios e evitar que o republicanismo se difundisse por seus domínios. Derrotado, o rei abdicou em favor de seu filho Vítor Emanuel II (1820-1878).

Nos Estados Papais, a situação também foi de tensão. Em 1849, sob a liderança de Giuseppe Mazzini (1805-1872), criador do movimento Jovem

Itália, e de Giuseppe Garibaldi (1807-1882), instaurou-se uma república em Roma. Mas a articulação de franceses, austríacos e espanhóis garantiu o retorno do papa. O primeiro-ministro do Reino do Piemonte e Sardenha, Camilo Cavour (1810-1861), liderou então as lutas pela unificação de forma conservadora: propunha um modelo político alicerçado no Parlamento e na diminuição dos privilégios clericais, além de defender o fortalecimento do Estado, a modernização do Exército e o estímulo ao desenvolvimento econômico, sem alterações significativas na hierarquia social vigente.

Auxiliados pelo Exército francês, os piemonteses derrotaram os austríacos, o que deu novo fôlego ao movimento pela unificação da Itália, conhecido como *Risorgimiento*. Em março de 1861, formou-se o Reino da Itália. Os territórios de Veneza, sob o domínio austríaco, e de Roma, sob o controle papal, foram conquistados posteriormente. Os primeiros foram obtidos no contexto da Guerra Austro-Prussiana, em 1866. Por último, em 1870, os italianos se aproveitaram do fato de as tropas francesas que defendiam o papado terem partido para lutar no próprio país contra a Prússia e invadiram Roma, que se tornou capital da Itália unificada um ano depois.

Alemanha

Os reinos da Prússia e da Áustria se destacaram como os mais poderosos dentro da Confederação Germânica. Em 1834, foi formada a União Alfandegária Alemã (Deutscher Zollverein), promovendo uma zona de livre-comércio e integrando os Estados germânicos. A Áustria ficou fora da União, bem como outros estados, pois a Prússia desejava evitar qualquer desafio ao seu predomínio na Confederação.

A disputa entre Áustria e Prússia pela hegemonia na unificação dos povos alemães provocou a Guerra Austro-Prussiana em 1866, que garantiu à Prússia diversos territórios, como Saxônia, Turíngia e Hanover. A Confederação Germânica dissolveu-se e surgiu em seu lugar a Confederação da Alemanha do Norte, sob o comando prussiano.

Para unificar a Alemanha, faltavam somente os territórios meridionais. Otto Von Bismark (1815-1898), primeiro-ministro da Prússia, explorou a ideia da unidade nacional contra a França e, receosos de uma invasão, os Estados meridionais uniram-se à Prússia. A vitória na Guerra Franco-Prussiana (1870-1871) permitiu que os prussianos anexassem as províncias francesas de dialeto germânico, Alsácia e Lorena, e provocou a deposição de Napoleão III. Em 18 de janeiro de 1871, foi proclamado o Império Alemão, governado pelo rei da Prússia, Guilherme I (1797-1888). A nova constituição do Império manteve o poder sob controle da monarquia e da aristocracia.

Construir a nação, formar os cidadãos

Na segunda metade do século XIX, era necessário difundir a ideia de nação entre a população de todos os Estados europeus, pois grandes diferenças culturais separavam a elite e o povo, a cidade e o campo. A escola foi o principal instrumento de integração nacional, estimulando a cidadania e difundindo o nacionalismo e o patriotismo. Para reforçar a consciência nacional e os laços existentes entre os cidadãos, os governos promoveram cada vez mais cerimônias cívicas e feriados nacionais.

As transformações da segunda metade do século XIX contribuíram de modo decisivo para a criação das nações europeias: as estradas de ferro aproximaram regiões e a alfabetização permitiu disseminar uma cultura comum e propiciou algum grau de participação popular na vida política. Entretanto, em toda a Europa o poder e a riqueza ainda eram controlados por uma pequena minoria.

▶ A Segunda Revolução Industrial

Entre 1873 e 1896, a superprodução industrial não foi absorvida pelos mercados consumidores. Os preços das mercadorias despencaram, a lucratividade dos fabricantes diminuiu e o desemprego elevou-se. Emergiu uma tendência à concentração de capital para facilitar a sobrevivência das empresas, o que motivou o surgimento dos cartéis, holdings e trusts que monopolizaram suas respectivas atividades para garantir juros elevados. Cada governo procurou intervir na economia para favorecer o próprio país, o que implicou o crescimento das despesas sustentado pelo aumento dos impostos e da dívida pública. A necessidade de mais capital potencializou o papel dos bancos.

A crise começou a ser superada graças ao surgimento de novas fontes de energia, matérias-primas e maquinaria que estimularam a indústria, dando início à chamada Segunda Revolução Industrial. Estados Unidos e Alemanha impuseram-se como as principais potências industriais do mundo, gradualmente ultrapassando a Inglaterra. A agricultura também foi beneficiada com o uso de fertilizantes químicos, máquinas e novos cultivos, ampliando sua produção.

O desenvolvimento capitalista foi encabeçado principalmente pelas sociedades da Europa ocidental e pelos Estados Unidos, resultando na competição pelo acesso aos mercados consumidores e às matérias-primas. Foi preciso, portanto, conquistar novos territórios para dar continuidade à expansão industrial.

▶ Neocolonialismo

África e Ásia, detentoras de enormes populações e recursos naturais, foram os alvos das potências industriais. O capitalismo ultrapassava as últimas fronteiras, tornando-se definitivamente global. Nesse novo tipo de conquista, não havia preocupação com o povoamento do território; o domínio podia se dar tanto pela dominação política como pela hegemonia econômica de determinado país sobre outro. Grã-Bretanha e França lideraram a corrida por novos domínios coloniais, seguidos por Bélgica, Alemanha e Itália.

Para justificar seu domínio, os europeus defendiam a necessidade de uma missão civilizadora nas áreas ditas "atrasadas", baseando-se no darwinismo social, concepção evolucionista da sociedade que servia para explicar as grandes diferenças sociais do século XIX de forma racista e pseudocientífica.

A administração dos territórios conquistados variou de região para região: por meio de alianças com os chefes locais ou pela destituição destes e imposição de domínio exercido diretamente pelos europeus. Em ambos os casos, porém, a discriminação racial esteve presente e tentou-se ao máximo ocidentalizar a cultura africana. Entre 1884 e 1885, a Conferência de Berlim formalizou a partilha da África entre as potências europeias. Em meio à exploração e aos conflitos, as comunidades africanas esforçavam-se para preservar (ainda que parcialmente) seus territórios, sua cultura e seus costumes, com graus variáveis de sucesso. Dessa maneira, em finais do século XIX e início do XX, o território africano se encontrava dividido e retalhado arbitrariamente pelos europeus.

A construção dos novos impérios coloniais intensificou o comércio mundial, cada vez mais globalizado, mas somente os países centrais foram beneficiados. Consequentemente, as áreas dominadas sofreram uma extração predatória de seus recursos e suas economias foram reorganizadas para atender aos interesses metropolitanos, intensificando a desigualdade entre um pequeno núcleo de países industrializados e o restante do planeta. Em termos políticos, o equilíbrio europeu foi fragilizado pela crescente competição entre as grandes potências pelos territórios coloniais.

O imperialismo estadunidense

Desde 1823, com a Doutrina Monroe, os Estados Unidos buscaram exercer influência sobre o restante do continente, pois consideravam-se superiores aos países latinos, vendo-se como baluartes da civilização e da modernização. Foi a partir de 1890 que os Estados Unidos entraram de fato na corrida por matérias-primas e mercados, após a conquista do Oeste e a consolidação do capitalismo no país. O principal exemplo dessa nova política é Cuba, que, após contar com o auxílio dos Estados Unidos na luta contra a dominação espanhola, foi obrigada a incluir em sua Constituição (1902) a Emenda Platt, que formalizava a subordinação da ilha aos EUA.

Nos anos seguintes, o presidente Theodore Roosevelt inaugurou a Política do Big Stick (grande porrete), que levava ao extremo a ideia de intervenção militar nas nações vizinhas, caso os interesses americanos fossem ameaçados. O caso emblemático dessa política foi a criação da República do Panamá e, posteriormente, a construção do Canal do Panamá, que facilitaria a navegação entre o Atlântico e o Pacífico e ficaria sob controle norte-americano. Em 1904, foi enunciado o chamado Corolário Roosevelt da Doutrina de Monroe, segundo o qual, em caso de conflito na América Latina, os estadunidenses atuariam como uma espécie de polícia internacional. Posteriormente, os Estados Unidos realizaram intervenções no México, no contexto da Revolução Mexicana (1910), na Nicarágua e no Haiti (1915), e na República Dominicana (1916).

A Primeira Guerra Mundial

A política de alianças

As tensões políticas europeias se intensificaram na passagem do século XIX para o XX. A corrida imperialista reforçou as rivalidades entre as potências, dando origem à chamada "paz armada", em que os países buscavam fortalecer seus exércitos na expectativa de uma guerra futura. Em acréscimo, movimentos nacionalistas de minorias exigiam sua independência, produzindo novas fontes de conflito, especialmente nos Balcãs.

A Alemanha procurou obter aliados para expandir sua influência e neutralizar a França, que ansiava por uma revanche desde a derrota na guerra franco-prussiana (1870-1871). Sua grande aliada era a Áustria-Hungria e, em 1882, a Itália uniu-se a elas, formando a Tríplice Aliança. Se um desses países fosse atacado, os demais deveriam apoiá-lo militarmente.

O czar Alexandre III tinha rivalidades com a Áustria-Hungria em relação aos Bálcãs e optou por firmar um acordo com a França. A Grã-Bretanha mantinha sua política de isolamento, mas o fortalecimento da Marinha germânica ameaçou a supremacia inglesa. França, o Império Russo e o Império Britânico se uniram na Tríplice Entente.

Em 1878, a Península Balcânica emancipou-se do Império Otomano, fragmentando-se em Estados disputados pela Áustria e pela Rússia. Em 1908, a Áustria anexou a Bósnia-Herzegovina, onde vivia uma minoria sérvia que desejava unir-se ao reino da Sérvia, próximo aos russos. Qualquer desavença entre a Áustria (Tríplice Aliança) e a Rússia (Tríplice Entente) poderia provocar um conflito generalizado, pois os aliados de cada um desses países seriam obrigados a intervir. O grupo extremista Mão Negra, composto de militares, formou-se na Sérvia com o objetivo de unificar os eslavos. O discurso do pan-eslavismo, alimentado pela Rússia, também ganhava força.

Em 1914, o arquiduque Francisco Ferdinando, herdeiro do trono austro-húngaro, foi assassinado em Sarajevo, na Bósnia, em um atentado cometido pela organização Mão Negra. A Áustria declarou guerra à Sérvia, acionando a política de alianças. O confronto expandiu-se para além da Europa: o Japão declarou guerra à Alemanha com o objetivo de conquistar territórios dominados pelos alemães na China e no Pacífico.

O conflito

Na frente ocidental, os alemães puseram em prática o Plano Schlieffen para derrotar rapidamente a França e, por isso, invadiram a Bélgica, violando a neutralidade desse país e suscitando a entrada da Grã-Bretanha na guerra. Em 1915, multiplicaram-se as trincheiras, que dificultavam o avanço das tropas e impediam a penetração em território inimigo. A guerra ultrapassou rapidamente os limites do continente europeu com a participação do Império Otomano, que desencadeou operações militares no Oriente Médio. Os aliados (a Tríplice Entente) passaram a atacar as colônias alemãs no Pacífico e na África. Em maio, a Itália declarou guerra à Áustria-Hungria e à Tríplice Entente em troca de concessões territoriais. Além das armas químicas, outras inovações bélicas, como os aviões de combate e os tanques, foram utilizadas pela primeira vez.

A guerra submarina, iniciada em 1917, provocou a perda de um dos navios mercantes dos Estados Unidos, que abandonaram a neutralidade e enviaram tropas para combater com a Entente. O Brasil teve seus navios bombardeados por submarinos alemães e também ingressou no conflito. A Rússia optou por sair da guerra e, em 1918, assinou o acordo de paz de Brest-Litovsk. Em 1918, os turcos e os búlgaros pediram a paz. O Império Austro-Húngaro também entrou em colapso. Em novembro, a Alemanha, esgotada, negociou o armistício.

Em 1919, foram abertas as negociações para determinar as consequências do conflito e evitar uma nova guerra. O presidente estadunidense, Woodrow Wilson, tentou implantar "os 14 pontos", uma paz sem vencedores, mas foi rechaçado. O Tratado de Versalhes impôs condições muito duras à Alemanha, responsabilizando-a e punindo-a por todos os prejuízos provocados pela guerra.

A Primeira Guerra Mundial custou a vida de milhões de soldados e civis. Os Estados beligerantes ficaram arruinados. As monarquias e os impérios foram derrubados e diversas nações erigiram-se em Estados independentes, redesenhando o mapa europeu. As tensões sociais e políticas se intensificaram no continente, prenunciando conflitos no futuro.

As revoluções russas de 1917

Na transição do século XIX para o XX, a Rússia czarista era uma monarquia autoritária e sua estrutura social era arcaica, pois a classe dominante era uma aristocracia latifundiária que explorava duramente o campesinato. Durante a industrialização russa, os problemas sociais antigos se somaram a novas demandas dos trabalhadores urbanos, que passaram a se organizar em partidos e sindicatos. Outro ponto de desgaste foi a derrota na Guerra Russo-Japonesa (1904-1905). Em 1905, durante uma manifestação pacífica de operários diante do Palácio de Inverno, em São Petersburgo, a guarda do czar atirou nos manifestantes provocando cerca de 200 mortes. Conhecido como Domingo Sangrento, o episódio provocou uma onda de insurreições e protestos, tanto nas cidades quanto no campo. Era o início da Revolução de 1905, que exigia desde salários mais altos e jornadas de trabalho menores até maior participação política, o que contribuía para a politização da classe trabalhadora. Como resultado, entre 1905 e 1906, alguns itens do Manifesto de Outubro de fato foram institucionalizados: a censura foi abolida, a liberdade de reunião foi instituída e o parlamento foi eleito – mas dissolvido em 1906 pelo czar.

Nesse contexto, o governo russo viu na Primeira Guerra Mundial a oportunidade de unir o país. Inicialmente uma onda de nacionalismo se espalhou pela Rússia, mas sucessivas derrotas nas batalhas abalaram o moral das tropas e levaram à perda de territórios. Em acréscimo, as demandas da guerra precipitaram uma crise econômica produzindo muita insatisfação popular.

Em fevereiro de 1917, no auge da crise russa, manifestações se alastravam pelo país e houve novo massacre pela guarda imperial em uma praça de Petrogrado. Ao saberem do episódio, os soldados do regimento da cidade – que deveriam conter eventuais sublevações – começaram um motim, unindo-se à população. O resultado dessa revolução foi a abdicação do czar Nicolau II em março e a possibilidade de que os diversos grupos sociais expressassem mais livremente suas reivindicações com o início o governo provisório do latifundiário liberal Georgii Lvov.

O governo provisório caiu quando o Partido Bolchevique – único a se colocar contra a guerra – assumiu o controle dos sovietes. Vladmir Lênin – líder bolchevique – se posicionou contra o governo, defendendo a implementação do regime socialista, a paz e a reforma agrária. Em setembro, os bolcheviques assumiram o controle de Moscou e Petrogrado (os dois principais sovietes). Em outubro, o Comitê Militar Revolucionário ocupou pontos estratégicos e rumou para o Palácio de Inverno – sede do governo Provisório.

Lênin assumiu o posto de presidente e foi rápido em expropriar as grandes propriedades pertencentes aos antigos nobres, à Coroa e à Igreja. As terras foram redistribuídas aos camponeses, garantindo o suporte de grande parcela da população ao novo regime. Os revolucionários também nacionalizaram os bancos, as estradas de ferro e as indústrias básicas, e ampliaram a intervenção estatal em todas as áreas da economia. Gradativamente, o Partido Bolchevique, que, em 1918, passou a se intitular Partido Comunista, estabeleceu um governo ditatorial. Os contrarrevolucionários foram derrotados e foi adotada uma Nova Política Econômica (NEP) que admitia elementos da economia de mercado para ajudar o país a sair da crise em que se encontrava.

Com a morte de Lênin, em 1924, Leon Trótski – que havia se tornado o segundo líder da Revolução de 1917 – e Ioseb Stálin – administrador-burocrata de destaque – passaram a rivalizar pelo controle do partido. As críticas de Trótski à burocratização do partido foram consideradas incompatíveis com a filiação ao mesmo e ele foi posto no exílio, abrindo caminho para o domínio stalinista.

Em 1928, Stálin se consolidou definitivamente no poder e estatizou completamente a economia. Seu governo enfrentou vários problemas econômicos, mas conseguiu acelerar o país. A censura, a propaganda e a perseguição aos opositores foram elementos centrais para a manutenção do regime autoritário.

Questões para você praticar

1. (UFRGS-RS – 2016) Capítulo 28

   A Santa Aliança, coalizão entre Rússia, Prússia e Áustria, criada em setembro de 1815, após a derrota de Napoleão Bonaparte, tinha por objetivo político

   a. promover e proteger os ideais republicanos e revolucionários franceses em toda a Europa.
   b. impedir as intenções recolonizadoras dos países ibéricos e apoiar as independências dos países latino-americanos.
   c. lutar contra a expansão do absolutismo monárquico e a influência do papado em todos os países europeus.
   d. combater e prevenir a expansão dos ideais republicanos e revolucionários franceses em toda a Europa.
   e. apoiar o retorno de Napoleão ao governo francês e garantir o equilíbrio entre as potências europeias.

2. (PUC-RJ – 2013) Capítulo 28

   Ao longo do ano de 1848, o continente europeu passou por uma série de revoluções, configurando um momento que muitos historiadores vieram a denominar de "Primavera dos Povos".

   Sobre esses movimentos, é CORRETO afirmar que:

   a. as revoluções de 1848 foram movimentos em defesa do retorno dos regimes monárquicos, uma vez que as tentativas de reformas políticas e econômicas de caráter burguês tinham fracassado e produzido uma grave crise econômica e social.
   b. este conjunto de revoluções, de caráter liberal e nacionalista, foi iniciado com demandas por governos constitucionais e, ao longo do processo, trabalhadores e camponeses se manifestaram contra os excessos da exploração capitalista.
   c. o movimento de 1848 deu prosseguimento às reformas religiosas estendendo o protestantismo para a Europa centro-oriental e enfraquecendo a posição dos regimes autocráticos católicos em países da região como a Áustria e Polônia.
   d. a "Primavera dos Povos" está relacionada à publicação do Manifesto Comunista em fevereiro de 1848 e com a organização de ações políticas revolucionárias de cunho anarquista, republicano e secular.
   e. essas revoluções estavam associadas às demandas burguesas por maior integração comercial e pelo fim das políticas mercantilistas intervencionistas ainda em vigor em países europeus dominados pela velha classe política aristocrática.

3. (FGV – Ensino Médio) Capítulo 33

   Leia, atentamente, o texto escrito pelo historiador e economista David Landes que trata do contexto da chamada Segunda Revolução Industrial, no qual ele afirma:

   > O aumento da escala e as forças que o promoveram combinaram-se para reformular o mapa econômico da Europa. Esse processo assumiu duas formas: a localização, com a concentração espacial da atividade industrial e a realocação, com o surgimento de novos centros produtores. Por um lado, as grandes dimensões davam maior peso às vantagens da localização racional. [...] Por outro lado, já assinalamos o efeito dispersador do transporte mais barato e mais fácil.
   >
   > Fonte: LANDES, David. *Prometeu Desacorrentado*: transformação tecnológica e desenvolvimento industrial na Europa Ocidental desde 1750 até nossa época. Rio de Janeiro: Nova Fronteira, 1994, p. 233.

   Do ponto de vista da produção capitalista, os impactos socioeconômicos decorrentes do processo descrito no texto foram

   a. a aceleração do ritmo industrial e a exploração de novos mercados.
   b. a ampliação da concorrência e a busca por novas formas de energia.
   c. o crescimento da oferta de emprego e o avanço dos conflitos internacionais.
   d. o esgotamento das fontes de matéria-prima e as mudanças na legislação trabalhista.
   e. a distribuição da produção por várias unidades fabris e a diminuição das barreiras fiscais.

4. (PUC-RJ – 2012) Capítulo 33

A imagem anterior é uma caricatura sobre a política imperialista europeia na África no final do século XIX e início do século XX. Nela, Cecil Rhodes, um dos mais conhecidos exploradores do continente, coloca suas botas sobre o mapa da África ao mesmo tempo em que segura uma linha que representa o sonho inglês de construir uma estrada ferro entre o Egito e o sul da África. Usando-a como referência, é INCORRETO fazer a seguinte afirmação sobre o imperialismo:

a. buscou-se a integração dos mercados coloniais para o desenvolvimento das potências europeias.

b. o continente africano foi ocupado e seus territórios tornados domínios das principais potências.

c. abandonou-se as ações militares em favor de uma política apoiada no uso da diplomacia internacional.

d. o colonialismo foi apresentado como "missão" civilizadora e progressista das potências do Ocidente.

e. os europeus foram exaltados como membros de uma sociedade tecnologicamente e militarmente superior às nações africanas.

5. (Unesp-SP – 2015) Capítulo 33

A partilha da África entre os países europeus, no final do século XIX,

a. buscou conciliar os interesses de colonizadores e colonizados, valorizando o diálogo e a negociação política.

b. respeitou as divisões políticas e as diferenças étnicas então existentes no continente africano.

c. ignorou os laços comerciais, políticos e culturais até então existentes no continente africano.

d. privilegiou, com a atribuição de maiores áreas coloniais, os países que haviam perdido colônias em outras partes do mundo.

e. afetou apenas as áreas litorâneas, sem interferir no Centro e no Sul do continente africano.

6. (UnB/ESCS – 2014) Capítulo 33

América Latina, Ásia e África sofreram, sob diversos aspectos e de formas diferenciadas, os efeitos da expansão imperialista ocorrida, sobretudo, a partir da década de 1870, que se materializou, em larga medida, na dominação neocolonial. As disputas imperialistas contribuíram decisivamente para o acirramento da competição entre os países, fato que exerceu importância extraordinária para a eclosão da Grande Guerra (1914-1918). No que concerne a esse processo histórico de amplitude mundial, assinale a opção correta.

a. Enquanto a África foi partilhada entre as grandes potências europeias, que assumiram o controle direto e total das colônias, no Brasil – assim como na América Latina –, a ação do imperialismo voltou-se para lucrativas atividades econômico-financeiras, como empréstimos e investimentos.

b. A disputa por territórios coloniais nos continentes africano, asiático e americano constituiu-se no fator preponderante para acirrar a competição entre as principais potências europeias na passagem do século XIX ao XX, o que levou à Primeira Guerra Mundial.

c. Brasil e Argentina participaram diretamente da Grande Guerra de 1914, enviando combatentes que, incorporados às forças norte-americanas, lutaram contra os chamados impérios centrais – Alemanha, Áustria-Hungria, Turquia e Rússia.

d. Duas vitoriosas revoluções socialistas marcaram o fim da Primeira Guerra Mundial: na velha Rússia dos czares, os bolcheviques conquistaram o poder; na Alemanha, o fracasso militar no conflito abriu o caminho para a ascensão do nazismo.

7. (UFRGS-RS – 2015) Capítulo 35

Sobre a Primeira Guerra Mundial (1914-1918), considere as afirmações abaixo.

I. Caracterizou-se pela chamada "guerra de trincheiras", que resultou em um nível de mortandade sem precedentes na história europeia, como demonstrado na Batalha do Somme, ocorrida na França.

II. Valeu-se da chamada "guerra química", com a utilização de substâncias letais como o gás mostarda e o fosgênio, amplamente empregada tanto pela Tríplice Aliança como pela Tríplice Entente.

III. Caracterizou-se como o primeiro conflito em que a aviação militar e a guerra aérea tiveram um papel fundamental.

Quais estão corretas?

a. Apenas I.
b. Apenas I e II.
c. Apenas I e III.
d. Apenas II e III.
e. I, II e III.

8. (Uern – 2015) Capítulo 35

Eram 3h30 de 26 de agosto de 1914, em Rozelieures, na região de Lorena, fronteira com a Alemanha, quando Joseph Caillat, soldado do 54º batalhão de artilharia do exército da França, escreveu: "Nós marchamos para frente, os alemães recuaram. Atravessamos o terreno em que combatemos ontem, crivado de obuses, um triste cenário a observar: Há mortos a cada passo e mal podemos passar por eles sem passar sobre eles, alguns deitados, outros de joelhos, outros sentados e outros que estavam comendo. Os feridos são muitos e, quando vemos que estão quase mortos, nós acabamos o sofrimento a tiros de revólveres". Quando Caillat escreveu aquela que seria uma de suas primeiras cartas do front a seus familiares, a Europa estava em guerra havia exatos 32 dias – e acreditava-se que não por muito mais tempo.

(Disponível em: http://infograficos.estadao.com.br/public/especiais/100-anos-primeira-guerra-mundial/)

O texto citado descreve o triste cenário da Primeira Grande Guerra. Dentre as consequências da Primeira Guerra Mundial, iniciada há 100 anos, além das irreparáveis perdas humanas e materiais, assinale a alternativa correta.

a. A ascensão da Europa como continente hegemônico mundial e oficial propagador da política imperialista.

b. A profunda modificação do equilíbrio europeu, com o desaparecimento de impérios como o austríaco e o otomano.

c. A concretização da unificação da Itália e da Alemanha, únicas nações europeias que até então não possuíam soberania nacional.

d. O estabelecimento da bipolaridade entre EUA e URSS, que marcaria todo o século XX através do que se denominou "Guerra Fria".

9. (FGV – Ensino Médio) Capítulo 35

Analise, cuidadosamente, o fragmento abaixo:

Curiosamente, o Tratado de Versalhes desagradou igualmente vencidos, vencedores e observadores neutros. Para os especialistas independentes, o documento, punitivo em excesso, teria se distanciado demais da aclamada proposta de catorze pontos do presidente Woodrow Wilson, que fundamentou o armistício.

Fonte: <http://veja.abril.com.br/historia/primeira-grande-guerra-mundial/1919-junho-nova-europa/assinatura-tratado-versalhes-cerimonia-criticas.shtml>.

Ao contrário do Tratado de Versalhes, os 14 Pontos de Wilson

a. destacavam a necessidade de respeito à hegemonia dos vencedores.

b. apostavam no estabelecimento de uma paz sem vencedores e vencidos.

c. responsabilizavam os países mais desenvolvidos pelas despesas militares.

d. estabeleciam punições a todos os países envolvidos na Primeira Guerra Mundial.

e. indicavam soluções para os problemas sociais e econômicos gerados pelo conflito.

10. (FGV – Ensino Médio) Capítulo 36

Leia, atentamente, o texto a seguir:

> O desenvolvimento da guerra exacerbou as contradições sociais e políticas no Império, que se acentuaram de forma muito mais drástica e radical do que nos demais países beligerantes. Desde 1915, o tzarismo afundou-se em sucessivas derrotas. [...] Enquanto isso, a economia evidenciava carências estruturais. O abastecimento degringolava. Faltavam munições nas trincheiras e pão nas cidades. A fome rondava. O caos. A guerra, que todos esperavam curta e vitoriosa, estava sendo longa e desagregadora. [...] Nos últimos dias de fevereiro, cinco dias de movimentos sociais intensos em Petrogrado bastaram para derrubar uma dinastia eterna de três séculos de existência.
>
> Fonte: REIS FILHO, Daniel Aarão. *Uma revolução perdida*: a história do socialismo soviético. São Paulo: Editora Fundação Perseu Abramo, 1997. p. 59-61.

De acordo com o texto lido, uma conclusão sobre a participação russa na Primeira Guerra Mundial (1914-1918) está indicada na seguinte opção:

a. acabou com a derrota do país e de seus aliados.
b. motivou-se pelas contradições políticas internas do czarismo.
c. levou o país a problemas socioeconômicos até então inexistentes.
d. estimulou as revoltas sociais que culminaram na derrubada do governo.
e. promoveu o abastecimento dos *fronts* em detrimento da população civil.

11. (Ufes – 2000) Capítulo 36

A Revolução Russa de 1917 derrubou o regime czarista e estabeleceu o socialismo no país.

Assinale a alternativa correta em relação às medidas adotadas pelo novo governo.

a. Com a abdicação do Czar, estabeleceu-se uma aliança política entre os líderes do regime czarista e os dirigentes do governo provisório.
b. Lênin, prisioneiro político exilado na Sibéria, ficou excluído do processo revolucionário.
c. O governo socialista colocou em prática, imediatamente, o projeto de reconstrução da economia, a Nova Política Econômica (NEP).
d. A fase inicial do processo caracterizou-se pela alteração nas leis dos direitos civis, pela anulação dos títulos de nobreza, pela separação entre Igreja e Estado, pela reforma agrária e pelo fim da propriedade privada.
e. No nível político, o governo revolucionário promulgou, no mesmo ano, uma nova constituição, que legitimou a União das Repúblicas Socialistas Soviéticas (URSS).

12. (UFRRJ – 2005) Capítulo 36

Leia o texto a seguir.

> Em 1921, o problema nacional central era o da recuperação econômica - o índice de desespero do país é eloquente: naquele ano, 36 milhões de pessoas não tinham o que comer. Nas novas e ruinosas condições da paz, o "comunismo de guerra" revelava-se insuficiente: era preciso estimular mais efetivamente os mecanismos econômicos da sociedade. Assim, ainda em 1921, no X Congresso do Partido, Lênin propõe um plano econômico de emergência: a Nova Política Econômica.
>
> NETTO, J. P. *O que é Stalinismo*. São Paulo: Brasiliense, 1981.

Sobre a chamada Nova Política Econômica é correto afirmar que

a. ela reintroduziu práticas de exploração econômica anteriores à Revolução Russa de 1917 que se traduziram num abandono temporário de todas as transformações socialistas já feitas e um retorno ao capitalismo.
b. ela consistiu na manutenção de elementos econômicos socialistas, na organização da economia (como o planejamento) e na permissão para o estabelecimento de elementos capitalistas por meio da livre iniciativa em certos setores.
c. ela significou fundamentalmente uma reforma agrária radical que promoveu a coletivização forçada das propriedades agrárias e a construção de fazendas coletiva, os Kolkhozes.
d. seu resultado foi catastrófico, mesmo permitindo a volta controlada de relações capitalistas na economia, já que ela ampliou ainda mais o nível de desemprego e produziu fome em grande escala.

12 A PRIMEIRA REPÚBLICA BRASILEIRA

Capítulos 34 e 38

▶ A Formação da República

O golpe militar de 1889 depôs o imperador D. Pedro II e instituiu a República no Brasil. Até a aprovação de um novo arcabouço institucional, formou-se um governo provisório sob o comando do chefe do golpe, o Marechal Deodoro da Fonseca.

A primeira Constituição Republicana é de 1891 e teve como base o modelo norte-americano: o país se organizou enquanto federação com estados autônomos perante o poder central; manteve-se a separação entre o Legislativo, o Executivo e o Judiciário; o chefe do Poder Executivo seria o presidente eleito para mandato de quatro anos e nomearia seu grupo ministerial; o Congresso Nacional seria composto de forma proporcional à quantidade de habitantes dos estados e o Senado, de três representantes por estado; nenhum desses cargos era vitalício. O Estado declarou-se laico, separado da Igreja Católica.

As eleições para presidente, governador e cargos legislativos federais e estaduais seriam diretas. Podiam ser eleitores homens, maiores de 21 anos, alfabetizados; restrição criada no final do Império que excluía a maioria da população. Fora isso, apesar da possibilidade de votação, a troca de votos por favores, cargos e benefícios fez as elites políticas continuarem a controlar o processo eleitoral.

No entanto, entre a própria elite republicana não havia consenso sobre a forma de regime a ser instaurado: para os liberais era necessário garantir as eleições e impedir uma ditadura; para os militares, reforçar seu poder em detrimento dos civis; para os positivistas, a única saída era uma ditadura republicana. Essa situação gerou instabilidade política que levou à renúncia do Marechal Deodoro e à tomada do poder pelo seu vice, Floriano Peixoto, ainda em 1891. Rebeliões pelo país contestaram a permanência de Floriano Peixoto na presidência, que conseguiu reprimir os dissidentes e se manter no cargo até 1894, com apoio dos paulistas. O primeiro presidente, civil, eleito foi um paulista, Prudente de Moraes.

A República Oligárquica

Durante a gestão de Prudente de Moraes (1894-1898), apesar das políticas conciliatórias intentadas, ocorreu a Guerra dos Canudos, na Bahia, motivada pela crise econômica da região e pelas mudanças decorrentes da separação entre o Estado e a Igreja. O líder, Antônio Conselheiro, mesmo não integrando a Igreja, pregava valores e ideais ligados ao catolicismo e também à vida rural comunitária. Por considerarem as propostas divergentes do imposto pelo Estado e pelas elites, as forças oficiais elegeram Canudos como um inimigo nacional, a ser destruído. O arraial só sucumbiu em 1897, após diversos embates.

Campos Sales (1898-1902), sucessor de Prudente de Morais, para fortalecer alianças políticas com elites regionais, os coronéis, estabeleceu acordos que davam mais liberdade à atuação dos estados. Assim criava-se a "política dos Estados", que resultou na consolidação das elites locais e do poder central, caracterizando a chamada República Oligárquica. Nesse período, constitui-se ainda a política do "café com leite", em que Minas Gerais e São Paulo, os estados mais ricos da Federação, se alternavam nas eleições presidenciais.

Na política externa, o Brasil buscou consolidar as fronteiras nas regiões sul, nordeste e norte, com foco no território que hoje corresponde ao Acre, disputado com a Bolívia e o Peru em virtude das riquezas obtidas com produção da borracha na região. Embate resolvido na primeira década do século XX por acordos diplomáticos. Outra prioridade foi a aproximação aos Estados Unidos, em termos políticos e econômicos. Em relação ao aspecto cultural, a elite brasileira se inspirava na Europa, em especial na cidade de Paris.

A economia cafeeira

No final do século XIX, o preço do café (ainda principal produto exportador do país) no mercado internacional foi reduzido; paralelamente a produção brasileira aumentava. Além disso, os gastos públicos aumentavam. Isso desencadeou uma crise financeira com sucessivos empréstimos externos que trouxeram graves consequências para a economia interna: paralisação de obras públicas, diminuição da moeda em circulação, manutenção do valor da moeda perante a libra inglesa, aumento dos impostos e do custo de vida, desemprego e falência de fábricas.

Para tentar superar essa crise, em 1906, em Taubaté, ocorreu uma reunião dos representantes dos estados cafeicultores (São Paulo, Minas Gerais e Rio de Janeiro) sobre políticas de estímulo aos produtores e ao consumo. A partir da segunda década do século XX, o preço do café no mercado internacional se estabilizou, favorecendo as elites cafeicultoras.

A borracha brasileira

A Segunda Revolução Industrial que ocorria na Europa estimulou a produção de borracha no Brasil no final do século XIX. Desde 1839, quando foi inventado o processo de vulcanização da borracha, o látex se tornou um produto procurado por ser a matéria-prima de diversos materiais voltados para as indústrias hospitalar, automobilística e bélica. Pela região amazônica brasileira ser o local originário do látex, houve um deslocamento populacional para a área visando a sua extração. A exploração das seringueiras causou conflitos entre os seringueiros e as etnias indígenas que povoavam a região. Os migrantes muitas vezes atrelavam-se financeiramente aos poderosos locais pela contração de dívidas e tinham uma vida de trabalho precarizado. A borracha se tornou o segundo produto mais exportado do Brasil e as cidades de Manaus e Belém passaram por um intenso processo de crescimento e urbanização. No entanto, no início do século XX, a borracha produzida na Ásia suplantou a brasileira em qualidade e preço, levando a uma queda da economia interna baseada no látex.

Urbanização e industrialização

As indústrias só passaram a fazer parte do cenário econômico brasileiro por conta dos lucros obtidos com a agroexportação, especialmente do café, no final do século XIX. Em consequência, São Paulo se tornou a principal região manufatureira do país. As primeiras indústrias brasileiras produziam bens de consumo não duráveis como tecidos e alguns alimentos processados. Com a Primeira Guerra Mundial, houve um aumento e uma diversificação na indústria brasileira.

Também entre o final do século XIX e XX, após a abolição da escravatura e as sucessivas levas de imigrantes europeus, uma classe trabalhadora no Brasil começou a ser formada. Parte dos imigrantes, a princípio atraídos para trabalhar nas lavouras de café, foi para as cidades trabalhar nas indústrias, que preferiam empregar estrangeiros do que afrodescendentes. Aos ex-escravos e seus descendentes restavam vagas de trabalho com remuneração mais baixa ou trabalhos informais. Mesmo assim, muitos conseguiram trabalhar em algumas atividades industriais, por vezes lado a lado com os imigrantes. A condição de trabalho dos operários nas fábricas brasileiras no início do século XX era insalubre, com longas jornadas, baixos salários e trabalho infantil. Os trabalhadores não tinham praticamente nenhuma proteção legal. Essa situação deu origem às primeiras greves gerais no final da década de 1910. Suas principais reivindicações referiam-se ao aumento de salários, melhores condições de trabalho e redução da jornada. Boa parte dos trabalhadores que organizaram essas greves era composta de imigrantes que, em seus países de origem, se alinhavam politicamente ao anarquismo e ao socialismo. Panfletos e pequenos jornais eram feitos por esses grupos para defender suas ideias entre os trabalhadores. Nesse período também começou a surgir uma imprensa negra, e os negros participaram de diversas greves e manifestações.

Revoltas urbanas

No Rio de Janeiro, grande parte dos descendentes de escravos buscava oportunidades de trabalho nos centros urbanos e passavam a morar em cortiços, considerados insalubres pelas autoridades. Esse tipo de moradia destoava do modelo de modernização inspirado na *Belle Époque* francesa e foi alvo do processo de reurbanização dirigido pelo prefeito Pereira Passos. Os cortiços foram demolidos e seus habitantes ficaram desabrigados.

Diversas regras foram impostas pelo sanitarista Oswaldo Cruz para tornar a cidade do Rio de Janeiro mais salubre. Combate a mosquitos e ratos, vetores de várias doenças, foram recorrentes. Instituiu-se uma campanha de vacinação obrigatória contra a varíola. No entanto, a grande maioria da população não sabia a função da vacina e como funcionava, sentindo-se ameaçada pelo autoritarismo do governo, o que desencadeou a Revolta da Vacina.

Em 1910, outra rebelião foi deflagrada: a Revolta da Chibata, encabeçada por marinheiros que protestavam contra os castigos físicos e racismo na Marinha e por melhores condições de trabalho. Apesar de uma tentativa de conciliação, os envolvidos na revolta foram mortos ou deportados.

As revoltas e os movimentos populares podem ser vistos como o mecanismo utilizado pela maioria da população brasileira, composta de trabalhadores, pobres e mulheres, para participar politicamente de um Estado que os excluía do direito ao voto e de uma participação política efetiva.

▶ A República Brasileira em transformação

Durante a década de 1920, apesar do café ser importante para a economia brasileira e a maioria da população continuar no meio rural, esse cenário começou a mudar. O aumento das fábricas, impulsionado pela Primeira Guerra Mundial, e de operários, principalmente no sudeste, ampliou a força da classe trabalhadora enquanto o crescimento das cidades aumentou a importância da economia interna. A partir de 1917, greves ocorreram em diversos setores, pois os operários reivindicavam uma série de direitos sociais. Leis ligadas a acidente de trabalho, aposentadorias, pensões, férias anuais e limitações ao trabalho infantil foram aprovadas, mas pouco eram respeitadas na prática por não haver fiscalização.

O Partido Comunista e o movimento operário

Inspirado pelo exemplo vitorioso da Revolução Russa, o Partido Comunista do Brasil foi fundado em 1922 em seguimento das diretrizes da III Internacional Comunista, que previa a criação de partidos em todos os países. O objetivo era defender os trabalhadores e fomentar a revolução comunista, ganhando mais adeptos entre o proletariado sindicalizado. Ao contrário dos anarquistas, os comunistas defendiam a participação direta no ambiente político, mas rapidamente foram colocados na ilegalidade.

Modernização e modernismo

A cultura brasileira também foi afetada por diversas mudanças ocorridas no país. A urbanização, as novidades tecnológicas (como o rádio, a vitrola, o cinema) e uma sensação de brusca ruptura com o passado levaram artistas a pensar quais eram as possibilidades de significação do que era moderno em termos artísticos. Um dos marcos desse momento foi a Semana de Arte Moderna de 1922. Pintores, escultores, poetas, escritores produziram, apresentaram e expuseram obras a partir de um referencial artístico diferente do usualmente visto. A proposta era romper com modelos e regras artísticas impostas pela arte europeia, utilizando dela apenas referências que julgassem interessantes para produzir uma arte genuinamente brasileira.

A reação republicana e o tenentismo

Segundo o acordo entre as oligarquias estaduais, a vitória na eleição presidencial de 1922 era de Arthur Bernardes, o que de fato ocorreu. Mas, pela primeira vez, o Movimento Reação Republicana lançou um candidato de oposição, Nilo Peçanha (presidente entre 1909 e 1910), e por conta da derrota denunciou fraudes e exigiu a recontagem de votos, contribuindo para a deslegitimação do sistema eleitoral vigente.

Surgiu nesse contexto o tenentismo, movimento reivindicatório organizado por jovens militares rebeldes que reivindicavam mudanças internas ao Exército e o fim da política oligárquica que, segundo eles, impedia a modernização do país. Um pequeno número de tenentistas se organizou no levante 18 do Forte, contra algumas medidas tomadas pelo presidente eleito, Arthur Bernardes, mas foram quase todos mortos pelas tropas oficiais. Juntamente com o papel secundário dado às forças armadas no regime republicano, esse fato foi um dos motivos da formação da Coluna Prestes, em 1924, que defendia o voto secreto, a independência do poder judiciário e um Estado central mais forte. Após dois anos de movimento, a coluna não foi debelada e sua resistência ajudou a desgastar a política oligárquica.

Washington Luís e as dissidências oligárquicas

Apesar das críticas, o sucessor de Arthur Bernardes foi escolhido pelas elites políticas. Washington Luís buscou fortalecer as oligarquias e centralizar o poder nas mãos do presidente, revendo a Constituição. Como reação, foram criados vários Partidos Democráticos de oposição às fraudes eleitorais e à revisão da Constituição, com agrupamentos de setores urbanos que demandavam maior representação política. Outros estados fizeram uma renovação política e criaram novos partidos de caráter mais liberal.

A eleição de 1930 foi influenciada pela crise econômica iniciada com a quebra da bolsa de Nova York em 1929. Receosos, os paulistas impuseram a eleição de um representante paulista que pudesse defender os interesses dos cafeicultores: Júlio Prestes, que findou por ganhar o pleito eleitoral. Rompia-se assim o pacto oligárquico que garantira a relativa estabilidade da Primeira República. Em resposta à imposição paulista, Minas Gerais, Rio Grande do Sul e Paraíba organizaram a Aliança Liberal, que após o resultado das eleições depôs Washington Luís, não permitindo que Júlio Prestes tomasse posse, e colocaram o sulista Getúlio Vargas na presidência.

Questões para você praticar

1. (Enem – 2015) Capítulo 34

Iniciou-se em 1903 a introdução de obras de arte com representações de bandeirantes no acervo do Museu Paulista, mediante a aquisição de uma tela que homenageava o sertanista que comandara a destruição do Quilombo de Palmares. Essa aquisição, viabilizada por verba estadual, foi simultânea à emergência de uma interpretação histórica que apontava o fenômeno do sertanismo paulista como o elo decisivo entre a trajetória territorial do Brasil e de São Paulo, concepção essa que se consolidaria entre os historiadores ligados ao Instituto Histórico e Geográfico de São Paulo ao longo das três primeiras décadas do século XX.

MARINS, P. C. G. *Nas matas com pose de reis*: a representação de bandeirantes e a tradição da retratística monárquica europeia. Revista do LEB, n. 44, fev. 2007.

A prática governamental descrita no texto, com a escolha dos temas das obras, tinha como propósito a construção de uma memória que

a. afirmava a centralidade de um estado na política do país.
b. resgatava a importância da resistência escrava na história brasileira.
c. evidenciava a importância da produção artística no contexto regional.
d. valorizava a saga histórica do povo na afirmação de uma memória social.
e. destacava a presença do indígena no desbravamento do território colonial.

2. (Uerj – 2009) Capítulo 34

O olhar agudo de Machado de Assis capta de forma natural as alterações da dinâmica social – alterações que culminariam na abolição da escravidão, em 1888, e na proclamação da República, no ano seguinte. Um dos melhores retratos que Machado faz daquele momento está nesta página de Esaú e Jacó:

"A capital oferecia ainda aos recém-chegados um espetáculo magnífico. [...] Cascatas de ideias de invenções, de concessões rolavam todos os dias, sonoras e vistosas, para se fazerem contos de réis, centenas de contos, milhares, milhares de milhares, milhares de milhares de milhares de contos de réis. Todos os papéis, aliás ações, saíam frescos e eternos do prelo. [...] Nasciam as ações a preço alto, mais numerosas que as antigas crias da escravidão, e com dividendos infinitos."

LUCIANO TRIGO. Adaptado de *O viajante imóvel – Machado de Assis e o Rio de Janeiro de seu tempo*. Rio de Janeiro: Record, 2001.

A denominação da ação econômica empreendida no momento histórico retratado por Machado de Assis e duas de suas principais consequências estão corretamente apresentadas na seguinte alternativa:

a. Encilhamento – inflação e falência de empresas
b. *Funding-loan* – industrialização e desvalorização da moeda
c. Tarifas Alves Branco – urbanização e concentração de renda
d. Convênio de Taubaté – endividamento e especulação financeira

3. (PUC-RS – Inverno 2014) Capítulo 34

A Proclamação da República, em 15 de novembro de 1889, exigiu que o país adotasse um novo texto constitucional. Sobre a nova Constituição, aprovada em 1891, podemos afirmar que

a. instituiu uma República Federativa no Brasil, transformando as antigas províncias em Estados, mas sem conferir-lhes grande autonomia, pois eles permaneceram dependentes do Governo Federal para prover suas despesas administrativas.
b. estabeleceu o direito de voto para todos os cidadãos maiores de 21 anos; entretanto, o contingente de eleitores era restrito, pois estavam excluídos os analfabetos, as mulheres e os mendigos, que constituíam a maioria da população brasileira.
c. implementou o regime republicano, com a eleição direta para presidente da República, para o Senado e para a Câmara Federal, sendo que os Estados também podiam eleger seus governadores e suas Assembleias Legislativas, mas não podiam dispor de uma constituição própria.

d. estabeleceu a separação entre o Estado e a Igreja Católica, mas o catolicismo continuou sendo considerado a religião oficial do país, tendo em vista o receio dos novos dirigentes republicanos de que as religiões protestantes, introduzidas pelos imigrantes europeus, dividissem a população brasileira.

e. aceitou a livre associação e a reunião dos cidadãos brasileiros – exceto em casos de mobilização sediciosa –, tendo sido, por isso, considerada uma constituição liberal; mas também mostrou seu lado conservador ao não instituir o habeas corpus, por julgá-lo excessivamente perigoso à ordem social.

4. (Fuvest-SP – 2014) Capítulo 34

Storni. Careta, 19/02/1927. Apud: Renato Lemos (Org.). *Uma história do Brasil através da caricatura*. 1840-2006. Rio de Janeiro: Bom Texto, 2006, p. 35. Adaptado.

A charge satiriza uma prática eleitoral presente no Brasil da chamada "Primeira República". Tal prática revelava a

a. ignorância, por parte dos eleitores, dos rumos políticos do país, tornando esses eleitores adeptos de ideologias políticas nazifascistas.

b. ausência de autonomia dos eleitores e sua fidelidade forçada a alguns políticos, as quais limitavam o direito de escolha e demonstravam a fragilidade das instituições republicanas.

c. restrição provocada pelo voto censitário, que limitava o direito de participação política àqueles que possuíam um certo número de animais.

d. facilidade de acesso à informação e propaganda política, permitindo, aos eleitores, a rápida identificação dos candidatos que defendiam a soberania nacional frente às ameaças estrangeiras.

e. ampliação do direito de voto trazida pela República, que passou a incluir os analfabetos e facilitou sua manipulação por políticos inescrupulosos.

5. (Enem – 2015) Capítulo 34

TEXTO I

Canudos não se rendeu. Exemplo único em toda a história, resistiu até o esgotamento completo. Vencido palmo a palmo, na precisão integral do termo, caiu no dia 5, ao entardecer, quando caíram os seus últimos defensores, que todos morreram. Eram quatro apenas: um velho, dois homens feitos e uma criança, na frente dos quais rugiam raivosamente cinco mil soldados.

CUNHA, E. *Os sertões*. Rio de Janeiro: Francisco Alves, 1987.

TEXTO II

Na trincheira, no centro do reduto, permaneciam quatro fanáticos sobreviventes do extermínio. Era um velho, coxo por ferimento e usando uniforme da Guarda Católica, um rapaz de 16 a 18 anos, um preto alto e magro, e um caboclo. Ao serem intimados para deporem as armas, investiram com enorme fúria. Assim estava terminada e de maneira tão trágica a sanguinosa guerra, que o banditismo e o fanatismo traziam acesa por longos meses, naquele recanto do território nacional.

SOARES, H. M. *A Guerra de Canudos*. Rio de Janeiro: Altina, 1902.

Os relatos do último ato da Guerra de Canudos fazem uso de representações que se perpetuariam na memória construída sobre o conflito. Nesse sentido, cada autor caracterizou a atitude dos sertanejos, respectivamente, como fruto da

a. manipulação e incompetência.

b. ignorância e solidariedade.

c. hesitação e obstinação.

d. esperança e valentia.

e. bravura e loucura.

6. (FGV – Ensino Médio) Capítulo 34

   Observe a imagem abaixo:

   Charge Vacina obrigatória, em *Revista da Semana de 1905*.

   Logo após a Proclamação da República no Brasil, iniciaram-se inúmeras tentativas de higienizar algumas regiões do país. Dentro deste contexto, a cidade do Rio de Janeiro, na época, a capital administrativa do Brasil, se tornou o foco das políticas sanitaristas.

   A associação entre a imagem e as informações induz à conclusão de que a Revolta da Vacina

   a. foi motivada pelo messianismo, especificamente pelo sebastianismo.
   b. era uma retaliação dos populares em relação à República da Espada.
   c. tinha motivações socialistas, difundidas pelos setores urbanos mais radicais.
   d. demonstrou as aspirações monárquicas da população carente do Rio de Janeiro.
   e. estava associada ao combate, às endemias e às reformas urbanísticas do Rio de Janeiro do início do século XX.

7. (Udesc – 2015.1) Capítulo 34

   A imagem fotográfica abaixo foi feita durante a Guerra do Contestado, movimento social ocorrido na fronteira do Paraná com Santa Catarina, entre 1912-1916. Trata-se de um registro de grupo de sertanejos que se renderam às forças oficiais brasileiras no ano de 1914. Os rebeldes estão sentados, enquanto representantes das forças políticas e militares da época aparecem de pé.

   Fonte: Arquivo histórico do Exército (RS).

   Analise as proposições a partir da análise da imagem e do conhecimento histórico sobre a Guerra do Contestado.

   I. A montagem do cenário demonstra que a imagem foi montada e fotografada pelos representantes das forças militares e políticas.

   II. A luta pelo direito à terra, contra a exploração dos políticos locais e contra a madeireira internacional Lumber and Colonization Company, configura esse movimento como uma experiência nacional e internacional contra a exploração política e econômica, projetando-a, dessa forma, além dos limites da história regional catarinense.

   III. O movimento do Contestado contou com a participação de uma população miscigenada, incluindo afrodescendentes, populações de origem indígena, mulheres e imigrantes europeus, muitos deles assumindo o comando político, militar e religioso das "comunidades santas" ou dos "redutos".

   IV. Trata-se de um conflito de cunho messiânico sem conotações políticas. Os fiéis desejavam apenas aguardar o retorno do Exército Encantado de São Sebastião e dos monges João e José Maria.

   V. Trata-se de um conflito liderado por foragidos da polícia e por latifundiários que tinham como interesse principal derrubar os líderes políticos democraticamente eleitos, para ganhar a posse das terras da região e vendê-las para as grandes empresas de colonização.

Assinale a alternativa correta.

a. Somente e as afirmativas I, II e V são verdadeiras.
b. Somente as afirmativas I, II e IV são verdadeiras.
c. Somente as afirmativas I, II e III são verdadeiras.
d. Somente as afirmativas III, IV e V são verdadeiras.
e. Todas as afirmativas são verdadeiras.

8. (FGV – Ensino Médio) Capítulo 38

Leia, atentamente, o texto a seguir:

> Durante quase toda a Primeira República, a questão social foi considerada no Brasil como "caso de polícia". Desde a década de 1910, entretanto, enquanto o processo de industrialização se acelerava, o movimento operário procurava obter dos empresários e dos políticos algum tipo de proteção ao trabalho que levasse à criação de uma legislação social no país. Foi só a partir de 1930, no entanto, que essa legislação passou a ser realmente implementada, tanto na área trabalhista quanto na previdenciária.
>
> Fonte: Disponível em: <http://cpdoc.fgv.br/producao/dossies/AEraVargas1/anos20/QuestaoSocial>. Acesso em: dez. 2013.

Ao longo da década de 1910 e 1920, a atuação do movimento operário

a. sofreu forte repressão, em razão do temor das elites agrárias de perder poder com a industrialização do país.
b. legitimou o uso de violência, porque um número significativo de trabalhadores se inspirava nas ideias anarquistas.
c. foi prejudicada pela reduzida capacidade de organização dos proletários, pois esses se dividiam em facções rivais.
d. provocou reações diversas do governo brasileiro, dividido entre atender as reivindicações e proteger os interesses dos patrões.
e. se fortaleceu na luta pela redução da jornada de trabalho e por aumento salarial, pois as várias greves tiveram repercussão e pressionaram o governo.

9. (UFRRJ – 2005) Capítulo 38

Segundo Anita Prestes, "o tenentismo vinha preencher o vazio deixado pela falta de lideranças civis aptas a conduzirem o processo revolucionário brasileiro que começava a sacudir as já caducas instituições políticas da República Velha". (PRESTES, Anita. "A Coluna Prestes". São Paulo: Brasiliense, 1995, p. 73.)

De acordo com o texto, é correto afirmar que:

a. os "tenentes" queriam moralizar a vida política nacional, propondo uma ampla aliança de esquerda.
b. os "tenentes" queriam deixar de ser meros "jagunços" nas mãos das oligarquias estaduais, amparados por um programa democrático.
c. os "tenentes" queriam pôr fim à política democrática instaurada com a República Velha e promover um regime ditatorial único e capaz de finalizar o atraso econômico representado pelas antigas oligarquias cafeeiras.
d. os "tenentes" apresentaram-se como substitutos dos frágeis partidos políticos de oposição aos regimes oligárquicos e à desorganização da sociedade.
e. o tenentismo representou um movimento que buscava romper com a tradição de intervenção militar na política, presente desde a Proclamação da República.

TEMA 13
MUNDO EM CHAMAS: ENTREGUERRAS, CRISE DE 1929, ASCENSÃO DO NAZISMO E FASCISMO E SEGUNDA GUERRA

Capítulos 37, 39 e 40

▶ Os Estados Unidos no entreguerras

A prosperidade dos anos 1920

Os Estados Unidos foram o país mais beneficiado pelos resultados da Primeira Guerra, pois saíram do conflito como a nação mais poderosa do globo. Em termos econômicos, consolidaram-se como a primeira potência industrial, além de serem grandes exportadores de matérias-primas e alimentos para a Europa. O país manteve sua política isolacionista, preocupando-se com a Europa apenas como mercado consumidor e mantendo a proteção do mercado interno com altas barreiras alfandegárias. Os lucros gerados financiavam empréstimos aos países europeus que precisavam contrair dívidas para se reconstruir. Assim, os Estados Unidos se tornaram a maior nação credora do mundo e viveram um período de prosperidade. A elevação dos salários e a facilidade na obtenção de crédito contribuíram para o crescimento do mercado interno. O consumo foi potencializado pelo crescente avanço da propaganda, possibilitada pelo desenvolvimento dos meios de comunicação. O setor automobilístico foi um importante impulsionador do desenvolvimento. Ao mesmo tempo, o racismo e a discriminação continuaram entrincheirados no país, afetando principalmente negros e imigrantes.

De uma forma geral, quase todos os países do mundo capitalista estavam em expansão entre 1925 e 1929. A intensa atividade econômica dos Estados Unidos expressava-se na Bolsa de Valores de Nova York, que via o preço dos títulos subir rapidamente desde 1927. Entretanto, em meados de 1929, houve uma queda na compra dos bens de consumo e industriais, que provocou o corte na produção e o desemprego em massa, gerando uma reação em cadeia de todo o conjunto da atividade produtiva.

A crise de 1929

A crise se refletiu na Bolsa de Valores, pois os especuladores começaram a vender suas ações para diminuir seus prejuízos, o que causou uma queda abrupta do valor das ações, provocando o *crash* da Bolsa de Nova York em 1929. A crise econômica se espalhou, forçando parte significativa da população a lidar com extrema pobreza, fome, péssimas condições de moradia e migrações forçadas em busca de sustento.

Como a economia dos Estados Unidos fazia parte de um conjunto mundial e o sistema financeiro estava fortemente internacionalizado, os problemas do país converteram-se em uma crise generalizada. O país então repatriou seu capital e parou de conceder empréstimos, afetando os países europeus mais prejudicados pela guerra e as economias agrário-exportadoras da América Latina. A União Soviética foi o único país a não ser atingido, pois sua economia estava isolada do capitalismo internacional.

New Deal

Para solucionar a crise, Franklin Roosevelt propôs o *New Deal*, uma política econômica baseada em um intervencionismo moderado do Estado na economia, com o fim de estimular a atividade econômica e garantir o bem-estar social. Assim, o governo atuou no sistema financeiro, na agricultura, na indústria e na luta contra o desemprego. Adotou ainda leis sociais referentes a aposentadorias, sindicatos e indenização dos desempregados, estimulando a organização dos trabalhadores. O desemprego continuou elevado por anos, mas as medidas de Roosevelt atenuaram os efeitos da crise.

▶ Fascismo e nazismo

É impossível entender o desenvolvimento do fascismo e do nazismo sem relacioná-los aos abalos econômicos e sociais do entreguerras. A ascensão desses regimes está, portanto, diretamente conectada aos efeitos da Primeira Guerra Mundial, à crise de 1929 e ao descrédito ideológico do liberalismo político e econômico, incapaz de amenizar o impacto dos problemas econômicos na população. Os movimentos comunistas e socialistas ganhavam força, ameaçavam as elites e, para anulá-los, o fascismo e o nazismo contaram com o apoio de parte da burguesia e da classe média. Esses movimentos pretendiam superar os antagonismos existentes dentro do Estado liberal-democrático através de um regime autoritário. Prometiam melhorar a condição de vida da população ao mesmo tempo que perseguiam os dissidentes, que podiam ser definidos de diversas formas: comunistas, judeus, homossexuais, ciganos...

A Itália fascista

Entre 1919 e 1922, a Itália passou por uma grave crise econômica e social, tornando-se um ambiente propício para a expansão dos *Fasci di combattimento* (Ligas de combate), grupos paramilitares fundados por Benito Mussolini. O programa fascista denunciava que a Itália não havia se beneficiado da Primeira Guerra Mundial e exigia a retomada da expansão colonial, mas foi derrotado nas eleições de novembro de 1919, que deram ao Parlamento uma maioria socialista.

Em julho de 1922, os sindicatos socialistas convocaram uma greve geral e, com a promessa de restabelecer a ordem, Mussolini iniciou a Marcha sobre Roma para tomar o governo. Temendo uma guerra civil, o rei Vítor Emanuel III decretou estado de sítio e convidou Mussolini a assumir o cargo de primeiro-ministro.

Mussolini transformou *os esquadristas* em uma milícia estatal nacional, a Milícia Voluntária da Segurança Nacional (MVSN) e, espalhando o terror contra a oposição no período eleitoral, conseguiu conquistar uma maioria fascista no Parlamento em 1924.

Em 1929, através do Tratado de Latrão – acordo entre Igreja e Estado que acabava com o conflito iniciado com a Unificação Italiana –, a Itália consolidou a postura fascista ao angariar o apoio dos católicos. Em razão de seu isolamento internacional, o país aproximou-se da Alemanha. Sob a influência nazista, o fascismo assumiu, a partir de 1938, um contorno racista e antissemita.

A Alemanha nazista

A partir de 1920, em razão da crise política e econômica no país, boa parte da população passou a apoiar grupos radicais de esquerda ou de direita. O Partido dos Trabalhadores Alemães – surgido em 1919 – era nacionalista e atribuía os males da Alemanha aos judeus, apelando em seus discursos não só aos trabalhadores da indústria, mas também à classe média baixa alemã. Em setembro desse mesmo ano, Adolf Hitler filiou-se ao partido, que mudou de nome, em 1920, para Partido Nacional-Socialista dos Trabalhadores Alemães (NSDAP) –, embora se opusesse fortemente à esquerda.

Após 1930, Hitler prometia transformar a Alemanha em uma potência promovendo o fim dos conflitos sociais e o crescimento econômico por meio da união dos alemães. Com esse apelo, o NSDAP conseguia atingir todos os grupos sociais do país. Nas ruas, suas milícias espalharam o terror contra os adversários políticos, sobretudo os comunistas.

Após ascender ao poder, em 1933, Hitler aprovou um decreto que fundia os cargos de presidente e chanceler, tornando-se chefe de Estado ou *Führer*. Os nazistas esforçaram-se para reerguer a economia por meio de grandes obras e

Benito Mussolini participa da "batalha do trigo" em Littoria, Itália, 1932.

se dedicaram a um programa de rearmamento que violava o Tratado de Versalhes, com a introdução do serviço militar obrigatório e a reativação da força aérea alemã. Hitler buscou incentivar a autossuficiência de matérias-primas e alimentos, preparando-se para expandir militarmente o território germânico de modo a conquistar o "espaço vital" que considerava necessário para a sobrevivência da nação. Outra característica importante da política e da economia foi a "arianização": multiplicaram-se os campos de concentração, cujos prisioneiros – homossexuais, judeus, políticos, criminosos profissionais – eram identificados por diferentes cores. Os jovens alemães eram alistados na Juventude Hitlerista, e o controle cultural e intelectual era garantido pela propaganda divulgada pelo rádio, pelo cinema, pela arquitetura monumental e pela realização de desfiles grandiosos.

A Guerra Civil Espanhola

Durante a Primeira Guerra, a Espanha manteve a neutralidade e exportou seus produtos para os Estados em guerra, o que permitiu a obtenção de grandes lucros. O fim da guerra provocou a falência de diversas empresas, ocasionando desemprego e greves. Havia também uma crise militar no atual Marrocos, protetorado espanhol, causando milhares de mortos. Diante da incapacidade do governo de lidar com essas situações, em 1923, o rei Alfonso nomeou o general Miguel Primo de Rivera primeiro-ministro. Seu autoritarismo pôs fim à guerra e ao movimento operário, conquistando o apoio das camadas dirigentes e da classe média.

A partir de 1927, a oposição à ditadura se fortaleceu com a aliança republicana, que pretendia derrubar o governo e a monarquia. A impopularidade levou Afonso XIII a afastar Rivera. Entretanto, com o impasse político e o aprofundamento dos problemas econômicos com a crise de 1929, o descontentamento continuou. Alfonso XIII convocou eleições municipais em abril de 1931. A vitória republicana foi esmagadora e o rei, sem apoio popular, acabou fugindo da Espanha com sua família.

A segunda República na Espanha foi marcada pelos efeitos da crise de 1929. A nova Constituição definiu a Espanha como "uma república de trabalhadores de todas as classes", separou Igreja e Estado, concedeu autonomia regional e o sufrágio universal para as mulheres, e tornou o ensino laico. Os latifúndios considerados improdutivos deveriam ser expropriados e entregues a famílias sem terra.

Em 1933, foi organizada a Falange Espanhola (FE), grupo de tendência fascista liderado por José António Primo de Rivera, filho do ditador. Nas eleições de 1933, a coalizão republicano-socialista foi derrotada pela aliança de monarquistas, católicos e nacionalistas, organizados na Confederação Espanhola de Direitas Autônomas (Ceda). Até 1935, os vencedores tentaram reverter as reformas do primeiro biênio, o que gerou uma revolução socialista. A situação só foi restabelecida com uma intervenção violenta do exército, comandada pelo general Francisco Franco (1892-1975).

Como a coalização conservadora estava enfraquecida, nas eleições de 1936 a vitória coube aos partidos de esquerda, reunidos na Frente Popular. Entretanto, os grupos políticos descontentes com a reforma agrária e liderados por Franco rebelaram-se em um golpe de Estado, dando origem a uma violenta guerra civil.

A participação estrangeira no conflito foi decisiva. As forças republicanas foram apoiadas apenas por União Soviética, México e voluntários que integraram as Brigadas Internacionais. Itália, Alemanha e Portugal apoiaram os rebeldes, fornecendo-lhes suprimentos, artilharia e até mesmo tropas italianas e esquadrilhas da Força Aérea alemã, como demonstra o bombardeio da cidade de Guernica. Os republicanos foram derrotados em 1939 e o general Franco impôs um governo ditatorial que durou até 1976.

▶ A Segunda Guerra (1939-1945)

Em 1936, Mussolini e Hitler estabeleceram uma aliança, formando o Eixo Roma-Berlim. Posteriormente o Japão, que tentava estender sua influência sobre toda a China, uniu-se a essa aliança militar. Formou-se desse modo o Pacto Anti-Komintern contra a União Soviética e o comunismo.

Em 1938, Hitler anexou a Áustria, vista pelos nazistas como parte da nação alemã. Em seguida, os alemães reivindicaram a região dos Sudetos, que pertencia à Tchecoslováquia e tinha maioria alemã. Os governantes de Itália, Alemanha, Reino Unido e França reuniram-se em Munique para discutir a questão, resultando na ocupação do território pelos alemães. O líder nazista percebeu que para conseguir invadir a Polônia era necessário garantir a neutralidade de Stálin, evitando travar uma guerra em duas frentes. O Pacto Germano-Soviético, firmado em agosto de 1939, foi um acordo de não agressão que dividiria a Polônia entre seus participantes.

As conquistas do Eixo

A Alemanha tomou o controle da Polônia em apenas um mês; foi a chamada *Blitzkrieg* (guerra-relâmpago). A União Soviética, que não temia ataque nazista graças ao pacto de não agressão firmado entre Stálin e Hitler, anexou Estônia, Letônia e Lituânia e, em 1940, 10% do território finlandês a fim de fortalecer suas fronteiras.

O período de setembro de 1939 a abril de 1940 ficou conhecido como a Guerra Esquisita, pois franceses e britânicos acreditavam que derrotariam a Alemanha com um bloqueio econômico. Mas os nazistas ocuparam a Dinamarca e a Noruega e, em seguida, Luxemburgo, os Países Baixos, a Bélgica e a própria França, que foi desarmada e dividida em duas: a metade norte – inclusive Paris – foi ocupada pelos alemães; a metade sul constituiu o Estado francês – na verdade, uma ditadura dirigida pelo marechal Pétain, com capital na cidade de Vichy, que colaborou oficialmente com a Alemanha nazista.

Nos territórios ocupados pelos nazistas, era estabelecida uma "nova ordem" com base na ideologia militarista e racista. As condições de vida eram péssimas e o objetivo era exterminar outras etnias, como os judeus, principais vítimas dos campos de concentração.

A mundialização da guerra

Diante das sucessivas vitórias de Hitler, a Itália de Mussolini entrou na guerra em junho de 1940 com o objetivo de também obter ganhos territoriais. Os fascistas invadiram a Grécia com o intuito de formar um império balcânico e o norte da África para dominar a orla do Mediterrâneo. Com a França fora de combate, os alemães passaram a se preparar para cruzar o Canal da Mancha e atacar a Grã-Bretanha, mas os ingleses resistiram e infligiram aos alemães sua primeira derrota. Esse fracasso levou Hitler a romper o pacto de não agressão, atacando a URSS em 1941. Apesar do início catastrófico para o Exército Vermelho, o inverno e a reação das tropas soviéticas impediram o avanço alemão.

Em agosto de 1941, o presidente estadunidense Roosevelt e o primeiro-ministro britânico Churchill assinaram a Carta do Atlântico, que determinava os princípios sobre os quais deveriam se basear as relações internacionais depois da queda do nazismo, assumindo o compromisso de manter a integridade territorial dos Estados envolvidos no conflito. Mas o que provocou a entrada dos Estados Unidos foi o ataque-surpresa do Japão à base naval estadunidense de Pearl Harbor – motivado pela suspensão estadunidense do Tratado Americano-Japonês de Comércio e Navegação, dando início ao embargo a produtos fundamentais para a indústria de guerra japonesa. Após esse episódio, a Alemanha declarou guerra aos EUA, que, sentindo sua influência econômica e geopolítica desafiada, decidiu entrar no conflito.

A vitória dos Aliados (1942-1945)

Os Aliados mobilizaram todos os seus recursos econômicos para a guerra e viram a situação mudar, em meados de 1942, com a vitória na Batalha Naval de Midway, no Pacífico. Em fevereiro 1943, na frente russa, a derrota esmagadora dos nazistas em Stalingrado abalou o carisma de Hitler. Em julho do mesmo ano, os Aliados, depois de ocupar o norte da África, desembarcam na Sicília e obrigam a Itália a se render. Em 6 de junho de 1944, os Aliados desembarcam na Normandia – data que ficou conhecida como Dia D – e, dois dias depois, a França foi libertada.

Em 1945, o Japão ainda se recusava a aceitar o ultimato dos Aliados. Os EUA, para evitar novo desembarque de tropas e conquistar a vitória antes da chegada do exército soviético, utilizaram duas bombas atômicas contra o território nipônico, que, depois disso, ainda teve a Manchúria invadida pela União Soviética. Em 14 de agosto, Hirohito, soberano japonês, gravou uma mensagem de capitulação, difundida no dia seguinte e assinada pelas autoridades em 2 de setembro. A Segunda Guerra Mundial chegava ao fim e as duas grandes potências vitoriosas eram os EUA e a URSS, cuja rivalidade marcaria o mundo nas décadas seguintes.

Questões para você praticar

1. (UFPE – 2002) Capítulo 37

   Sobre a crise econômica de 1929 e sua relação com o liberalismo, assinale a alternativa correta.

   a. A crise de 1929 foi provocada, sobretudo, pelo alto grau de desenvolvimento tecnológico, combinado à política liberal com base na ociosidade de capitais europeus do pós-guerra.
   b. Baseados em uma política liberal, os empresários norte-americanos mantiveram o ritmo de produção que vinha sendo adotado durante a Primeira Guerra e o mercado internacional não respondeu às ofertas.
   c. Para enfrentar a crise econômica de 1929, foi adotada a política liberal de empréstimos através da qual os países europeus mais ricos passaram a dar crédito aos Estados Unidos.
   d. Com a crise de 1929, a política econômica liberal passou a ser desacreditada pelos empresários norte-americanos que passaram a apoiar uma política estatal intervencionista.
   e. A política liberal adotada no período do pós-guerra dos EUA proibiu os empréstimos a juros e as especulações com ações, numa tentativa de frear a crise econômica, então, já prevista.

2. (FGV – Ensino Médio) Capítulo 37

   Leia, atentamente, o texto a seguir:

   Na política, ele [Franklin Roosevelt, presidente dos EUA entre 1933-1945] aplicou o princípio do "Nunca mais". Com tantos pobres, com tantos famintos nos Estados Unidos, nunca mais o mercado como fator exclusivo de obtenção de recursos. Por isso, decidiu realizar sua política do pleno emprego. E, desse modo, não somente atenuou os efeitos sociais da crise como seus eventuais efeitos políticos de fascistização com base no medo massivo. O sistema de pleno emprego não modificou a raiz da sociedade, mas funcionou durante décadas. Funcionou razoavelmente bem nos Estados Unidos, funcionou na França, produziu a inclusão social de muita gente, baseou-se no bem-estar combinado com uma economia mista que teve resultados muito razoáveis no mundo do pós Segunda Guerra.

   Fonte: Entrevista do historiador Eric Hobsbawm ao jornal argentino *Página 12*, publicada em 29 de março de 2009. Disponível em: <http://www.cartamaior.com.br/?/Editoria/Internacional/Comliberdadetotalparaomercadoquematendeaospobres%-0D%0A/6/15190>. Acesso em: mar. 2014.

   Inserida no caótico cenário do período entre guerras, a Crise de 1929 afetou profundamente o mundo ocidental, pois suas repercussões

   a. abalaram diversas economias, ressignificando o papel do poder público.
   b. diminuíram a pluralidade política, impondo um modelo comum a todos os países.
   c. estimularam a expansão do comunismo, solucionando os desequilíbrios do mercado.
   d. estimularam a adoção de um novo sistema econômico, impedindo o surgimento de novas crises.
   e. derrubaram o consenso liberal, exigindo governos autoritários para ultrapassar o caos econômico.

3. (Furg-RS – 2009) Capítulos 37 e 39

   O período entre guerras é tradicionalmente conhecido como um período de crise mundial, marcado pelo surgimento de regimes totalitários de direita, pela crise mundial do capitalismo e pelas agitações operárias. Sobre o período entre guerras, indique se é verdadeira (V) ou falsa (F) cada uma das alternativas a seguir:

   ( ) Durante o período nazista, a indústria, de um modo geral, estagnou-se.

   ( ) A inflação e o desemprego, aliados à influência da Revolução Socialista Russa, estimulavam os movimentos operários, temidos pela burguesia italiana.

   ( ) Na península Ibérica, as forças trabalhistas chegaram ao poder, com Salazar em Portugal e Franco na Espanha.

   ( ) O programa norte-americano de intervenção na economia, no sentido de superar a crise estabelecida, denominou-se New Deal.

   ( ) Entre os anos de 1924 e 1929, a Alemanha viveu um período de euforia, promovido pelos empréstimos dos Estados Unidos.

Assinale a alternativa que apresenta a sequência correta:

a) F – F – F – V – F
b) F – F – V – V – F
c) V – V – V – F – F
d) V – F – V – F – V
e) F – V – F – V – V

4. (PUC-SP – 2006) Capítulo 39

Considere os textos a seguir, que se referem a dois momentos distintos da história alemã: respectivamente, à unificação do Estado nacional, no século XIX, e ao período nazista, no século XX.

"O próprio Bismarck parece não ter-se preocupado muito com o simbolismo, a não ser pela criação de uma bandeira tricolor, que unia a branca e preta prussiana com a nacionalista liberal preta, vermelha e dourada [...]."

(Eric Hobsbawn. "A invenção das tradições". Rio de Janeiro: Paz e Terra, 1984, p. 281)

"Hitler escreve a propósito da bandeira: 'como nacional socialistas, vemos na nossa bandeira o nosso programa. Vemos no vermelho a ideia social do movimento, no branco a ideia nacionalista, na suástica a nossa missão de luta pela vitória do homem ariano e, pela mesma luta, a vitória da ideia do trabalho criador que como sempre tem sido, sempre haverá de ser antissemita'."

(Wilhelm Reich. Psicologia de massas do fascismo. São Paulo: Martins Fontes, 1988, p. 94-95)

A composição das duas bandeiras a que os textos se referem presta-se, nos dois casos, a

a. representar o caráter socialista do Estado alemão moderno, daí a presença do vermelho nas duas bandeiras.
b. identificar o projeto político vitorioso e dominante com o conjunto da sociedade e com o Estado alemão.
c. defender a paz conquistada após os períodos de guerra, daí a presença do branco nas duas bandeiras.
d. valorizar a diversidade de propostas políticas existentes, caracterizando a Alemanha como país democrático e plural.
e. demonstrar o caráter religioso e cristão do Estado alemão, daí a presença do preto nas duas bandeiras.

5. (Unesp-SP – 2012) Capítulo 39

Nas primeiras sequências de O triunfo da vontade [filme alemão de 1935], Hitler chega de avião como um esperado Messias. O bimotor plaina sobre as nuvens que se abrem à medida que ele desce sobre a cidade. A propósito dessa cena, a cineasta escreveria: "O sol desapareceu atrás das nuvens. Mas quando o Führer chega, os raios de sol cortam o céu, o céu hitleriano".

(Alcir Lenharo. Nazismo, o triunfo da vontade, 1986.)

O texto mostra algumas características centrais do nazismo:

a. o desprezo pelas manifestações de massa e a defesa de princípios religiosos do catolicismo.
b. a glorificação das principais lideranças políticas e a depreciação da natureza.
c. o uso intenso do cinema como propaganda política e o culto da figura do líder.
d. a valorização dos espaços urbanos e o estímulo à migração dos camponeses para as cidades.
e. o apreço pelas conquistas tecnológicas e a identificação do líder como um homem comum.

6. (Uerj – 2016) Capítulo 39

Retirada da última estátua equestre do General Francisco Franco, na cidade de Santander, na Espanha, em 18 de dezembro de 2008.

Em 2007, na Espanha, aprovou-se uma lei que possibilitou indenizar vítimas da Guerra Civil

(1936-1939) e do governo de Francisco Franco (1939-1975). A ação retratada na fotografia também é decorrente dessa lei.

No contexto das denúncias e apurações acerca dos crimes cometidos pelo governo franquista, a retirada da estátua equestre está associada à seguinte proposta:

a. rejeição da história política
b. reforço da identidade nacional
c. redistribuição do patrimônio cultural
d. redimensionamento da memória social

7. (Enem – 2012) Capítulo 40

Disponível em: http://quadro-a-quadro.blog.br. Acesso em: 27 jan. 2012.

Com sua entrada no universo dos gibis, o Capitão chegaria para apaziguar a agonia, o autoritarismo militar e combater a tirania. Claro que, em tempos de guerra, um gibi de um herói com uma bandeira americana no peito aplicando um sopapo no Führer só poderia ganhar destaque, e o sucesso não demoraria muito a chegar.

COSTA, C. *Capitão América, o primeiro vingador*: crítica. Disponível em: <www.revistastart.com.br>. Acesso em: 27 jan. 2012 (adaptado).

A capa da primeira edição norte-americana da revista do Capitão América demonstra sua associação com a participação dos Estados Unidos na luta contra

a. a Tríplice Aliança, na Primeira Guerra Mundial.
b. os regimes totalitários, na Segunda Guerra Mundial.
c. o poder soviético, durante a Guerra Fria.
d. o movimento comunista, na Guerra do Vietnã.
e. o terrorismo internacional, após 11 de setembro de 2001.

8. (FGV – Ensino Médio) Capítulo 40

Leia, atentamente, o texto a seguir:

Assassinato, extermínio, redução à condição de escravidão, deportação e qualquer ato desumano cometido contra todas as populações civis, antes ou durante a guerra, ou então perseguições por motivos políticos, raciais ou religiosos, quando tais atos, tendo ou não constituído uma violação do direito humano interno do país no qual foram perpetrados, tiverem sido cometidos em consequência de qualquer crime que seja de competência do tribunal ou ligados a tal crime.

Fonte: Estatuto do Tribunal de Nuremberg, 1945. In: GONÇALVES, Joanisval Britto. *Tribunal de Nuremberg 1945-1946: gênese de uma nova ordem no Direit Internacional*. Rio de Janeiro: Renovar.

A relevância histórica do Tribunal de Nuremberg, criado logo após o fim da Segunda Guerra Mundial (1939-45), se deve em parte ao seu compromisso em, pela primeira vez,

a. tornar ilegal o antissemitismo no mundo.
b. punir violações dos direitos humanos em uma corte internacional.
c. justificar a ocupação de um país por meio de um tribunal específico.
d. impor aos países derrotados o ordenamento jurídico dos vencedores.
e. unir as principais potências em defesa de princípios jurídicos compartilhados.

9. (FGV – Ensino Médio) Capítulo 39

Leia, atentamente, o texto a seguir:

— Pedimos a igualdade dos direitos do povo alemão em relação às outras nações, a ab-rogação dos tratados de Versalhes e de Saint-Germain. [...]

— Apenas os cidadãos se beneficiam dos direitos cívicos. Para ser cidadão, é preciso ter sangue alemão, a crença não é importante. Nenhum judeu pode, então, ser cidadão. [...] – É preciso impedir qualquer nova imigração de não alemães. Pedimos que todos os não alemães instalados na Alemanha desde 2 de agosto de 1914 sejam imediatamente obrigados a deixar o Reich. [...]

— Exigimos que haja uma campanha legal contra aqueles que propagam mentiras políticas deliberadamente e as divulgam através da imprensa [...].

Fonte: Programa do Partido Nacional Socialista dos Trabalhadores Alemães, 1925.

Disponível em: <http://www.historia.uff.br/nec/sites/default/files/Fonte_3_0.pdf>. Acesso em: jan. 2014.

A partir da análise das diretrizes do Partido Nazista, percebe-se que sua ideologia tem como base

a. o primado da lei.
b. a negação da alteridade.
c. o equilíbrio internacional.
d. a defesa dos trabalhadores.
e. a extensão dos direitos civis.

10. (FGV – Ensino Médio) Capítulo 40

A denominada *Solução Final*, promovida pelos nazistas durante a II Guerra Mundial, se relaciona com a morte de aproximadamente seis milhões de judeus, vindos de inúmeros países europeus.

Sobre a *Solução Final*, cabe destacar que esta se constituiu em

a. perseguição limitada aos judeus que não se converteram ao catolicismo.
b. prática desorganizada por meio de atentados isolados contra os judeus.
c. valorização de questões meramente econômicas, desvinculadas dos fatores culturais.
d. demonstração de métodos altamente sistematizados de perseguição e extermínio dos judeus.
e. ocorrência anterior ao episódio da *Noite dos cristais*, onde sinagogas judias foram destruídas.

11. (UnB/ESCS – 2014) Capítulo 40

A Segunda Guerra Mundial é vista como a grande inflexão histórica do século XX. Afinal, o mundo que emergiu do fim do conflito, em 1945, era muito diferente do que existia em 1939, quando do início das hostilidades. A crise da hegemonia europeia, o sistema bipolar de poder mundial, a construção e as crises da experiência socialista e as transformações econômicas e políticas vividas pela América Latina são algumas das marcas mais definidoras da realidade mundial pós-Segunda Guerra. A propósito desse contexto histórico, assinale a opção correta.

a. Estados Unidos da América do Norte (EUA) e União das Repúblicas Socialistas Soviéticas (URSS) emergiram da Segunda Guerra como superpotências, dividindo o mundo em áreas de influência e alimentando desconfianças recíprocas em clima de guerra fria.
b. A expansão do socialismo no pós-Segunda Guerra foi rápida e ocorreu com a mesma intensidade em todos os continentes, sempre comandada pela URSS, cuja liderança desconheceu contestação no interior do movimento comunista internacional.
c. Nas décadas que se seguiram ao fim da Segunda Guerra, a América Latina abandonou o projeto de substituição das importações e, em geral, procurou seguir o vitorioso modelo cubano de intervenção estatal e de planejamento na economia.
d. Embora a hegemonia europeia estivesse indiscutivelmente em crise, o Velho Mundo ainda conseguiu manter sob seu controle, por muitas décadas após o fim da Segunda Guerra Mundial, a maior parte de suas colônias na África e na Ásia.

TEMA 14
A GUERRA FRIA E O MUNDO
Capítulos 43, 44 e 45

▶ A Guerra Fria

O fim da Segunda Guerra Mundial redefiniu a ordem política, social e global, pois trouxe à tona os interesses conflitantes das potências vitoriosas. Os Estados Unidos apresentavam-se como defensores do "Mundo Livre", liderando as democracias capitalistas contra o comunismo. A União Soviética apoiou a ascensão do comunismo no mundo, numa expansão impulsionada pelo prestígio obtido pelos comunistas por seu papel central na derrota do nazismo.

Em 1946, Winston Churchill denunciou a criação de uma "cortina de ferro" para dividir a Europa e salientou a importância de conter o avanço soviético. Em março de 1947, Harry Truman (1945-1952) declarou seu apoio a ações para conter o avanço do comunismo, a Doutrina Truman. Em resposta, os soviéticos criaram a Doutrina Jdanov, dividindo o mundo em dois campos: o imperialista, dirigido pelos EUA, e o anti-imperialista e democrático, guiado pela URSS. Os Estados Unidos anunciaram o Plano Marshall, cujos recursos foram usados para financiar a reconstrução do continente europeu e impedir o avanço dos partidos comunistas. A ajuda financeira foi recusada por Stálin para a reconstrução tanto da URSS quanto dos países da Europa Oriental, evitando qualquer influência capitalista em territórios controlados pela URSS.

As divergências políticas entre as superpotências ficaram mais claras em território alemão, dividindo em República Federal da Alemanha (RFA), apoiada pelos Estados Unidos, e República Democrática Alemã (RDA), de orientação comunista. A intensificação das tensões entre os blocos resultou na construção do Muro de Berlim, em 1961, dividindo a cidade entre as duas Alemanhas.

Estadunidenses e líderes dos países da Europa Ocidental assinaram o Tratado do Atlântico Norte em 1949, segundo o qual a agressão a uma das nações do tratado significava um ataque a todas, e criaram a Organização do Tratado do Atlântico Norte (Otan), que garantiria a defesa contra o comunismo na Europa. A União Soviética estabeleceu com os países comunistas o Pacto de Varsóvia em 1955, para garantir o controle e a defesa da Europa Oriental.

As divergências entre EUA e URSS provocaram uma nova corrida armamentista, nuclear, e a corrida pelo espaço, usada como propaganda do poderio e desenvolvimento científico das potências.

Cuba e a crise dos mísseis

A Revolução Cubana ocorreu em 1959, quando o ditador Fulgêncio Batista foi deposto. Em retaliação à nacionalização de propriedades americanas na ilha, os Estados Unidos restringiram a compra de açúcar e o fornecimento de petróleo a Cuba, obrigando-a a recorrer à União Soviética. Em abril de 1961, os EUA apoiaram cubanos exilados na Flórida em uma invasão fracassada na baía dos Porcos para depor o governo revolucionário. Em seguida, as relações entre Cuba e Estados Unidos foram rompidas e o ditador Fidel Castro proclamou o caráter socialista da Revolução Cubana.

Moscou planejou, então, a instalação de mísseis carregados com ogivas nucleares em Cuba. A descoberta estadunidense desse plano gerou um impasse, superado por um acordo: os soviéticos retiraram os mísseis de Cuba e os norte-americanos comprometeram-se a não invadir a ilha, além de, secretamente, retirar parte de seus mísseis de países europeus apontados para a URSS.

Em 1963, foi instalada uma linha direta, o "telefone vermelho", do Kremlin à Casa Branca, dando início à *détente* – palavra que significa o relaxamento de tensões entre rivais. No contexto da Guerra Fria, implicou o restabelecimento de relações diplomáticas entre os dois países. Em 1972, foi assinado o Tratado de Limitação de Armas Estratégicas (SALT), um esforço dos EUA e da URSS para conter a corrida armamentista e administrar as zonas de influências geopolíticas de cada bloco.

A bipolarização produziu efeitos políticos internos nos países capitalistas: em 1950, o senador estadunidense Joseph McCarthy lançou uma campanha de caça aos comunistas, reprimindo a liberdade de expressão ao perseguir pessoas por supostas "atividades antiamericanas".

Nas décadas de 1950 e 1960 a economia mundial cresceu, favorecida pelo intervencionismo do Estado no mercado e pela bipolarização, que estimulou o rearmamento e amplos investimentos na pesquisa científica.

▶ O Mundo Socialista

URSS: de Stálin a Brejnev (1945-1982)

Após a vitória na Segunda Guerra, o governo stalinista exaltou a identidade russa em detrimento das demais nacionalidades soviéticas e daquelas dos territórios dominados. O culto à personalidade de Stálin foi reforçado, assim como a censura. O modelo de desenvolvimento soviético explorava os países em sua zona de influência, retirando reservas monetárias e condicionando os produtos que poderiam ser produzidos em complementaridade a sua produção. As resistências à dominação russa foram reprimidas. Na Iugoslávia o Partido Comunista, sob a liderança de Josip Tito, não aceitou a interferência soviética, embora aderisse aos padrões do socialismo real. A crise resultou no rompimento diplomático entre Iugoslávia e URSS em 1948.

Depois da morte de Stálin, em 1953, Nikita Khrushchov (1894-1971) assumiu a direção do Partido Comunista da União Soviética e impôs mudanças na política externa, na economia e na direção do Estado. Esse período, (1953-1964), ficou conhecido como "degelo", em razão da revisão do stalinismo e da reforma da estrutura sociopolítica da URSS. Entretanto, tais reformas estimularam reivindicações por participação política que, somadas à diminuição do crescimento econômico e ao que foi visto como uma derrota soviética na crise dos mísseis cubanos (1962), permitindo que os conservadores do PCUS tomassem o poder por meio de um golpe de Estado.

O novo governante, Leonid Brejnev (1906-1982), defendeu a autonomia limitada dos países alinhados à União Soviética, desde que respeitassem as definições do PCUS; manteve o estímulo à coexistência pacífica entre os blocos e alargou a influência soviética em países do Terceiro Mundo. Seu regime foi conservador em termos sociais, políticos e econômicos, contribuindo para a decadência da URSS.

A China comunista (1949-1980)

A instituição da República da China foi o resultado da Revolução de 1911. Após crises e tentativas de reformar o poder, várias províncias se declaravam independentes do poder central e favoráveis à instalação de uma república. Em 1912, foi proclamada a República e realizada a primeira eleição geral do novo regime. O Partido Nacionalista (*Kuomintang*), fundado e liderado por Sun Yat-sen, surgiu como o maior no parlamento e propunha reformas para industrializar o país e contestar tradições enraizadas na cultura chinesa. Essas reformas enfrentaram a oposição dos "senhores da guerra" das províncias, líderes de tropas que queriam manter seu poder pessoal. Eles obrigaram Sun Yat-sen a renunciar e exilar-se. A democracia parlamentar foi revogada e o *Kuomintang* proibido de atuar.

Em 1921, intelectuais inspirados pela Revolução Russa fundaram o Partido Comunista Chinês (PCC), disputando o poder com os nacionalistas dentro do *Kuomintang*. Com a ascensão do líder conservador Chiang Kai-shek ao poder em 1928, iniciou-se uma guerra civil entre o Partido Nacionalista e os comunistas. Entre 1931 e 1935, Chiang perseguiu os comunistas nas principais cidades, forçando-os a migrarem para o campo. Os comunistas se organizaram nas zonas rurais, formando o Exército de Libertação Popular (ELP). O PCC passou a ver o camponês como principal ator da revolução, pela predominância numérica desse grupo na sociedade chinesa e Mao Tsé-Tung despontou como principal liderança.

Diante da invasão japonesa no leste da China, o *Kuomintang* aliou-se aos comunistas e derrotaram o inimigo comum, dando início a uma guerra civil (1945-1949) que, apesar do apoio dos EUA a Chiang Kai-shek, resultou na vitória comunista. Mao Tsé-Tung (1893-1976) proclamou a República Popular da China em 1949 e Chiang Kai-shek se refugiou em Formosa (Taiwan). A China comunista, isolada, aproximou-se da URSS e assinou em 1950 um tratado de amizade e uma aliança militar.

A primeira tarefa do governo comunista chinês foi estabilizar a situação econômica. A reforma agrária ocorreu em escala nacional, confiscando latifúndios e distribuindo-os aos camponeses. A China adotou um Primeiro Plano Quinquenal (1953-1957) para desenvolver a indústria pesada e coletivizar os campos, mas o controle estatal da produção encontrou resistências. Embora a Constituição de 1954 garantisse a liberdade de expressão e organização, o governo reprimiu os opositores. Em 1956, Mao lançou o Grande Salto para Frente, voltado para todos os setores da economia e cujo principal instrumento eram as comunas populares rurais, que funcionavam como centros de produção agrícola e industrial. Milhares de pequenas siderúrgicas foram instaladas. As mulheres foram instigadas a abandonar o trabalho doméstico e a participar da produção rural. Os resultados foram catastróficos: desestruturação da produção agrícola e aumento das taxas de mortalidade por causa da fome.

Revolução cultural

Reagindo às críticas pela fome provocada pelo Grande Salto, Jiang Qing, esposa de Mao, atacou os intelectuais que ela considerava culpados de difundir "as teorias envenenadas da burguesia". Mao destituiu lideranças do partido numa campanha conhecida como Grande Revolução Cultural Proletária (1966): os jovens foram convocados a varrer os "intelectuais burgueses" e formaram-se os Guardas Vermelhos, milícias de jovens que cultuavam a personalidade de Mao e perseguiam os supostos opositores da implantação do socialismo na China. Os resultados foram conflitos violentos, obrigando Mao a restabelecer a ordem pública e frear a Revolução Cultural.

Nos anos 1970, lideranças comunistas que se opunham à política maoísta retornaram aos cargos de direção do PCC. China e Estados Unidos reaproximaram-se diplomaticamente, e formou-se uma oposição a Mao Tsé-Tung organizada em torno de Deng Xiaoping (1904-1997) e Zhou Enlai (1898-1976). Em abril de 1976, manifestantes reuniram-se na Praça da Paz Celestial e apoiaram os opositores ao maoísmo. A morte de Mao, em setembro desse mesmo ano, abriu espaço para mudanças políticas e econômicas.

▶ Descolonização na Ásia e na África

Índia

Em 1920, o advogado Mohandas "Mahatma" Gandhi (1869-1948), do Partido do Congresso, propôs a "não colaboração" com os britânicos, a supressão da "intocabilidade" – eliminando o sistema de castas – e a união entre muçulmanos e hindus. Na década de 1940, os britânicos já estavam prontos para aceitar a independência da Índia, devido à pressão do imenso movimento popular liderado por Gandhi. Como, porém, havia muitos conflitos entre muçulmanos e hindus, em 1947 nasceram dois países distintos: Índia e Paquistão.

Guerra do Vietnã

Em 1941, lutando contra a dominação japonesa e francesa, Ho Chi Minh formou o Vietminh –aliança política com predomínio comunista. Após a rendição do Japão que pôs fim à Segunda Guerra Mundial, declarou a República Independente do Vietnã, reconhecida pela URSS e pela China, mas não pela França, que, em 1946, apoiou a constituição da República da Cochinchina, instalando um governo com capital em Saigon, e provocando uma guerra. Para se contrapor aos comunistas, os EUA forneceram apoio financeiro e militar à França. Em maio de 1954, o Vietminh venceu e a França assinou um acordo que previa a retirada de suas tropas do Vietnã. A divisão do país entre o Norte, controlado pelos comunistas, e o Sul, administrado por um governo nacionalista, permaneceu. O acordo previa uma eleição para unificação do país, mas isso nunca ocorreu e o Vietnã mergulhou numa guerra que durou até 1975, vencida pelos comunistas apesar do envio de centenas de milhares de soldados norte-americanos para a região.

África

A participação de países africanos na Segunda Guerra impulsionou o surgimento dos movimentos de independência e de crítica ao imperialismo, pois não seria possível continuar a utilizar a superioridade europeia e branca para justificar a dominação colonial. Nesse contexto teve origem o pan-africanismo, que defendia a união do continente contra as nações europeias. No final da década de 1950, o nacionalismo árabe deu o tom das lutas anticoloniais e das independências no Norte da África. No início da década de 1960, a África subsaariana foi o foco das independências e de disputas entre Estados Unidos e União Soviética; as regiões dominadas por Portugal lutaram por sua independência durante um longo período, saindo vitoriosas na década de 1970, após a dissolução da ditadura salazarista.

A questão do Oriente Médio

Com a derrota otomana na Primeira Guerra Mundial, foram criados mandatos no Oriente Médio. A Liga das Nações ficou encarregada de organizar o território e preparar os povos para a independência. A Grã-Bretanha e França dividiram esses mandatos, tidos como ilegítimos pelos nacionalistas árabes, fragilizando o poder das duas potências e dando início a conflitos na região.

Com o fim da Segunda Guerra e a revelação do Holocausto nazista, cresceu a pressão judaica contra a Grã-Bretanha pela instalação de um Estado judaico na Palestina, que os judeus viam como terra ancestral. Em 1947, a Assembleia Geral da ONU determinou o fim do mandato britânico na Palestina, a criação de um Estado judaico, de um Estado árabe e a internacionalização de Jerusalém. Em 14 de maio de 1948, o Conselho Nacional do povo judeu e do movimento sionista proclamou o nascimento do Estado de Israel e no dia seguinte, teve início o conflito entre Israel e as forças da Liga Árabe que, derrotadas, assinaram um armistício em 1949. Quase um milhão de palestinos refugiaram-se em outros países.

A partir de 1967, depois da Guerra dos Seis Dias, em que derrotou os países da Liga Árabe, Israel tomou novos territórios e as colônias judaicas em territórios ocupados tornaram-se uma polêmica questão política.

Questões para você praticar

1. (Enem – 2012) Capítulo 43

> Nós nos recusamos a acreditar que o banco da justiça é falível. Nós nos recusamos a acreditar que há capitais insuficientes de oportunidade nesta nação. Assim nós viemos trocar este cheque, um cheque que nos dará o direito de reclamar as riquezas de liberdade e a segurança da justiça.
>
> KING Jr., M. L. *Eu tenho um sonho*, 28 ago. 1963. Disponível em: <www.palmares.gov.br>. Acesso em: 30 nov. 2011 (adaptado).

O cenário vivenciado pela população negra, no sul dos Estados Unidos nos anos 1950, conduziu à mobilização social. Nessa época, surgiram reivindicações que tinham como expoente Martin Luther King e objetivavam

a. a conquista de direitos civis para a população negra.
b. o apoio aos atos violentos patrocinados pelos negros em espaço urbano.
c. a supremacia das instituições religiosas em meio à comunidade negra sulista.
d. a incorporação dos negros no mercado de trabalho.
e. a aceitação da cultura negra como representante do modo de vida americano.

2. (Uerj – 2009) Capítulo 43

A viagem do homem à Lua, em julho de 1969, representou uma das conquistas científicas de maior repercussão do século XX. Esse acontecimento teve grande significado político em função da conjuntura da época, marcada pela:

a. aliança militar entre países não alinhados
b. bipolaridade entre os blocos capitalista e socialista
c. coexistência pacífica entre regiões descolonizadas
d. concorrência tecnológica entre nações desenvolvidas

3. (UFJF-MG – Triênio 2011/2013 – Modelo Prism) Capítulo 43

A Revolução Cubana foi um movimento popular latino-americano que repercutiu no continente e culminou na adoção do socialismo. São elementos do processo, EXCETO:

a. O apoio da maioria da população a Fidel Castro, em oposição ao governo de Fulgêncio Batista, tendo o rádio como um dos difusores das propostas revolucionárias.
b. O caráter reformista do governo de Cuba que levou a crescentes atritos com os Estados Unidos, quando estes apoiaram a invasão da Baia dos Porcos pelos opositores de Castro.
c. A aproximação de Fidel Castro com a União Soviética, em 1961, e o anúncio que Cuba seguiria o rumo socialista e que as reformas seriam aprofundadas.
d. O apoio de empresários e latifundiários às propostas do movimento revolucionário, o que facilitou a implantação do projeto socialista.
e. A influência do governo cubano em diversos movimentos sociais latino-americanos, que lutaram pela criação de novas orientações políticas para o continente.

4. (UEL-PR – 1996) Capítulo 44

As mudanças no panorama internacional representadas pela vitória socialista de Mao-Tsé-tung na China, pela eclosão da Guerra da Coreia e pelas crescentes dificuldades no relacionamento com a URSS, repercutiram na forma de tratamento dispensada pelos Estados Unidos ao Japão. Este, de "inimigo vencido", passou a

a. atuar como o mais forte aliado da URSS naquela região.
b. ser a principal base de operações norte-americanas na Ásia.
c. competir com as forças econômicas alemãs e inglesas.
d. buscar o seu nível econômico de antes da Primeira Guerra Mundial.
e. menosprezar o "consenso" – política de participação de pessoal, que visa à integração do trabalhador no esquema da empresa capitalista

5. (FGV – Ensino Médio) Capítulo 44

Observe a imagem a seguir:

Selo comemorativo à visita de Leonid Brejnev a Cuba, em 1974.

A visita do estadista soviético, Leonid Brejnev a Cuba, na década de 1970, significou:

a. o reforço da aliança entre as duas nações reiterando a importância da ilha caribenha para o mundo comunista.
b. a vitória das tropas soviéticas sobre o exército americano, decretando o fracasso da invasão da Baía dos Porcos.
c. o início da Revolução Cubana, movimento que conseguiu assumir o poder graças ao apoio militar e econômico da URSS.
d. a união de duas potências econômicas que estabeleciam uma aliança em termos de igualdade econômico-financeira.
e. uma provocação aos Estados Unidos devido ao anúncio público da instalação de armamentos na ilha, início da Crise dos Mísseis.

6. (Uern – 2015) Capítulo 45

Em 1955, os países africanos e asiáticos recém-independentes reuniram-se em Bandung, na Indonésia, para lançar os princípios do "não alinhamento". A Conferência de Bandung teve a importância de destacar que havia um conflito entre países ricos e países pobres, entre outros conflitos da época. O "não alinhamento", a que se refere o enunciado, é a

a. tentativa de manutenção da neutralidade em relação aos EUA e URSS, em plena Guerra Fria.
b. não aceitação por parte de povos recém-independentes das parcerias oferecidas por suas antigas metrópoles.
c. equiparação dos novos países, mantendo-se no mesmo nível econômico, para evitar o desequilíbrio entre as novas nações.
d. proposta de proceder consultas populares nos territórios anteriormente dominados, na busca de implantar democracias livres.

7. (Unicamp-SP – 2011) Capítulo 45

Para muitos norte-americanos, Vietnã é o nome de uma guerra, não de um país. Os vietnamitas parecem figuras sombrias, sem nome nem rosto, vítimas desamparadas ou agressores cruéis. A história começa apenas quando os Estados Unidos entram em cena. (Adaptado de Marvin E. Gettleman et. alli (Ed.), *Vietnam and America*: a documented history. New York: Grove Press, 1995, p. xiii.)

Esse desconhecimento dos norte-americanos quanto a seus adversários na Guerra do Vietnã pode ser relacionado ao fato de os norte-americanos

a. promoverem uma guerra de trincheiras, enquanto os vietnamitas comunistas movimentavam seus batalhões pela selva. Contando com um forte apoio popular, os Estados Unidos permaneceram por anos nesse conflito, mas não conseguiram derrotar os vietnamitas.

b. invadirem e ocuparem o território vietnamita, desmantelando os batalhões comunistas graças à superioridade americana em treinamento militar e armamentos. Apesar do apoio popular à guerra, os Estados Unidos desocuparam o território vietnamita.

c. desconhecerem as tradições dos vietnamitas, organizados em torno de líderes tribais, que eram os chefes militares de seus clãs. Sem ter um Estado como adversário, o conflito se arrastou e, sem apoio popular, os Estados Unidos acabaram se retirando.

d. encontrarem grande dificuldade em enfrentar as táticas de guerrilha dos vietnamitas comunistas, que tinham maior conhecimento territorial. Após várias derrotas e sem apoio popular em seu próprio país, os Estados Unidos retiraram suas tropas do Vietnã.

8. (Enem – 2012) Capítulo 45

Lord Willingdon's Dilemma (Disponível em: <www.gandhiserve.org>. Acesso em: 21 nov. 2011.)

O cartum, publicado em 1932, ironiza as consequências sociais das constantes prisões de Mahatma Gandhi pelas autoridades britânicas, na Índia, demonstrando

a. a ineficiência do sistema judiciário inglês no território indiano.

b. o apoio da população hindu a prisão de Gandhi.

c. o caráter violento das manifestações hindus frente à ação inglesa.

d. a impossibilidade de deter o movimento liderado por Gandhi.

e. a indiferença das autoridades britânicas frente ao apelo popular hindu.

9. (Unicamp-SP – 2012) Capítulo 45

Em discurso proferido em 20 de maio de 2011, o presidente dos EUA, Barack Obama, pronunciou-se sobre as negociações relativas ao conflito entre palestinos e israelenses, propondo o retorno à configuração territorial anterior à Guerra dos Seis Dias, ocorrida em 1967. Sobre o contexto relacionado ao conflito mencionado é correto afirmar que:

a. A criação do Estado de Israel, em 1948, marcou o início de um período de instabilidade no Oriente Médio, pois significou o confisco dos territórios do Estado da Palestina que existia até então e desagradou o mundo árabe.

b. A Guerra dos Seis Dias insere-se no contexto de outras disputas entre árabes e israelenses, por causa das reservas de petróleo localizadas naquela região do Oriente Médio.

c. A Guerra dos Seis Dias significou a ampliação territorial de Israel, com a anexação de territórios, justificada pelos israelenses como medida preventiva para garantir sua segurança contra ações árabes.

d. O discurso de Obama representa a postura tradicional da diplomacia norte-americana, que defende a existência dos Estados de Israel e da Palestina, e diverge da diplomacia europeia, que condena a existência dos dois Estados.

TEMA 15 — DA REVOLUÇÃO DE 1930 AO GOLPE DE 1964

Capítulos 42 e 46

▶ A Era Vargas (1930-1945)

A chegada de Getúlio Vargas ao poder por meio da Revolução de 1930 significou o início de algumas transformações nos campos político, econômico e cultural no país. Em um primeiro momento, durante o Governo Provisório (1930-1934), Vargas procurou enfrentar a crise do café da mesma maneira que no período anterior: a safra excedente era comprada pelo Estado e queimada para manter o preço do café em alta. Também incentivou, porém, a diversificação agrícola e a indústria, aumentando os impostos sobre os produtos industrializados importados e oferecendo crédito para a criação de novas indústrias. Para que a indústria brasileira se diversificasse, era necessário criar uma indústria de base, ou seja, indústrias que possibilitam o funcionamento de outras indústrias, como as do ramo petroquímico, siderúrgico, metalúrgico, de cimento, asfalto etc.

O Ministério da Revolução e a legislação trabalhista

Para lidar com a "questão social", ou seja, greves e reivindicações trabalhistas, Vargas criou o Ministério do Trabalho em 1930 e, no ano seguinte, estabeleceu que os sindicatos deveriam aceitar as políticas do governo para serem legalmente reconhecidos. Entre 1931 e 1934, algumas leis trabalhistas para os trabalhadores urbanos foram aprovadas, como a jornada de oito horas, férias e aposentadoria, as quais, assim como outras conquistas dos trabalhadores, seriam sistematizadas em 1943 com a Consolidação das Leis do Trabalho (CLT). Entretanto, esses direitos não foram estendidos aos trabalhadores rurais, que ainda compunham a maior parte da população do país.

O Ministério da Educação e Saúde (MES) e a política cultural

O Ministério da Educação e Saúde foi criado em 1930 e ganhou proeminência em razão da atuação do ministro Gustavo Capanema, que ocupou o cargo durante dez anos. A educação era vista como um caminho para a integração nacional. No entanto, em vez de investir na educação básica, Capanema optou por formar as chamadas "elites condutoras" e investiu no Ensino Superior e Secundário. Ao mesmo tempo, ao ampliar a atuação do Estado em áreas como rádio, teatro e música, contribuiu para legitimar o regime através da propaganda.

O Governo Provisório e a Revolução Constitucionalista de 1932

Entre os grupos políticos que levaram Vargas ao poder, não havia unanimidade quanto ao rumo que o governo provisório deveria tomar. Os tenentistas queriam adiar a produção de uma nova Constituição para que Vargas desse continuidade ao processo centralizador, enquanto as oligarquias regionais desejavam uma nova Constituição que garantisse autonomia aos estados. Inicialmente, com o intuito de centralizar o poder, Vargas nomeou interventores para governar cada estado, a maioria adepta ao tenentismo, diminuindo o poder oligárquico.

A nomeação de um interventor para São Paulo se somou à insatisfação dos paulistas com a perda do controle sobre o governo federal para impulsionar à demanda por uma nova Constituição. Teve início assim a Revolução Constitucionalista de 1932. Após três meses de confronto, os paulistas se renderam. No entanto, conseguiram a nomeação de um interventor civil, Armando Salles de Moraes, e a eleição de uma Assembleia Nacional Constituinte em 1933.

▶ A Constituição de 1934 e os confrontos

As principais inovações trazidas pela Constituição de 1834 foram o sufrágio universal, o voto secreto, a criação de uma justiça específica para verificar a lisura dos processos eleitorais e a permissão para a criação de agremiações partidárias de cunho nacional (e não regional) e para candidaturas "avulsas", isto é, independentes de partidos. O novo arcabouço jurídico também manteve a intervenção do Estado na economia, o predomínio do Poder Legislativo sobre o Executivo e a relativa autonomia dos estados. Após a promulgação da Constituição, Vargas foi eleito indiretamente pelo Congresso e garantiu sua permanência no cargo até 1938. Nesse período, procurou reverter os dispositivos constitucionais que limitavam sua autonomia, defendendo a centralização do poder nas mãos do Executivo federal.

Ação Integralista Brasileira e Aliança Nacional Libertadora

Conforme a previsão constitucional, foram realizadas eleições diretas para os cargos legislativos, permitindo que muitos representantes das oligarquias locais voltassem ao poder. Ao mesmo tempo, associações políticas com um grande número de apoiadores começaram a se formar: a Aliança Nacional Libertadora (ANL), de orientação esquerdista e revolucionária, liderada por Luís Carlos Prestes, e a Ação Integralista Brasileira (AIB), de Plínio Salgado, de direita e inspirada no fascismo europeu. Apesar dos posicionamentos políticos opostos, ambos os grupos criticavam a Primeira República e alguns aspectos do governo de Vargas.

A ANL foi fechada pelo governo meses após sua criação, mas continuou a agir na ilegalidade para organizar uma tentativa de golpe contra Vargas. Por não ter apoio popular, a revolta foi rapidamente reprimida. Seu principal impacto foi oferecer um pretexto para que Vargas pudesse fortalecer as Forças Armadas e seu próprio poder com o argumento de que tais medidas eram necessárias para defender o país de uma revolução comunista. Prestes foi preso em 1936, e Vargas decretou estado de guerra, ampliando ainda mais os seus poderes. No ano seguinte, o Congresso não concedeu a continuidade do Estado de Guerra. Para manter-se no poder, Vargas divulgou um documento falso, o Plano Cohen, que seria um projeto comunista para tomar o poder no Brasil. Dessa forma, Vargas conseguiu a prorrogação do Estado de Guerra, suspendendo a Constituição de 1934.

▶ O Estado Novo e o projeto autoritário

Assim, em 1937, Vargas instituiu o "Estado Novo" com a justificativa de que a Constituição de 1934, de cunho liberal, não era apropriada para conter a polarização política e a ameaça revolucionária que o país supostamente enfrentava. O presidente utilizou esse argumento para defender a adoção de um regime ditatorial instalado através da outorga de uma nova Constituição autoritária inspirada no fascismo europeu. Os partidos políticos e o Parlamento foram dissolvidos, as liberdades individuais foram restringidas e o poder ficou concentrado na figura do presidente. Os militares se tornaram o principal esteio político do novo regime. Os integralistas, que esperavam integrar o novo governo, não foram atendidos, organizando por isso uma rebelião, também duramente reprimida. Consolidava-se assim a ditadura do Estado Novo.

Departamento de Imprensa e Propaganda (DIP)

Para obter o apoio da população, o Estado Novo criou o DIP em 1939 com o intuito de controlar e censurar todas as manifestações artísticas, jornalísticas e os eventos que pudessem de alguma forma expor ou criticar o regime. Ao mesmo tempo, o DIP também devia promover a disseminação de uma propaganda que garantisse o apoio popular a Vargas.

O Brasil na Segunda Guerra Mundial (1939-1945): política externa e interna

No início do conflito, o Brasil buscou manter uma posição neutra e barganhar vantagens com os dois blocos, mas pendia para o Eixo (Alemanha, Itália e Japão). Em 1940, os norte-americanos concederam generosos empréstimos ao Brasil com o objetivo de garantir o apoio do país no caso de a entrada dos EUA no conflito ser confirmada. Esses recursos possibilitaram a instalação da Companhia Siderúrgica Nacional e o início da Vale do Rio Doce.

Após o ataque alemão a vários navios brasileiros, o país decidiu entrar no conflito contra os nazistas. Ainda em 1942, foi criada a Força Expedicionária Brasileira (FEB), que enviou soldados para o conflito. A contradição entre o apoio da ditadura brasileira às democracias na luta contra as ditaduras fascistas ampliou a insatisfação contra Vargas e fortaleceu a oposição. Em 1945, com o fim da Guerra e a vitória dos Aliados contra o fascismo, a situação de Vargas como ditador ficou insustentável e ele, após 15 anos, foi deposto por um golpe militar.

▶ A experiência democrática (1945-1964)

Ainda em 1945, formou-se um grupo que era a favor da permanência de Vargas no poder até que fosse promulgada uma nova Constituição, esse movimento tinha o nome de queremismo e era composto de diversos grupos: trabalhadores, comunistas, sindicatos e membros do governo de Vargas. No entanto, o calendário eleitoral foi mantido e o presidente do Supremo Tribunal Federal assumiu o controle do país até o resultado das eleições. Os concorrentes à presidência foram: Eurico Gaspar Dutra (PSD/PTB), Eduardo Gomes (UDN) e Yedo Fiúza (PCB). Somente no final da campanha eleitoral, Vargas apoiou Dutra, que venceu a eleição.

Presidentes e governos

Dutra governou de 1946 até janeiro de 1951. Durante seu mandato, foi promulgada uma nova Constituição, que defendia as liberdades civis, o direito à greve, a pluralidade política e a intervenção estatal na economia. Além disso, ampliou-se também a autonomia aos estados e municípios. Uma das características mais marcantes de seu governo foi a abertura da economia brasileira para o mercado internacional. Tais medidas, de viés liberal, não agradaram a uma parcela significativa da população, dando origem a greves e protestos. Em acréscimo, o Brasil alinhou-se aos EUA na Guerra Fria nascente. Assim, em 1947, Dutra suspendeu o registro do PCB, cassando o mandato dos políticos eleitos pelo partido.

Nas eleições de 1950, Vargas concorreu pelo PTB com Cristiano Machado (PSD) e Eduardo Gomes (UDN) e ganhou as eleições, governando de 1951 a 1954. No início desse mandato, buscou impulsionar o desenvolvimento industrial e econômico, ao mesmo tempo que tomava medidas para garantir o apoio da classe trabalhadora. Uma das marcas do governo foi a implantação do monopólio estatal do petróleo. Entretanto, a UDN fazia forte oposição ao regime. Diante de uma crise política e financeira, agravada pelo assassinato do assessor de Carlos Lacerda, jornalista que fazia oposição ao governo, Vargas se suicidou. Sua carta-testamento ajudou, porém, a transformá-lo em um símbolo político.

Juscelino Kubitschek (PSD/PDT) foi eleito presidente em 1955 com base no slogan "50 anos em 5". JK pretendia, portanto, acelerar a modernização do país, tendo como base um Plano de Metas. O herdeiro político de Vargas, João Goulart, foi eleito vice-presidente pelo PTB. O modelo desenvolvimentista de JK tinha como tripé investimentos do Estado, da indústria nacional e do capital estrangeiro. Com o intuito de diminuir as diferenças regionais, JK criou um banco destinado a fomentar o desenvolvimento na Região Nordeste e fez convênios internacionais com o objetivo de erradicar a pobreza extrema. Mas a principal obra de JK foi a construção da capital em Brasília que, entre outros objetivos, pretendia interligar as regiões brasileiras, funcionando como "meta-síntese" de seu projeto político.

Jânio Quadros foi eleito presidente pelo Partido Democrata Cristão (PDC), em 1960, com um discurso fundamentado no combate à corrupção e no favorecimento das camadas mais pobres. Mais uma vez, João Goulart foi eleito vice-presidente. No entanto, Jânio governou somente entre fevereiro e outubro de 1961, pois não conseguiu encontrar uma solução para a crescente dívida externa e a elevada inflação legadas pelo governo anterior. Em acréscimo, entrou em conflito com os setores conservadores por sua política externa independente que se aproximava dos países socialistas. Diante desse quadro, Jânio renunciou.

Liderados pelos militares, os mesmos setores conservadores desejavam impedir a posse de João Goulart, temido por sua proximidade com o movimento sindical. Para piorar, no momento da renúncia de Jânio, Goulart estava em visita à China comunista. Entretanto, o PTB e parte do PSD, liderados por Leonel Brizola, deram início à "cadeia da legalidade" e garantiram a tomada de posse do vice-presidente, que assumiu com poderes limitados e sob um regime parlamentarista. Durante o período, Goulart buscou soluções para a grave crise financeira pela qual o país passava, mas não obteve sucesso. Com o fim do parlamentarismo, em 1963, o presidente propôs colocar em ação as Reformas de Base em áreas estratégicas como educação, indústria e saúde, e promover a reforma agrária. No entanto, as elites rurais e urbanas, com o apoio dos militares, não permitiram que elas fossem colocadas em prática, afastando-o do poder por meio de um golpe militar ocorrido entre os dias 31 de março e 1º de abril de 1964. O discurso que serviu para justificar o golpe foi a defesa da democracia contra o suposto projeto socialista de João Goulart e seus apoiadores da esquerda. Instalou-se dessa forma uma duradoura ditadura no Brasil.

Questões para você praticar

1. (FGV – Ensino Médio) Capítulo 42

Analise, com atenção, o fragmento a seguir:

> Muitos dos que criticam chamar o movimento de 1930 de revolução consideram que a Abolição da Escravatura, por exemplo, foi uma ruptura mais importante. Chamar 30 de revolução nada mais seria do que assumir o ponto de vista dos "vencedores". É preciso lembrar que movimentos vitoriosos tendem a construir representações que confirmam seu ímpeto revolucionário, destruidor das velhas estruturas, e que a história envolve não só a luta política, mas também a luta de símbolos e representações.
>
> Fonte: Disponível em: <http://cpdoc.fgv.br/producao/dossies/AEraVargas1/anos20/Revolucao30/RupturaContinuidade>. Acesso em: out. 2013.

A "luta de símbolos e representações", mencionada no texto, está relacionada à:

a. construção de um imaginário revolucionário que valorizava as oligarquias cafeeiras.
b. elaboração de uma narrativa política que valorizava a memória de vencedores e perdedores.
c. produção de memória por um grupo político que buscava se afirmar no controle do governo.
d. fabricação de uma identidade coletiva que procurava legitimar a posição da elite intelectual brasileira.
e. criação de imagem favorável ao governo revolucionário que enfatizava sua participação na emancipação dos cativos.

2. (Enem – 2013) Capítulo 42

– Havera' ainda quem resista a' poderosa influencia do partido Mulherista.?!

PEDERNEIRAS, R. Revista da Semana, ano 35, n. 40, 15 set. 1934. In: LEMOS, R. (Org.). *Uma história do Brasil através das caricaturas (1840-2001)*. Rio de Janeiro. Bom Texto, Letras e Expressões, 2001.

Na imagem, da década de 1930, há uma crítica à conquista de um direito pelas mulheres, relacionado com a

a. redivisão do trabalho doméstico.
b. liberdade de orientação sexual.
c. garantia da equiparação salarial.
d. aprovação do direito ao divórcio.
e. obtenção da participação eleitoral.

3. (Uergs-RS – 2012) Capítulo 42

Sobre a Revolução Constitucionalista, que em 2012 completou oitenta anos, são feitas as seguintes considerações:

I. Representou uma luta da burguesia industrial paulista contra o autoritarismo do Estado Novo.
II. O movimento rebelde exigia o fim do governo provisório de Getúlio Vargas e a volta do estado de direito ao país.
III. Demonstrou o descontentamento da oligarquia paulista, alijada do poder nacional desde a Revolução de 1930.
IV. A população aderiu ao movimento doando joias através da campanha "ouro para o bem de São Paulo".

Quais estão corretas?

a. Apenas I e II.
b. Apenas III e IV.
c. Apenas I, II e III.
d. Apenas II, III e IV.
e. I, II, III e IV.

4. (Prosel/Uncisal – 2015) Capítulo 42

A Constituição de 1937 foi a quarta do Brasil. Também é chamada de Constituição do Estado Novo, por ter transmitido forma e sentido jurídico a essa fase da história brasileira, como se vê no artigo seguinte.

> Art. 73 – O Presidente da República, autoridade suprema do Estado, coordena a atividade dos

órgãos representativos de grau superior, dirige a política interna e externa, promove ou orienta a política legislativa de interesse nacional e superintende a administração do país.

VAINER, Bruno Zilberman. Breve histórico acerca das constituições do Brasil e do controle de constitucionalidade brasileiro, *Revista Brasileira de Direito Constitucional* – RBDC, São Paulo, n. 16, p. 161-191, jul./dez. 2010 (adaptado).

Quanto à Constituição de 1937, é correto afirmar que ela

a. modificou o regime de poder existente no Brasil, implantando o presidencialismo republicano.

b. foi outorgada por Getúlio Vargas, refletindo os interesses da assembleia constituinte que a elaborou.

c. foi criada a partir de um ato de força, procurando dar um ar de legalidade à implantação de uma ditadura.

d. autorizou a realização de eleições diretas no ano seguinte, garantindo a eleição de Getúlio Vargas para presidente.

e. foi promulgada pelo ministro da guerra, General Eurico Gaspar Dutra, atendendo às demandas sociais paulistas.

5. (FGV – Ensino Médio) Capítulo 42

Leia o texto a seguir, que analisa a imagem do Chefe de Estado brasileiro propagandeada pelo Estado Novo com o objetivo de obter o reconhecimento da classe trabalhadora às medidas adotadas pelo ditador Getúlio Vargas:

> O presidente Vargas, por sua qualidade chave – a clarividência –, antecipava-se voluntariamente às demandas sociais e outorgava a legislação. O presidente, ao doar generosamente, estava igualmente cumprindo um dever de Estado, na realidade o dever primordial deste Estado, que era o de garantir a justiça social.

Fonte: GOMES, A. C. *A invenção do trabalhismo*. Rio de Janeiro: FGV, 2005, p. 227.

Durante o Estado Novo (1937-1945), o mecanismo jurídico que materializou a característica de Vargas exaltada pela propaganda oficial no texto apresentado era denominado

a. Estado Fascista.

b. Justiça Eleitoral.

c. Lei de Unidade Sindical.

d. Consolidação das Leis do Trabalho (CLT).

e. Departamento de Imprensa e Propaganda (DIP).

6. (Fuvest-SP – 2013) Capítulo 42

Durante os primeiros tempos de sua existência, o PCB prosseguiu em seu processo de diferenciação ideológica com o anarquismo, de onde provinha parte significativa de sua liderança e de sua militância. Nesse curso, foi necessário, no que se refere à questão parlamentar, também proceder a uma homogeneização de sua própria militância. Houve algumas tentativas de participação em eleições e de formulação de propostas a serem apresentadas à sociedade que se revelaram infrutíferas por questões conjunturais. A primeira vez em que isso ocorreu foi, em 1925, no município portuário paulista de Santos, onde os comunistas locais, apresentando-se pela legenda da Coligação Operária, tiveram um resultado pífio. No entanto, como todos os atos pioneiros, essa participação deixou uma importante herança: a presença na cena política brasileira dos trabalhadores e suas reivindicações. Estas, em particular, expressavam um acúmulo de anos de lutas do movimento operário brasileiro.

Dainis Karepovs. *A classe operária vai ao Parlamento*. São Paulo: Alameda, 2006, p.169.

A partir do texto acima, pode-se afirmar corretamente que

a. as eleições de representantes parlamentares advindos de grupos comunistas e anarquistas foram frequentes, desde a Proclamação da República, e provocaram, inclusive, a chamada Revolução de 1930.

b. comunistas, anarquistas e outros grupos de representantes de trabalhadores eram formalmente proibidos de participar de eleições no Brasil desde a proclamação da República, cenário que só se modificaria com a Constituição de 1988.

c. as primeiras décadas do século XX representam um período de grande diversidade político-partidária no Brasil, o que favoreceu a emergência de variados grupos de esquerda, cuja excessiva divisão impediu-os de obter resultados eleitorais expressivos.

d. as experiências parlamentares envolvendo operários e camponeses, no Brasil da década de 1920, resultaram em sua presença dominante no cenário político nacional, após o colapso do primeiro regime encabeçado por Getúlio Vargas.

e. as primeiras participações eleitorais de candidatos trabalhadores ganharam importância histórica, uma vez que a política partidária brasileira da chamada Primeira República era dominada por grupos oriundos de grandes elites econômicas.

7. (Cefet-MG – 2014) Capítulo 46

Analise a imagem "Cortejo Fúnebre de Getúlio Vargas", na Praia de Copacabana.

Disponível em <http://cpdoc.fgv.br/produção/dossies/AEraVargas2/álbum>. Acesso em: 21 de julho de 2013.

A repercussão da morte de Vargas, em 24 de agosto de 1954, explica-se politicamente pela

a. manipulação do povo para abafar escândalos políticos.

b. pressão dos desempregados para garantir direitos sociais.

c. atuação dos conservadores para barrar o avanço comunista.

d. manifestação das massas populares para expressar sua comoção.

e. articulação dos sindicatos para reconduzir os militares ao poder.

8. (Enem – 2013) Capítulo 46

JK — Você agora tem automóvel brasileiro, para correr em estradas pavimentadas com asfalto brasileiro, com gazolina brasileira. Que mais quer?

JECA — Um prato de feijão brasileiro, seu doutô!

THÉO. In: LEMOS, R. (Org.). *Uma história do Brasil através da caricatura (1840-2001)*. Rio de Janeiro: Bom Texto; Letras & Expressões, 2001.

A charge ironiza a política desenvolvimentista do governo Juscelino Kubitschek, ao

a. evidenciar que o incremento da malha viária diminuiu as desigualdades regionais do país.

b. destacar que a modernização das indústrias dinamizou a produção de alimentos para o mercado interno.

c. enfatizar que o crescimento econômico implicou aumento das contradições socioespaciais.

d. ressaltar que o investimento no setor de bens duráveis incrementou os salários de trabalhadores.

e. mostrar que a ocupação de regiões interioranas abriu frente de trabalho para a população local.

9. (UFRGS-RS – 2012) Capítulo 46

Observe a charge abaixo, relativa à administração do presidente João Goulart (1961-1964).

Correio da Manhã, 03.10.1962, p. 12.

A respeito da orientação política do governo de João Goulart, é correto afirmar que ela defendia

a. a continuidade do projeto político getulista, originário de uma dissidência oligárquica, mas com ênfase nas reformas sociais.

b. a implementação de um projeto político socialista, apoiado nos trabalhadores urbanos, tendo um cunho revolucionário acentuado.

c. a hegemonia dos setores conservadores no cenário político brasileiro, sustentado pelas oligarquias regionais.

d. a expressão dos interesses do imperialismo norte-americano no Brasil, interessado em combater uma suposta influência soviética.

e. a continuidade da tradicional política oligárquica da República Velha, assentada na defesa dos interesses das elites industriais.

10. (Uerj – 2016) Capítulo 46

Dirijo-me a todos os brasileiros, não apenas aos que conseguiram adquirir instrução nas escolas, mas também aos milhões de irmãos nossos que dão ao Brasil mais do que recebem, que pagam em sofrimento, em miséria, em privações, o direito de ser brasileiro e de trabalhar sol a sol para a grandeza deste país. Aqui estão os meus amigos trabalhadores, na presença das mais significativas organizações operárias e lideranças populares deste país. Àqueles que reclamam do Presidente da República uma palavra tranquilizadora para a Nação, o que posso dizer-lhes é que só conquistaremos a paz social pela justiça social. A maioria dos brasileiros já não se conforma com uma ordem social imperfeita, injusta e desumana.

João Goulart, em comício no Rio de Janeiro, 13/03/1964.
Adaptado de jornalggn.com.br

No evento conhecido como Comício da Central do Brasil, o Presidente João Goulart proferiu discurso em que reafirmava algumas das propostas de seu governo, atendendo a demandas de organizações sindicais. A proposta desse governo mais diretamente associada à promoção da justiça social foi:

a. realização da reforma agrária

b. gratuidade do ensino público

c. concessão do voto aos analfabetos

d. introdução dos direitos trabalhistas

11. (UnB/ESCS – 2014) Capítulo 46

Não foram poucas as crises que marcaram a experiência democrática protagonizada pelo Brasil — assim como pela América Latina — nas décadas que se seguiram ao fim da Segunda Guerra Mundial. Tentativas de interrupção da ordem institucional, golpes e contragolpes de Estado, presença ostensiva do segmento militar na vida política foram fatores desestabilizadores de uma ordem democrática que, com dificuldade, procurava se firmar.

Relativamente a esse cenário de permanente instabilidade, assinale a opção correta.

a. O golpe militar de 1964 colocou o Brasil na contramão da América Latina, já que, naquele contexto histórico, a partir do Cone Sul, a democracia se consolidava na região.

b. Exemplos dramáticos das crises que se sucederam no Brasil entre o fim do Estado Novo e o golpe de 1964 foram, entre outros, o suicídio de Vargas, a renúncia de Jânio e a destituição de João Goulart.

c. Os "50 anos em 5" de JK foram marcados pela ênfase na política social do governo, na qual se destacaram a revolução educacional e a universalização do sistema oficial de saúde.

d. A ruptura institucional de 1964, que mergulhou o país no autoritarismo, deveu-se à ação solitária dos militares, dela sendo excluídos o empresariado, os meios de comunicação e a hierarquia eclesiástica.

12. (FGV – Ensino Médio) Capítulo 46

Leia atentamente o texto a seguir:

... composto por Glauber Rocha, Nelson Pereira dos Santos, Cacá Diegues e outros cineastas que defendiam posições de esquerda. O cinema estava na linha de frente da reflexão sobre a realidade brasileira, na busca de uma identidade nacional autêntica do cinema e do homem brasileiro, em busca de sua revolução.

Fonte: RIDENTI, M. Cultura e política: os anos 1960-1970 e sua herança. In: FERREIRA, J.; DELGADO, L. A. N. (org.). O Brasil Republicano. Rio de Janeiro: Civilização Brasileira, 2003, p. 142. Vol. 4 – O tempo da ditadura: regime militar e movimentos sociais em fins do século XX.

Surgido na década de 1950, o movimento do Cinema Novo demonstra a íntima relação entre

a. arte e governos.
b. cultura e política.
c. ufanismo e revolução.
d. neorrealismo e poder.
e. intelectualidade e esquerdas.

13. (FGV – Ensino Médio) Capítulo 46

Leia, atentamente, os trechos a seguir:

O povo quer que se amplie a democracia, quer que se ponha fim aos privilégios de uma minoria; que a propriedade da terra seja acessível a todos; que a todos seja facilitado participar da vida política do país, através do voto, podendo votar e ser votado; que se impeça a intervenção do poder econômico nos pleitos eleitorais e que seja assegurada a representação de todas as correntes políticas, sem quaisquer discriminações, ideológicas e religiosas.

Fonte: Discurso de João Goulart no Comício da Central do Brasil, 13 de março de 1964. Disponível em: <http://www.instituto-joaogoulart.org.br/conteudo.php?id=31>. Acesso em: dez. 2013.

A disposição de São Paulo e dos brasileiros de todos os recantos da pátria para defender a Constituição e os princípios democráticos, dentro do mesmo espírito que ditou a Revolução de 32, originou ontem o maior movimento cívico já observado em nosso Estado: a "Marcha da Família com Deus, pela Liberdade". [...] Meio milhão de homens, mulheres e jovens sem preconceitos de cor, credo religioso ou posição social foram mobilizados pelo acontecimento. Com "vivas" à democracia e à Constituição, mas vaiando os que consideram "traidores da pátria", concentraram-se defronte da catedral e nas ruas próximas.

Fonte: Folha de S.Paulo, publicado em 20.03.1964. Disponível em: <http://almanaque.folha.uol.com.br/brasil_20mar1964.htm>. Acesso em: dez. 2013.

A Marcha da Família com Deus pela Liberdade evidenciou as críticas de diversos setores da sociedade brasileira às propostas do presidente, por identifica-las como

a. a subordinação ao capital internacional.
b. a exclusão da maior parte da população.
c. a adoção de projetos políticos estrangeiros.
d. o abandono do caráter laico do Estado brasileiro.
e. a aproximação com os princípios da esquerda comunista.

TEMA 16
OS DILEMAS DA DEMOCRACIA E DO AUTORITARISMO NA AMÉRICA LATINA
Capítulos 41 e 48

▶ América Latina: crescimento e desigualdade socioeconômica

Na América Latina do século XIX, os benefícios gerados pelo aumento da demanda dos produtos locais por países industrializados não foram distribuídos igualitariamente, ampliando a desigualdade socioeconômica, intensa desde o período colonial. Isso provocou a insatisfação dos trabalhadores e das camadas médias, provocando abalos revolucionários nas oligarquias ou rupturas lentas e graduais que exigiam maior participação política.

Revolução Mexicana

Entre 1876 e 1911, Porfirio Díaz (1830-1915) governou o México, desenvolvendo os setores econômicos voltados para a exportação, como as plantações de café, algodão e sisal, além da mineração, que se abriu sobretudo aos investimentos norte-americanos. Essa política permitiu o crescimento econômico do país, mas gerou desigualdades sociais e regionais. No campo, por exemplo, houve enorme concentração de terras, deixando cerca de 9 milhões de pessoas sem acesso à terra.

Em 1910, Díaz venceu a eleição contra Francisco Madero (1873-1913), rico latifundiário porta-voz da elite reformista que desejava desalojar o grupo de Díaz, que foi preso por sua oposição ao regime. Quando liberto, Madero convocou a população à revolução e Díaz foi obrigado a deixar o poder no ano seguinte. Madero se tornou presidente.

Diversos líderes populares, desconfiados de Madero, não largaram suas armas e a recém-instaurada liberdade de imprensa foi utilizada pelos jornais para criticar o presidente. Madeira aos olhos dos camponeses não era reformista o suficiente, enquanto para as elites o novo presidente prometia mudanças que poderiam ameaçar o poder da oligarquia tradicional. Aproveitando-se desse clima, o general Victoriano Huerta, nomeado para conter os rebeldes camponeses, comandou um golpe, executou Madero e assumiu o comando do país.

Diversos grupos revolucionários se formaram durante esse período. Os mais destacados foram os rebeldes liderados por Pancho Villa ao norte e por Emiliano Zapata no centro-sul. Mas foi Vestusiano Carranza – que também não reconhecera a autoridade de Huerta – quem assumiu o governo do país e se impôs com promessas, leis e reformas. Em 1917, foi promulgada uma nova Constituição que institucionalizava a reforma agrária e nacionalizava a riqueza do subsolo, a exemplo do petróleo. O México ainda carecia, porém, de uma cultura democrática. Como Zapata e Villa representavam ameaças ao governo, ambos foram assassinados em emboscadas em 1919 e 1923, respectivamente.

Durante a crise de 1929, o México foi afetado pela contração do comércio mundial, que afetou tanto o valor quanto o volume das exportações. Muitas empresas foram fechadas, elevando o desemprego. Mas o *crash* da Bolsa de Nova York reforçou a defesa do desenvolvimento do mercado interno e da indústria em vez da atividade agroexportadora.

Argentina

Combinando o dinamismo do setor de exportação de produtos primários, inserção no mercado mundial, investimentos estrangeiros e a recepção de milhões de imigrantes europeus, a Argentina viveu um processo de industrialização mais vigoroso do que o restante da América Latina.

Mas o sistema político era monopolizado, com fraude nas eleições e corrupção, desde 1874 pelo Partido Autonomista Nacional (PAN), dominado por algumas famílias de latifundiários que produzia para o mercado externo.

A grande diferença em relação ao México era a ausência na Argentina de um movimento popular tão mobilizado quanto o campesinato mexicano no contexto da Revolução. Assim, as movimentações contrárias às oligarquias vieram primeiramente das camadas médias da população, mesmo porque o país era o mais urbanizado da América Latina.

Frente às pressões, em 1912 o presidente Roque Sáenz Peña propôs uma nova lei eleitoral, posteriormente aprovada no Parlamento. Com ela, o sufrágio na Argentina tornou-se secreto e obrigatório para todos os homens maiores de 18 anos, permitindo uma maior participação da população e dificultando as fraudes. O resultado disso foi a vitória em 1916 de Hipólito Yrigoyen pela União Cívica Radical (UCR), partido de oposição que tinha sua base social nas classes médias urbanas. Esse governo foi marcado por inúmeras tensões, pois os setores conservadores rejeitavam as reivindicações de um movimento operário fortalecido, enquanto as oligarquias continuavam a dominar o Congresso. Mesmo assim, alguns avanços democratizantes foram conquistados nesse período.

Yrigoyen foi eleito novamente em 1928, mas o temor de que apoiasse as demandas das camadas populares e os efeitos da crise de 1929 fizeram os nacionalistas e o Exército organizarem um golpe de Estado em 1930. A continuidade dos efeitos da crise desacreditou o novo regime e, em meio a uma série de conflitos, os oligarcas venceram as eleições.

A situação econômica do país durante a década de 1930 deu origem a um nacionalismo que criticava a subordinação do país aos interesses dos investidores estrangeiros. Os militares deram um golpe em 1943 e dissolveram todos os partidos políticos. O coronel Juan Perón começou a se destacar. Nacionalista, anticomunista e anti-imperialista, Perón foi nomeado ministro da Guerra em 1944 e vice-presidente meses depois. Reconhecendo o peso político dos trabalhadores, Perón se aproximou dos sindicatos e apoiou a concessão de direitos sociais e trabalhistas há muito reivindicados pelos trabalhadores.

Em 1946, Perón e o recém-criado Partido Laboralista (PL) venceram as eleições com um discurso nacionalista e apoiado pela Igreja Católica. No ano seguinte, os partidos aliados foram dissolvidos e teve origem o Partido Peronista, evidenciando o caráter personalista do movimento. Para consolidar seu apoio, Perón tomou diversas medidas favoráveis aos trabalhadores, o que garantiu sua reeleição em 1951. Porém, o governante perseguiu opositores, demonstrando várias características autoritárias.

Com a recuperação da Europa e dos Estados Unidos após o fim da Segunda Guerra, a Argentina perdeu espaço no mercado externo, o que provocou problemas econômicos e a consequente disputa entre empresários e trabalhadores. Em 1955, Perón foi derrubado por outro golpe militar, embora ainda contasse com muitos apoiadores.

▶ Condor: ditaduras militares na América Latina

A instabilidade política perdurou na América Latina durante o século XX, visto que a região era alvo da intervenção estadunidense durante a Guerra Fria, país que muitas vezes apoiava setores conservadores frente ao avanço da esquerda na região.

A tradicional proximidade econômica e política em relação aos Estados Unidos impelia a América Latina à integração no bloco capitalista. Ao mesmo tempo, a ampliação da participação popular na política produziu um questionamento das estruturas políticas e produtivas tradicionais que beneficiavam principalmente uma pequena elite.

Em 1954, ocorreu a primeira intervenção direta dos Estados Unidos contra um governo latino-americano com a derrubada do presidente da Guatemala, Jacobo Arbenz. No mesmo ano houve um golpe militar no Paraguai, quando o general Alfredo Stroessner assumiu o poder. Ao longo das décadas de 1960 e 1970, a intervenção militar tornou-se um expediente recorrente quando governos contrariavam os interesses das oligarquias locais ou dos Estados Unidos, principalmente após o triunfo da Revolução Cubana em 1959 sobre o regime de Fulgêncio Batista e a subsequente aproximação da ditadura castrista com a União Soviética. Em 1962, militares argentinos depuseram o presidente Arturo Frondizi. Em 1964, foi a vez do Brasil. Dois anos depois, militares tomaram o poder no Peru. Em 1973, Chile e Uruguai sofreram golpes contra governos de esquerda.

Todas as ditaduras militares da América Latina se caracterizaram pelo autoritarismo e pela repressão aos opositores, por vezes com apoio norte-americano. Muitos foram presos e torturados, outros exilados ou assassinados, e ainda resta uma quantidade considerável de casos de desaparecimento a resolver, como os ocorridos nos sete anos (1976-1983) da segunda dita-

O movimento das Mães da Praça de Maio conseguiu burlar a legislação repressiva durante a última ditadura argentina. Acima, Mães e Avós da Praça de Maio em frente à Casa Rosada, sede da presidência argentina, em Buenos Aires, durante manifestação para celebrar o 30º aniversário da fundação do grupo (foto de 30 de abril de 2007).

dura militar argentina: estima-se entre 13 e 30 mil assassinados durante o período, além dos desaparecidos. A repressão se internacionalizou quando se instituiu na década de 1970 a Operação Condor, uma aliança entre Brasil, Argentina, Bolívia, Chile e Paraguai, que realizava ações coordenadas para vigiar, sequestrar, torturar e assassinar militantes e políticos de oposição.

Em todos esses países houve adesão de civis aos novos regimes, com amplo apoio de setores abastados da classe média e de instituições religiosas, como a Igreja Católica. É importante destacar o apoio interno de parcelas da classe média que se manteve em função da estabilidade política e do crescimento econômico.

Desde meados dos anos 1960, os governos militares tiveram acesso fácil a empréstimos de organismos internacionais comandados pelos Estados Unidos, o que permitiu a execução de grandes obras de infraestrutura. Entretanto, as massas pobres da América Latina continuaram alijadas de bens e serviços básicos e dos processos decisórios, intensificando novamente a desigualdade na região. Com o sistema político sob controle, o subcontinente acabou se tornando, nos anos 1970, um grande laboratório para medidas neoliberais, com a privatização de algumas empresas, a abertura da economia e a liberdade de mercado, como ocorreu no Chile durante o governo de Pinochet.

No final da década de 1970, o esgotamento desse modelo econômico e os excessos do terror de Estado levaram a críticas crescentes aos regimes ditatoriais, inclusive no exterior. A sociedade civil passou a exigir abertura política, fim da censura e retorno do Estado de Direito. No contexto internacional, o crescimento de movimentos emancipatórios mobilizava a opinião pública ocidental contra governos antidemocráticos. A Guerra do Vietnã, desastrosa para os Estados Unidos, ainda levou a pressões, inclusive internas, contra intervenções militares estadunidenses. Assim, a década de 1980 foi um período de redemocratização na região.

Questões para você praticar

1. (UFG-GO – 2005) Capítulo 41

O peronismo na Argentina (1946-1955) caracterizou-se por uma política populista com forte inspiração nas doutrinas fascistas do pós-guerra. Essa relação é percebida no:

a. caráter autoritário do governo, com forte organização das massas e constantes acusações de corrupção e de tortura dos opositores.

b. ingresso de imigrantes europeus que ampliavam a mão de obra especializada na construção de ferrovias e na industrialização.

c. refúgio aos nazistas e aos seus colaboradores europeus, causando tensões com o governo dos EUA.

d. surgimento do Grupo de Oficiais Unidos no interior do exército, que atuava em nome da ordem e dos valores cristãos.

e. apoio à União democrática, frente eleitoral que aglutinava conservadores, radicais, democratas progressistas, socialistas e comunistas.

2. (FGV – Ensino Médio) Capítulo 41

Leia, atentamente, o texto a seguir:

> É para mim uma grande emoção encontrar-me outra vez com os descamisados. [...] É o povo, são as mulheres, as crianças, os idosos que estão presentes porque tomaram o futuro em suas mãos [...]. Eles [os homens da oligarquia] não perdoarão jamais que o general Perón tenha levantado o nível dos trabalhadores, que tenha criado o Justicialismo, que tenha estabelecido que, em nossa Pátria, a única dignidade possível é a dos que trabalham. [...] Eles, que mantiveram o país numa noite eterna, não perdoarão ao general Perón por ter erguido as três bandeiras que eles tinham que ter levantado há um século: a justiça, a independência econômica e a soberania da Pátria. [...] Retribuo com amor, amando a Perón e amando vocês, que é como amar a própria Pátria.
>
> Fonte: PERÓN, Eva. Eva Perón: discurso. Renúncia à candidatura à vice-presidência da República, em 22 de agosto de 1951. In: TORRE, Juan Carlos. *Nueva história argentina*: los años peronistas (19431955). Buenos Aires: Sudamericana, 2002. p. 348-349 (tradução nossa).

Duas características fundamentais do peronismo argentino expressas no texto são

a. corporativismo e ultranacionalismo.

b. industrialismo e liberalismo econômico.

c. unipartidarismo e reformas políticas e sociais.

d. liderança carismática e apoio da classe trabalhadora.

e. autoritarismo e defesa de um modelo agroexportador.

3. (UFF-RJ – 1997) Capítulo 41

A Revolução Mexicana, irrompida em 1911, e a ascensão da União Cívica Radical à Presidência da República na Argentina, em 1916, exprimem casos exemplares das crises oligárquicas ocorridas na América Latina no início do século XX.

Assinale a opção que apresenta corretamente uma importante diferença entre os dois processos mencionados.

a. A Revolução Mexicana foi concebida por oligarquias dissidentes do Porfiriato, enquanto o Radicalismo argentino foi gestado no meio sindical anarquista.

b. No caso mexicano, o desdobramento do movimento revolucionário contou com forte adesão de setores camponeses, ao passo que o Radicalismo argentino se caracterizou, sobretudo em seu início, como um movimento político da classe média urbana.

c. O processo revolucionário mexicano assumiu rumos notoriamente bolcheviques após 1917, influenciado pelo êxito da Revolução Russa, ao contrário do Radicalismo argentino, movimento essencialmente conservador.

d. A Revolução Mexicana foi, desde o início, um processo de insurgência nacional e multiclassista, ao passo que o Radicalismo de Ipólito Yrigoyen se manteve restrito ao meio social porteño da classe média urbana.

e. A Revolução Mexicana pôs em cena a questão social e agrária de forma radical, ao contrário do Radicalismo argentino que, desde o início, demonstrou indiferença em relação às massas.

4. (Unirio-RJ – 2004) Capítulo 48

Em 11 de setembro de 1973, o Chile sofreu um golpe militar que derrubou o governo do presidente Salvador Allende, iniciando um período de exceção que provocou o desaparecimento e a morte de milhares de pessoas no país. Dentre os diversos antecedentes, aquele que contribuiu para o golpe militar é

a. a insatisfação popular com as reformas liberalizantes que privatizaram ricos setores da economia chilena, tais como as indústrias siderúrgica e petrolífera.

b. a entrega à exploração internacional do sistema bancário e da exploração de cobre, símbolos do capitalismo chileno.

c. o rompimento do compromisso político do governo Allende com a democracia expresso na supressão da constituição ao assumir a presidência do país.

d. o agravamento da crise gerada pela interrupção da política de reforma agrária que difundiu a violência no campo e justificou institucionalmente a intervenção militar.

e. a interferência estrangeira, destacadamente dos Estados Unidos, insatisfeitos com a opção ideológica em andamento no país expressa na via chilena para o socialismo.

5. (Fuvest-SP – 2009) Capítulo 48

Existem semelhanças entre as ditaduras militares brasileira (1964-1985), argentina (1976-1983), uruguaia (1973-1985) e chilena (1973-1990). Todas elas

a. receberam amplo apoio internacional tanto dos Estados Unidos quanto da Europa Ocidental.

b. combateram um inimigo comum, os grupos esquerdistas, recorrendo a métodos violentos.

c. tiveram forte sustentação social interna, especialmente dos partidos políticos organizados.

d. apoiaram-se em ideias populistas para justificar a manutenção da ordem.

e. defenderam programas econômicos nacionalistas, promovendo o desenvolvimento industrial de seus países.

6. (FGV – Ensino Médio) Capítulo 48

Leia, atentamente, o texto a seguir:

As ações das direções e militância partidárias, em conjunturas específicas, como será visto, fizeram com que instituições importantes da vida social e estatal, como a Igreja e as Forças Armadas, entrassem em cena, definindo, de formas variadas no período, a correlação de forças. […] Outros atores marcaram sua presença no processo chileno.

Deve-se destacar a ação externa comandada pelos EUA, primeiro para impedir a posse e depois visando à deposição de Allende. As ações norte-americanas foram, evidentemente, um fator importante para o fracasso da experiência chilena. Entretanto, o processo político como um todo não pode ter na intervenção externa a sua única determinação. Não conseguindo impedir a posse do presidente eleito, foi necessária a emergência de uma conjunção bastante específica de fatores políticos e econômicos para que a estratégia de deposição do governo pudesse ter sucesso.

Fonte: AGGIO, Alberto. *Democracia e socialismo*: a experiência chilena. São Paulo: Annablume, 2002. p. 109.

De acordo com o texto lido, a deposição do presidente eleito Salvador Allende, em 1973, foi resultado

a. da combinação de crise econômica e mobilização popular.

b. da confluência de resistências internas e intervenção externa.

c. da conexão entre militares revolucionários e interesses empresariais.

d. da junção da invasão militar norte-americana com fragilidade institucional.

e. do acordo dos partidos de direita com o catolicismo socialmente engajado.

TEMA 17
A DITADURA E A REDEMOCRATIZAÇÃO NO BRASIL
Capítulos 47 e 51

▶ Ditadura e repressão no Brasil

O governo militar e a legislação autoritária

Os militares que assumiram o poder e os civis que os apoiaram não eram um grupo homogêneo com um plano de ação predefinido. Havia importantes pontos em comum entre eles, como o anticomunismo, mas mesmo o autoritarismo, característica inerente de uma ditadura, tinha diferentes formas. Enquanto alguns militares buscaram manter um diálogo com setores da sociedade, especialmente as elites políticas e econômicas e as classes médias, a chamada "linha dura" enfatizava a violência como maneira de lidar com a oposição. Todos os governantes do período foram, porém, repressivos, ainda que em graus distintos.

Lentamente os militares montaram um novo e repressivo aparato legislativo por meio dos Atos Institucionais (AIs), que não precisavam da aprovação do Congresso Nacional e alteravam dispositivos da Constituição para cercear as liberdades civis, dando maiores poderes aos presidentes. A justificativa utilizada para realizar essas mudanças era a necessidade de garantir a segurança e o desenvolvimento do país diante da ameaça comunista e subversiva. Lançado em abril de 1964, o AI-1 previa a cassação de mandatos legislativos, a suspensão de direitos políticos e a demissão de todos os funcionários públicos que fossem considerados uma ameaça ao regime militar. Em consequência dessas medidas, muitas figuras proeminentes foram banidas da política brasileira, a exemplo de João Goulart e Leonel Brizola, e muitas delas se exilaram no exterior para escapar da perseguição da ditadura.

Em 1965 foram realizadas eleições estaduais, marcadas pela vitória da coalizão PSD-PTB nos maiores Estados do país. O então presidente Castelo Branco (um dos principais articuladores militares da queda de João Goulart), reagiu ao resultado das eleições criando o AI-2, que dissolveu os partidos políticos existentes e instituiu um sistema bipartidário: um dos partidos, a Aliança Renovadora Nacional (Arena), era alinhado à ditadura e o outro, o Movimento Democrático Brasileiro (MDB), era de oposição consentida. Pouco antes havia sido abolida a eleição direta para presidente, que passou a ser escolhido pelo Congresso Nacional, cuja maioria estava sob o controle dos militares. Em seguida, esse procedimento foi estendido aos governadores estaduais, pelo AI-3. Ainda sob o governo de Castelo Branco, foi outorgada uma Constituição que consolidava o regime autoritário no Brasil e reforçava o poder dos presidentes militares.

Anos de chumbo

Membro da chamada "linha dura" do regime militar, o marechal Costa e Silva assumiu a presidência em 1967. Seu governo consolidou o aparato repressivo da ditadura. Diante das manifestações de movimentos de esquerda e da articulação de políticos contra a ditadura, o regime militar editou o AI-5. Esse foi o ato mais repressivo de todo o regime militar. A medida permitiu a intervenção do presidente em órgãos públicos, governos e municípios; a cassação de mandatos políticos; e a suspensão de direitos políticos e do *habeas corpus* (instrumento jurídico utilizado para questionar prisões arbitrárias). Em seguida, o Congresso Nacional foi fechado. Os diversos Atos Institucionais e emendas constitucionais que se seguiram reforçaram o caráter de exceção do regime, expandindo ainda mais o uso da coerção contra os adversários da ditadura. Em consequência, a repressão, a perseguição, o exílio e a morte dos opositores se intensificaram nesses anos.

Em razão de o marechal Costa e Silva ter sido acometido por uma doença, o general Médici assumiu a presidência em 1969. Sua gestão ficou conhecida pela criação do Destacamento de Operação e Informação/Centro de Operação e Defesa Interna (DOI-CODI) e pela Operação Bandeirantes, que tinham o objetivo de perseguir e obter informações, muitas vezes por meio da tortura de pessoas consideradas inimigas do regime militar.

A luta armada

Como reação ao regime militar e inspirados pelo sucesso da Revolução Cubana, vários grupos de esquerda optaram pela luta armada com o objetivo de fazer uma revolução comunista no Brasil. Houve grupos que atuaram nas cidades e nas zonas rurais. Apesar de terem realizado algumas ações de grande impacto, como o sequestro do embaixador estadunidense Charles Elbrick em 1969, esses grupos foram incapazes de mobilizar a população contra o regime militar ou de desestabilizá-lo, sendo duramente reprimidos.

Resistência cultural

Artistas ligados a diferentes formas de arte, como música, teatro, dança, cinema, artes plásticas e literatura, buscaram em suas obras questionar e criticar o regime militar, em especial sua posição contrária à liberdade de expressão. Muitos deles foram perseguidos e sofreram censura, mas isso não impediu que contribuíssem para a deslegitimação do regime.

Do ajuste ao "milagre econômico"

Os principais objetivos econômicos da ditadura eram manter o crescimento, controlar a inflação e a estabilidade da moeda. Para isso foram criados o Banco Central e o Fundo de Garantia por Tempo de Serviço (FGTS). O primeiro era responsável por controlar o valor da moeda e o segundo acabava com um dos elementos da CLT varguista, a estabilidade do trabalhador da iniciativa privada no emprego após dez anos, facilitando as demissões. No entanto, o que permitiu o chamado "milagre econômico", por meio do realinhamento do Brasil à política estadunidense, foi a obtenção de crédito no exterior para investimentos – o que produziu grande aumento da dívida externa do país. Ao mesmo tempo, a repressão aos trabalhadores e sindicatos exerceu papel fundamental, pois elevou os lucros das empresas, já que estas diminuíram seus custos com os salários de seus empregados.

Dessa forma, a economia cresceu rapidamente entre 1968 e 1974, no chamado "milagre econômico". Entretanto, a compressão dos salários, que eram reajustados por taxas abaixo da inflação, garantiu que a maior parte dos ganhos se concentrasse entre os mais ricos. Assim, a desigualdade brasileira, que já era grande, se ampliou ainda mais nesse período.

Entretanto, em 1973, conflitos no Oriente Médio desencadearam grande aumento do preço do petróleo, prejudicando os importadores desse produto, como o Brasil. O presidente Ernesto Geisel aumentou a dívida externa para continuar investindo em grandes obras de infraestrutura, ampliando a participação do Estado na economia. Em 1979, com um novo grande aumento do preço do petróleo e a elevação das taxas de juros internacionais, o Estado foi forçado a conter os gastos e a economia entrou em crise. Assim, entre 1981 e 1983, o Brasil sofreu uma grave recessão e a inflação disparou.

▶ A abertura política

Na segunda metade da década de 1970, além da perda de popularidade causada pela diminuição do crescimento econômico, o regime militar teve de lidar com a pressão exercida por movimentos internos que o contestavam e pela política internacional desfavorável às ditaduras. O crescimento do MDB nas eleições de 1974 e a legitimidade que o partido vinha ganhando demonstravam a insatisfação com o regime.

Assim, em 1974, o presidente Geisel deu início a um processo de distensão política "lento, gradual e seguro", cujo objetivo final era reestabelecer a democracia no país, mas de forma a manter o controle do processo nas mãos dos militares e de seus apoiadores. Apesar da distensão, a ditadura continuou a realizar ações autoritárias, como a criação do chamado Pacote de Abril, em 1977. Na ocasião, o Congresso foi temporariamente fechado e as medidas polêmicas do pacote foram impostas pelo governo. O principal objetivo do governo era frear o avanço do MDB e reforçar a maioria governista. Ao mesmo tempo, Geisel entrou em conflito com a "linha-dura" das Forças Armadas, que achava que ainda não chegara o momento para entregar o poder aos civis e pensava ser necessário reprimir os opositores com mais violência.

O novo sindicalismo

Durante o período de distensão política surgiu um movimento sindicalista que tinha origem nas fábricas situadas na região do ABC (sigla que compreende os municípios Santo André, São Bernardo e São Caetano), localizada na região metropolitana de São Paulo. As principais reivindicações do movimento eram o direito à greve e à autonomia sindical e a negociação entre trabalhadores e patrões sem interferência do Ministério do Trabalho. Em 1978, o Sindicato dos Metalúrgicos promoveu uma grande greve que agregava, a essas reivindicações, demandas ligadas à redemocratização do país e à melhoria de vida dos trabalhadores. Após a greve, cada vez mais, outras categorias de trabalhadores começaram a seguir o exemplo até que, em 1981, foram criadas a Central Única dos Trabalhadores e a Central Geral dos Trabalhadores. Outros movimentos sociais, como o Movimento Negro, intensificaram suas manifestações públicas no período, criticando, de forma cada vez mais intensa, a ditadura.

Anistia, partidos e eleições

Um importante passo no processo de redemocratização ocorreu em janeiro de 1979: a anulação do AI-5 e dos demais dispositivos autoritários criados desde 1964. Em agosto do mesmo ano, foi decretada a Lei da Anistia, uma demanda popular que vinha sendo reivindicada desde, pelo menos, 1977 e permitia o retorno dos exilados ao país. Por outro lado, os agentes da repressão também foram anistiados. Ainda naquele ano, o então presidente João Figueiredo acabou com o bipartidarismo para enfraquecer o papel do MDB como núcleo da oposição, permitindo a proliferação partidária. Nas eleições para governador de 1982, a oposição venceu nos principais estados e conseguiu maioria na Câmara dos Deputados. Em 1984, iniciou-se uma ampla campanha por eleições diretas para presidente, chamada Diretas já!, rejeitada pela base da ditadura no Congresso Nacional. O sucessor de Figueiredo foi escolhido por meio de eleições indiretas: Tancredo Neves (PMDB), que havia apoiado o golpe, mas passado para a oposição em 1966, com o endurecimento do regime. Com o falecimento do presidente eleito, quem assumiu a presidência da República foi seu vice, José Sarney, que havia ido recentemente para o PMDB.

▶ A Nova República: os avanços da democracia brasileira e seus obstáculos

O governo Sarney (1985-1989) realizou a transição para a democracia, sendo marcado pela promulgação da Constituição de 1988, também chamada Constituição Cidadã, pois lançou as bases de uma sociedade democrática e o fim do regime militar ao buscar garantir o exercício dos direitos sociais, políticos e civis da população. Entretanto, os anos de seu governo também foram marcados por uma grave crise econômica. Em 1986, Sarney lançou o Plano Cruzado, que congelou temporariamente os preços, mas essa e as demais medidas de seu governo foram insuficientes para conter uma inflação crescente, o que prejudicou principalmente a população mais pobre do país. Além disso, por causa da liberdade de imprensa, as denúncias de corrupção se multiplicaram na época.

Collor, Itamar e a abertura econômica

Em 1989, após 29 anos, ocorreu uma eleição direta para presidente do Brasil. Diversos partidos apresentaram candidatos, mas os de maior destaque foram Leonel Brizola (PDT), Fernando Collor de Mello (PRN) e Luiz Inácio Lula da Silva (PT). Apesar de ser jovem e de ter uma breve carreira política no Estado de Alagoas, Collor ganhou as eleições fazendo um discurso baseado nas promessas de que ele seria o "caçador de marajás" (a palavra *marajás* se referia aos funcionários públicos com elevados salários) e que combateria a corrupção, derrotando Lula, líder operário que, para a classe média e a alta, representava o perigo da ascensão da classe trabalhadora.

No âmbito econômico, para combater a inflação, Collor colocou em prática planos econômicos semelhantes aos de Sarney. Os fatos de esses planos também terem sido malsucedidos e de Collor adotar medidas polêmicas, como um empréstimo compulsório de 18 meses, pelo governo, das contas bancárias da população que tivessem mais do que determinado valor, produziram grande insatisfação popular. Além disso, Collor deu início a uma grande abertura econômica do país às empresas multinacionais, privatizou algumas empresas estatais e extinguiu outras. Em 1992, várias denúncias de corrupção recaíram sobre a figura do presidente, o que levou à instauração de um processo de *impeachment*. O vice-presidente Itamar Franco assumiu a presidência em 2 de outubro de 1992.

A gestão do governo de Itamar ficou marcada pela ação de seu ministro da Fazenda, Fernando Henrique Cardoso (conhecido como FHC), que encabeçou a criação de mais um plano econômico, o Plano Real, que finalmente foi bem-sucedido em controlar a inflação e estabilizar a economia. Com esse cenário favorável, Itamar terminou seu mandato com altos índices de aprovação, e FHC, que concorreu à eleição presidencial de 1994, se tornou presidente em 1995, vencendo Lula.

O primeiro mandato de FHC (1995-1998) tinha foco na consolidação da estabilidade econômica e do controle da inflação. Também buscava diminuir a intervenção do Estado na economia, inclusive por meio da privatização de mais empresas públicas, e fazer

Protesto em Porto Alegre, durante as chamadas Jornadas de Junho, em 2013. A capital gaúcha foi uma das primeiras cidades a realizar atos contra o aumento das passagens de ônibus, desencadeando manifestações com pauta mais ampla em todo o Brasil.

reformas em áreas consideradas centrais, como a Previdência e a Educação. A manutenção de juros elevados e o *deficit* na balança comercial causado pela elevação das importações fizeram com que o Brasil se tornasse dependente do capital estrangeiro.

Uma emenda constitucional permitiu que o presidente FHC concorresse à reeleição, vencendo Lula mais uma vez. Em sua segunda gestão (1999-2002), FHC foi obrigado a desvalorizar o Real e sofreu o impacto da crise econômica internacional nos mercados emergentes, precisando recorrer à ajuda do Fundo Monetário Internacional (FMI). Em 2001, uma grande seca gerou um grave racionamento de energia. As dificuldades econômicas elevaram o desemprego e diminuíram o crescimento. Em consequência, o governo tornou-se cada vez mais impopular, apesar da criação de programas de assistência social. Diante desse cenário desfavorável, FHC não conseguiu eleger o candidato de seu partido nas eleições presidenciais. Lula, por meio de alianças políticas que fez com outros partidos, venceu o pleito.

Em seu primeiro mandato (2003-2006), Lula manteve uma política econômica austera para combater a inflação, mas seu foco estava nas políticas sociais compensatórias, como os programas Fome Zero e o Bolsa Família, que tinham como objetivo erradicar a pobreza extrema e a subnutrição. Apesar das denúncias de corrupção no governo, a diminuição do desemprego e a manutenção da estabilidade econômica permitiram que Lula terminasse seu mandato com elevados índices de aprovação, o que possibilitou sua reeleição. Seu segundo mandato foi marcado pela ampliação das políticas sociais e pelo investimento em obras de infraestrutura. Beneficiado pela conjuntura internacional, o Brasil viveu uma época de significativo crescimento econômico, de modo que Lula conseguiu utilizar sua popularidade recorde para eleger sua sucessora, Dilma Rousseff.

Em seu primeiro mandato (2011-2014), Dilma buscou impulsionar o crescimento econômico por meio da atuação do Estado. Entretanto, a piora da conjuntura internacional e o crescente endividamento público prejudicaram a economia. Manifestações feitas por jovens em diversas cidades do país, apesar de terem objetivos bastante diferentes, contribuíram para solapar a popularidade da presidenta. Em um contexto de grande polarização política, em 2014, Dilma se reelegeu presidenta, vencendo no segundo turno o candidato Aécio Neves, do PSDB.

Questões para você praticar

1. (Enem – 2012) [Capítulo 47]

> Diante dessas inconsistências e de outras que ainda preocupam a opinião pública, nós, jornalistas, estamos encaminhando este documento ao Sindicato dos Jornalistas Profissionais no Estado de São Paulo, para que o entregue à Justiça; e da Justiça esperamos a realização de novas diligências capazes de levar à completa elucidação desses fatos e de outros que porventura vierem a ser levantados
>
> Em nome da verdade. In: *O Estado de S. Paulo*, 3 fev. 1976. Apud. FILHO, I. A. Brasil, 500 anos em documentos. Rio de Janeiro: Mauad, 1999.

A morte do jornalista Vladimir Herzog, ocorrida durante o regime militar, em 1975, levou a medidas como o abaixo-assinado feito por profissionais da imprensa de São Paulo. A análise dessa medida tomada indica a

a. certeza do cumprimento das leis.
b. superação do governo de exceção.
c. violência dos terroristas de esquerda.
d. punição dos torturadores da polícia.
e. expectativa da investigação dos culpados.

2. (Uema – 2015) [Capítulo 47]

O Governo de Emílio Garrastazu Médici (1969-1974), o terceiro General-Presidente do regime que chegou ao poder por meio do Golpe Militar de 31/3/1964, foi profundamente marcado tanto pelo auge da repressão política quanto pelos elevados níveis de crescimento que ficaram conhecidos como Milagre Econômico. Tomando como referência essa informação, analise a charge abaixo.

Fonte: Disponível em: <http://jornalggn.com.br/video/o-papo-grande-de-delfim-netto>. Acesso em: 30 maio 2014.

A crítica a um dos desdobramentos do chamado Milagre Econômico refere-se à (ao)

a. concentração de renda.
b. aumento do êxodo rural.
c. crescimento dos níveis salariais.
d. redução dos níveis de desemprego.
e. elevação da dívida externa brasileira.

3. (Enem – 2015) [Capítulo 47]

No período de 1964 a 1985, a estratégia do Regime Militar abordada na charge foi caracterizada pela

a. priorização da segurança nacional.
b. captação de financiamentos estrangeiros.
c. execução de cortes nos gastos públicos.
d. nacionalização de empresas multinacionais.
e. promoção de políticas de distribuição de renda.

4. (UnB/ESCS – 2014) [Capítulo 47]

Pouco mais de duas décadas foi o período de duração do regime autoritário implantado no Brasil em 1964. Se, de um lado, houve a preocupação de se modernizar a economia brasileira, ajustando-a às circunstâncias do capitalismo internacional, de outro, a violência repressora e o caráter centralizador do Estado foram características essenciais do período. Relativamente ao regime militar (1964-1985), assinale a opção correta.

a. O caráter francamente autoritário do regime militar instaurado em 1964 manifestou-se na decisão de fechar o Congresso Nacional ao longo de todo o período.

b. Ao se recusar a conceder a anistia aos atingidos por seus atos, o regime militar perdeu apoio popular e político, o que foi fatal para suas pretensões de perpetuar-se.

c. Do primeiro presidente militar (Castelo Branco) ao último (João Figueiredo), a continuidade política, administrativa e econômica caracterizou e sustentou o regime autoritário.

d. O Ato Institucional Nº 5, de dezembro de 1968, aprofundou o caráter autoritário do regime, tornando-o mais claramente ditatorial e discricionário.

5. (Uern – 2015) Capítulo 47

Observe as imagens a seguir.

(Disponível em: <https://www.google.com/search?q=brasil+ame-o+ou+deixe-org%252Fwiki%252FFile%253ABrasil_ame-o_ou_deixeo.png%3B320%3B95>.)

(Disponível em: <https://www.google.com/search?q=brasil+ame-o+ou+deixe-6%252Fcharges-do-pasquim.html%3B421%3B144>.)

Sobre as imagens apresentadas e o contexto da história do Brasil a que se referem, assinale a alternativa correta.

a. Em ambas as imagens, embora com naturezas diversas (cômica e realista), percebe-se a propaganda subliminar do governo em prol da unidade nacional.

b. A primeira imagem sugere que amar o Brasil era ser favorável ao governo, enquanto que a segunda sugere que o amor esperado era a obediência cega ou o exílio.

c. Na segunda imagem, ao contrário do que se apresenta na primeira imagem, há uma apologia incondicional ao governo expressa na posição maometana em que se encontra o jovem.

d. O uso intensivo da propaganda de massa, como fica explicitado tanto na primeira quanto na segunda imagem, colaborou para que o governo tivesse o apoio maciço da população às suas ações.

6. (Unicamp-SP – 2012) Capítulo 47

O movimento pelas Diretas Já provocou uma das maiores mobilizações populares na história recente do Brasil, tendo contado com a cobertura nos principais jornais do país. Assinale a alternativa correta.

a. O movimento pelas Diretas Já, baseado na emenda constitucional proposta pelo deputado Dante de Oliveira, exigia a antecipação das eleições gerais para deputados, senadores, governadores e prefeitos.

b. O fato de que os protestos populares pelas Diretas Já pudessem ser veiculados nas páginas dos jornais indica que o governo vigente, ao evitar censurar a imprensa, mostrava-se favorável às eleições diretas para presidente.

c. O movimento pelas Diretas Já exigia que as eleições presidenciais de 1985 ocorressem não de forma indireta, via Colégio Eleitoral, mas de forma direta por meio do voto popular.

d. As manifestações populares pelas Diretas Já consistiram nas primeiras marchas e protestos civis no espaço público desde a instituição do AI-5, em dezembro de 1968

7. (FGV – Ensino Médio) Capítulo 51

Leia e analise o 1º artigo, retirado da Constituição Brasileira de 1988:

Art. 1º – A República Federativa do Brasil, formada pela união indissolúvel dos Estados e Municípios e do Distrito Federal, constitui-se em Estado Democrático de Direito e tem como fundamentos:

I. a soberania;

II. a cidadania;

III. a dignidade da pessoa humana;

IV. os valores sociais do trabalho e da livre iniciativa;

V. o pluralismo político.

Parágrafo único – Todo o poder emana do povo, que o exerce por meio de representantes eleitos ou diretamente, nos termos desta Constituição.

Sabe-se que a Constituição de um país é um reflexo de sua história. Neste sentido, entende-se que o primeiro artigo da última Carta Magna brasileira redigida apresenta

a. estruturação positivista e garantia dos direitos fundamentais, em resposta aos anos de chumbo da ditadura militar.

b. caráter jusnaturalista e influência do neoliberalismo, para garantir a estabilidade econômica conquistada, apenas, nos anos 1990.

c. caráter jusnaturalista e influência dos Direitos Humanos, mostrando que os mesmos são Direitos Naturais de homens e mulheres.

d. estruturação Positivista e influência do neoliberalismo, defendendo que a estabilidade econômica deve ser conquistada com a livre iniciativa.

e. garantia dos Direitos Fundamentais e influência dos Direitos Humanos, defendidos universalmente, sobretudo após as guerras mundiais e ditaduras militares.

8. (Fuvest-SP – 2010) Capítulo 51

A partir da redemocratização do Brasil (1985), é possível observar mudanças econômicas significativas no país. Entre elas, a

a. exclusão de produtos agrícolas do rol das principais exportações brasileiras.

b. privatização de empresas estatais em diversos setores como os de comunicação e de mineração.

c. ampliação das tarifas alfandegárias de importação, protegendo a indústria nacional.

d. implementação da reforma agrária sem pagamento de indenização aos proprietários.

e. continuidade do comércio internacional voltado prioritariamente aos mercados africanos e asiáticos.

9. (Enem – 2011) Capítulo 51

Disponível em: <http://www1.folha.uol.com.br>. Acesso em: 17 abr. 2010 (adaptado).

O movimento representado na imagem, do início dos anos de 1990, arrebatou milhares de jovens no Brasil.

Nesse contexto, a juventude, movida por um forte sentimento cívico,

a. aliou-se aos partidos de oposição e organizou a campanha Diretas Já.

b. manifestou-se contra a corrupção e pressionou pela aprovação da Lei da Ficha Limpa.

c. engajou-se nos protestos relâmpago e utilizou a internet para agendar suas manifestações.

d. espelhou-se no movimento estudantil de 1968 e protagonizou ações revolucionárias armadas.

e. tornou-se porta-voz da sociedade e influenciou no processo de impeachment do então presidente Collor.

10. (UFF-RJ – 2012) Capítulo 51

Em outubro de 1994, embalado pelo sucesso do Plano Real, Fernando Henrique Cardoso foi eleito Presidente da República. Em seu discurso de despedida do Senado, se comprometia a acabar com o que denominava "Era Vargas": "[…] Eu acredito firmemente que o autoritarismo é uma página virada na história do Brasil. Resta, contudo, um pedaço do nosso passado político que ainda atravanca o presente e retarda o avanço da sociedade. Refiro-me ao legado da Era Vargas." (14/12/1994)

O presidente eleito governou o Brasil por dois mandatos, iniciando a consolidação da política neoliberal no país, principiada pelos presidentes

Collor e Itamar Franco. Sobre os dois mandatos (1995-2002), pode-se afirmar que se caracterizam:

a. pela manutenção do poder aquisitivo dos que se aposentavam; estabelecimento do monopólio nacional sobre as telecomunicações, através das empresas estatais; e nacionalização do sistema financeiro.
b. pelo elevado crescimento econômico, com média anual de cerca de 5% ao ano; grande investimento em infraestrutura e educação; distribuição de renda; e aumento da capacidade econômica do Estado.
c. pela política social de inclusão, com a criação da Bolsa Família; facilitação do ingresso de carentes na Universidade; restrição aos investimentos estrangeiros; e elevados incentivos à agricultura familiar.
d. pelo rompimento com a política econômica originada pelo "Consenso de Washington"; consolidação do sistema financeiro estatal; e reforço da legislação trabalhista gestada na primeira metade do século XX.
e. pelo limitado crescimento econômico; privatização das empresas estatais; diminuição do tamanho do Estado; e apagão energético, que levou ao racionamento e ao aumento do custo da energia.

11. (FGV – Ensino Médio) Capítulo 51

Leia, atentamente, o texto a seguir:

Ao todo, 11,4 mil famílias foram entrevistadas. Primeiro em 2005. Depois entre setembro e novembro de 2009. De acordo com o estudo, por causa das exigências do programa [Bolsa Família], aumentou o número de crianças vacinadas, a frequência escolar e diminuiu o trabalho doméstico infantil. Mas, segundo o relatório, a ajuda do governo federal continua estimulando o trabalho informal, sem carteira assinada. Quem recebe o benefício passa quase nove horas a mais por semana no trabalho informal do que quem não está no programa. Um dos motivos, segundo o governo, seria a falta de informação. O beneficiário pensa que se arrumar um emprego de carteira assinada vai ser obrigado a sair do Bolsa Família.

Fonte: Disponível em: <http://g1.globo.com/jornalnacional/noticia/2012/06/pesquisaapontaquebolsafamiliareduzinteressepor empregoformal.html >. Acesso em: abr. 2014.

Considerando o texto lido, uma consequência da ampliação dos programas sociais federais, desde 2000 é

a. a crise econômica.
b. a maior inclusão social.
c. o aumento do desemprego.
d. a diminuição da produtividade.
e. a maior qualificação dos trabalhadores.

12. (FGV – Ensino Médio) Capítulo 51

Leia o trecho abaixo:

A política externa do governo Luiz Inácio Lula da Silva é, provavelmente, a vertente da atividade governamental que mais reflete as antigas propostas e as posições tradicionais do Partido dos Trabalhadores. Com efeito, nem na política econômica, nem em ações setoriais tomadas até o momento pelos vários ministérios é tão nítida a "filiação genética" com posições ostentadas historicamente pelo PT - tal como refletidas em teses programáticas e em declarações e textos de seus líderes ao longo dos últimos vinte anos -, como nas iniciativas tomadas desde o início de 2003 no âmbito da diplomacia. Em outros termos, é nas relações exteriores e na sua política internacional que o governo do presidente Lula mais se parece com o discurso do PT. Não há, nessa afirmação, nenhuma revelação inédita para o observador bem informado, nem constitui ela uma elaboração analítica dotada de grande originalidade: trata-se de um fato corroborado por uma simples observação jornalística do ativismo diplomático exibido desde o início do governo Lula.

Fonte: ALMEIDA, Paulo Roberto de. Uma política externa engajada: a diplomacia do governo Lula. In: Revista Brasileira de Política internacional. Brasília, vol. 47, nº 1, 2004, S/P.

A respeito das relações diplomáticas tecidas durante o governo citado, conclui-se que este

a. desenvolveu sólidas alianças com o Irã, a Venezuela, a Nicarágua, o Paquistão e a Coreia do Norte.
b. sublinhou a importância do unilateralismo Norte-Americano em relação à política bélica no Oriente Médio.
c. demonstrou interesse em relação à intensificação dos laços entre os países participantes do MERCOSUL.
d. ocorreu a crise na relação entre o Brasil e a Argentina gerada pela nacionalização das fazendas argentinas.
e. interveio nas negociações entre o Israel e a Palestina relacionadas à compra e ao enriquecimento de urânio.

18 O MUNDO GLOBALIZADO E SEUS DESAFIOS
Capítulos 49, 50 e 52

▶ Da Guerra Fria ao mundo globalizado

Uma das políticas econômicas mundiais colocadas em prática após o fim da Segunda Guerra Mundial era a paridade dólar-ouro. No entanto, na década de 1970, essa política foi abandonada na tentativa de estimular o crescimento econômico. Tal situação se somou aos conflitos que tiveram início no Oriente Médio em 1973 com a Guerra do Yom Kippur para elevar o preço do petróleo e consequentemente a inflação nos países mais ricos, gerando uma estagnação econômica mundial. Foi nesse contexto que começaram a se desenhar as políticas neoliberais, que buscavam diminuir o tamanho do Estado para estimular o crescimento econômico.

A Terceira Revolução Industrial

A partir do fim da década de 1970, é possível identificar um acelerado desenvolvimento tecnológico, especialmente nas áreas de transporte e comunicação. Durante as décadas de 1980 e 1990, novas versões mais baratas de computadores, telefones e produtos similares começaram a ser consumidas por setores cada vez maiores da população mundial. As aplicações econômicas desses avanços deram origem ao que se chamou de Terceira Revolução Industrial, caracterizada por uma intensa integração global através da circulação de informações, pessoas e produtos sem precedentes.

O fim do Bloco Soviético e da Guerra Fria

Após um período de diminuição das tensões entre as superpotências, a invasão soviética do Afeganistão, em 1979, reavivou os medos do expansionismo soviético. Com a ascensão dos políticos conservadores Margaret Thatcher, na Inglaterra, e Ronald Reagan, nos EUA, ocorreu um acirramento da Guerra Fria.

Ao mesmo tempo, porém, a União Soviética foi obrigada a lidar com os crescentes problemas de sua economia planificada na primeira metade da década de 1980: investimento na indústria militar em detrimento das demais, o que resultava em uma reduzida capacidade de fornecer bens de consumo para seus cidadãos e baixa produção de alimentos. Em 1986, três anos após Mikhail Gorbatchev subir ao poder, foi colocada em prática uma nova política econômica chamada *perestroika*, que previa uma reestruturação na divisão entre a indústria estatal e a privada, a diminuição do investimento em armas e o fim dos testes nucleares. Em 1988 foi lançada outra reforma, chamada de *glasnost*, que promoveu a abertura do regime socialista, diminuindo a censura e libertando presos políticos. Em consequência, vários países que faziam parte da zona de influência soviética começaram a reivindicar mais autonomia, dando início à dissolução do Bloco Soviético. A Queda do Muro de Berlim, em 1989, e a reunificação da Alemanha, em 1990, foram momentos importantes desse processo, que se consolidou com a fragmentação e a dissolução da própria União Soviética em 1991. Assim, os países comunistas da Europa oriental passaram por uma acelerada transição para o capitalismo, enfrentando crises econômicas e forte crescimento da desigualdade social.

A ascensão do neoliberalismo e a Nova Ordem Mundial

Na década de 1980, foram debatidas, colocadas em prática e sistematizadas as políticas neoliberais do ponto de vista mundial. De modo geral, a intenção era diminuir a intervenção do Estado na economia e possibilitar a autorregulamentação do mercado. Nesse sentido, foram realizadas privatizações, contenção dos gastos públicos, desregulamentação dos direitos trabalhistas e redução das barreiras alfandegárias. Essas medidas foram adotadas parcialmente em alguns países desenvolvidos e impostas aos países em desenvolvimento como contrapartida para a obtenção de empréstimos internacionais. Apesar de alguns casos bem-sucedidos de crescimento econômico, em geral essa política produziu um significativo crescimento da desigualdade no mundo.

Parte do esforço de liberalização foi a criação de blocos econômicos. O primeiro deles foi a União Europeia, formalmente criada em 1992 como resultado de um longo processo de integração no continente após o fim da Segunda Guerra. Instituiu-se assim a livre circulação de pessoas e mercadorias entre os países membros e, posteriormente, a criação de uma moeda única. Já os EUA fizeram um tratado de livre-comércio com Canadá e México (**Nafta**). Na América Latina foram criadas outras alianças: a Comunidade Andina, a Comunidade do Caribe e o Mercosul.

A Organização Mundial do Comércio (OMC) e os movimentos antiglobalização

Criada em 1995, a OMC tem como objetivo central regular o comércio internacional. Como outras instituições multilaterais, porém, foi muitas vezes vista como um instrumento para o domínio dos países ricos. Em consequência, vários movimentos antiglobalização surgiram no mundo como crítica aos efeitos da globalização, que percebiam como desiguais.

▶ A ascensão asiática: um desafio à hegemonia do Ocidente?

Japão

Após o fim da Segunda Guerra Mundial, o Japão enfrentava uma difícil situação econômica. Contando, porém, com uma base industrial estabelecida nas décadas anteriores, o país se beneficiou da Guerra da Coreia (1950-1953), que impulsionou as exportações japonesas para os países em conflito. Nas décadas seguintes, o Japão conheceu um elevado crescimento econômico, baseado tanto em exportações quanto num crescente mercado interno. Altos índices de qualidade educacional e desenvolvimento tecnológico foram duas bases importantes para o desenvolvimento japonês. Entretanto, no final da década de 1980 e início da década de 1990, a economia estagnou, embora o país continue a ser um dos mais ricos do mundo.

Tigres Asiáticos

A partir da década de 1950, Taiwan, Coreia do Sul, Cingapura e Hong Kong passaram por um acelerado processo de desenvolvimento graças a uma agressiva entrada no mercado mundial. No contexto da Guerra Fria, Inglaterra e EUA investiram na economia desses países para manter sua influência e impedir a expansão do comunismo. Os investimentos em educação, capacitação da mão de obra e controle de natalidade contribuíram para sua modernização econômica. A partir da década de 1990, seus regimes políticos autoritários foram, aos poucos, ganhando novos contornos democráticos, apesar da persistência de várias limitações.

China

Após a morte de Mao Tsé-Tung em 1976, seus sucessores buscaram manter o domínio do Partido Comunista Chinês (PCC), mas evitando os excessos dos anos anteriores, como a Revolução Cultural e o Grande Salto para Frente. No entanto, quando começou a haver uma oposição ao PCC, estabeleceram-se as características que marcariam a política chinesa por algum tempo: abertura econômica sem liberdade política. A proposta era modernizar quatro áreas: agricultura, defesa nacional, indústria e tecnologia. Dessa maneira, pretendiam se adaptar ao capitalismo. A agricultura e principalmente a indústria passaram a crescer rapidamente, e investimentos estrangeiros foram atraídos pelo baixo custo da mão de obra. Assim, a China conheceu um enorme crescimento econômico, melhorando o padrão de vida da população especialmente nas cidades.

Entretanto, entre 1985 e 1992, a China passou por algumas dificuldades econômicas, como aumento da inflação, corrupção, desemprego, migração do campo para a cidade e aumento da criminalidade. A insatisfação com o regime do PCC atingiu seu ápice quando, em 1989, estudantes se manifestaram na Praça da Paz Celestial exigindo mais democracia, em Pequim, obtendo repercussão internacional. A reação do governo foi, porém, violenta e repressiva, reforçando o conservadorismo do regime.

Em 1992, após a queda do socialismo na Europa Oriental, o PCC voltou a promover a liberalização econômica para se manter no poder. Assim, a China se tornou a segunda maior economia mundial em 2010, profundamente envolvida no mercado internacional como exportadora de manufaturados e importadora de produtos primários. No entanto, a desigualdade social cresceu rapidamente, pois grande parte da riqueza se concentrou nas mãos da minoria.

Índia

Após sua independência em 1947, a Índia precisou lidar com muitos desafios em razão da diversidade e da pobreza do país. Apesar dos conflitos políticos e da persistência de discriminações como o sistema de castas, o país conseguiu manter-se como uma democracia. Com o fim da União Soviética, que era o principal parceiro comercial da Índia, o país mergulhou em uma crise econômica, o que fez com que pedissem empréstimos ao FMI e, em consequência, tivessem que fazer ajustes em sua economia: privatizações, desvalorização da moeda e abertura comercial, entre outros. O investimento em algumas áreas específicas, como a produção de remédios genéricos e a programação de computadores, impulsionou a economia indiana, que vem se abrindo ao mercado mundial e crescendo rapidamente. No entanto, o problema da desigualdade social e da pobreza, estreitamente ligado à divisão de classes, ainda não foi superado no país.

▶ O novo milênio e os conflitos contemporâneos

A "Guerra ao Terror"

As décadas de 1980 e 1990 assistiram a um grande crescimento do fundamentalismo islâmico no Oriente Médio, defendendo o combate aos infiéis e a imposição de uma legislação inspirada na fé islâmica. Um desses grupos, a Al-Qaeda, liderada por Osama Bin Laden, via nos Estados Unidos seu principal inimigo por causa da presença militar norte-americana nos países muçulmanos. Em 11 de setembro de 2001, membros do grupo realizaram um grande ataque aos Estados Unidos: capturaram quatro aviões, dois dos quais se chocaram contra o World Trade Center, em Nova York, e um contra o Pentágono, em Washington, causando a morte de cerca de 3 mil norte-americanos.

Imediatamente, a luta contra os "terroristas" passou a ser o principal foco da política norte-americana. Um mês após o ataque, eles invadiram o Afeganistão, acusado de proteger terroristas, contando com amplo apoio internacional. Em 2003, os EUA ocuparam o Iraque, afirmando que o país tinha armas de destruição em massa e apoiava terroristas. Devido à fragilidade dessas denúncias (que acabaram não sendo confirmadas), essa invasão não contou com apoio internacional, sendo amplamente criticada ao redor do mundo.

A ocupação americana e suas consequências negativas para afegãos e iraquianos fortaleceram os fundamentalistas, vistos pela população local como os únicos a resistir contra os invasores. Em consequência, os EUA foram obrigados a permanecer por um tempo muito maior do que o planejado nesses países, a um custo muito elevado. Os atentados terroristas também se tornaram mais comuns no Ocidente.

O mundo árabe em ebulição

Em 2000 teve início a chamada Segunda Intifada, insurreição dos palestinos contra a ocupação israelense que continuou até 2004. Os conflitos políticos entre os palestinos facilitaram a ascensão dos extremistas islâmicos, enquanto o endurecimento dos israelenses e a expansão dos seus assentamentos na Cisjordânia palestina dificultam ainda mais qualquer negociação de paz. Em consequência, os conflitos continuam.

Ainda mais impactante foi o início da chamada "Primavera Árabe" em dezembro de 2010, quando uma onda de contestação aos regimes autoritários varreu vários países árabes. O movimento teve início na Tunísia e depois se espalhou para o Egito, Líbia, Iêmen, Síria e Bahrein. Alguns ditadores foram derrubados, mas somente a Tunísia conseguiu construir um regime democrático. Outros países, como o Egito, assistiram ao retorno de ditaduras, enquanto Iêmen, Líbia e Síria enfrentaram duras guerras civis. Nesse contexto ocorreu a ascensão do Estado Islâmico, organização terrorista sunita que foi capaz de reunir apoiadores de muitos países, conquistar territórios na Síria e no Iraque e realizar ou inspirar uma série de atentados terroristas nos países ocidentais.

Mudanças climáticas

As mudanças climáticas se somam aos conflitos políticos e crises econômicas como um dos maiores problemas da atualidade. Pesquisadores e eventos reunindo autoridades mundiais vêm apontando, desde a década de 1980, que a temperatura média do planeta está subindo gradativamente por causa da ação humana, em especial a emissão excessiva de gás carbônico por ações como queima de florestas, emissão de gases industriais e utilização de veículos com motor à combustão. Apesar de vários países terem se comprometido a diminuir a quantidade da emissão de gás carbônico, os progressos têm sido insuficientes para atingir a metas desejadas, pois a prioridade geralmente é dada a questões econômicas imediatas, como a crise financeira global. As principais consequências do superaquecimento global são: derretimento das calotas polares, mudança no regime de chuvas, extinção de diversas espécies de animais e plantas, ocorrência mais frequente de eventos climáticos extremos.

A maior parte das sociedades é afetada, mas são as regiões mais pobres e sem recursos para se prevenir que sofrem as piores consequências.

Questões para você praticar

1. (Unesp-SP – 2013) Capítulo 49

   O colapso e o fim da União Soviética, no princípio da década de 1990, derivaram, entre outros fatores,

   a. da ascensão comercial e militar da China e da Coreia do Sul, o que provocou acelerada redução nas exportações soviéticas de armamentos para os países do leste europeu.

   b. da implantação do socialismo nos países do leste europeu e da perda de influência política e comercial sobre a África, o Oriente Médio e o sul asiático.

   c. dos altos gastos militares e das disputas internas do partido hegemônico, e facilitaram a eclosão de movimentos separatistas nas repúblicas controladas pela Rússia.

   d. da derrubada do Muro de Berlim, que representava a principal proteção, por terra, do mundo socialista, o que facilitou o avanço das tropas ocidentais.

   e. da ascensão política dos partidos de extrema direita na Rússia e do surgimento de um sindicalismo independente nas repúblicas da Ásia.

2. (Cefet-MG – 2015) Capítulo 49

   "Margaret Thatcher foi primeira-ministra da Grã-Bretanha entre 1979 e 1990, por três mandatos consecutivos. Afirmava ela: 'o governo não sabe administrar empresas, é incapaz para esta tarefa. Logo, a empresa está perdendo dinheiro, e o contribuinte tem de comprar o que ela produz e ainda pagar o prejuízo. É preciso um governo capaz de atuar com base em princípios, para que o país se torne próspero'."

   Disponível em: <http://veja.abril.com.br/especiais/35_anos/p_070.html>. Acesso em: 17 fev. 2015. (Adaptado)

   As práticas políticas, defendidas por Thatcher na década de 1980, baseavam-se em um princípio que visava a

   a. preservar as iniciativas econômicas do estado.
   b. equilibrar os interesses políticos antagônicos.
   c. defender os direitos do consumidor nacional.
   d. abolir as restrições ao mercado livre.
   e. diminuir as desigualdades sociais.

3. (FGV – Ensino Médio) Capítulo 49

   Leia, atentamente, o texto a seguir:

   Os defensores dessa corrente garantiam que o governo poderia reduzir impostos, aumentar gastos militares e equilibrar o orçamento, tudo ao mesmo tempo. A redução de impostos que favorecesse as empresas e os ricos, raciocinavam os reaganistas, promoveria a prosperidade e aumentaria a receita federal ao incentivar os investimentos de capital. A desregulamentação estimularia a produtividade, libertando capital e trabalho da intromissão federal. A eliminação dos programas sociais, salvo para 'os mais realmente necessitados', fomentaria o desenvolvimento de um corpo de cidadãos mais autoconfiantes e equilibraria receitas e despesas do governo pela primeira vez desde 1969. Juntas, profetizou o presidente, essas iniciativas promoveriam o pleno emprego sem inflação, governo frugal sem tensões sociais, e poder militar sem dores econômicas.

   Fonte: SELLERS, Charles; MAY, Henry; MCMILLEN, Neil. *Uma reavaliação da história dos Estados Unidos.* Rio de Janeiro: Jorge Zahar Editor, 2003. p. 443.

   Considerando o texto lido, o modelo econômico adotado durante a presidência de Ronald Reagan, nos EUA (1981-1988), e o precedente, por ele criticado, são

   a. liberalismo – socialismo.
   b. estatismo – comunismo.
   c. anarquismo – totalitarismo.
   d. keynesianismo – populismo.
   e. neoliberalismo – estado de bem-estar social.

4. (UFMG – 2008) Capítulo 50

   Observe esta imagem:

Divulgada mundialmente, essa imagem retrata um momento marcante das manifestações que ocorreram na Praça da Paz Celestial, em Pequim, em junho de 1989. Considerando-se essas informações e outros conhecimentos sobre o assunto, é CORRETO afirmar que essas manifestações foram

a. influenciadas por acontecimentos na ex-URSS, onde o Governo Comunista havia sido derrubado como consequência dos protestos de milhares de estudantes e trabalhadores em todo o País.

b. promovidas por representantes de diversos setores da economia, contrários à abertura de mercado, que possibilitou a concorrência dos países capitalistas e a retração da produção industrial.

c. provocadas pela insatisfação de amplas parcelas da população com as medidas adotadas durante a Revolução Cultural, implementada pelo Governo Comunista com o objetivo de fortalecer o regime.

d. realizadas por estudantes, trabalhadores e intelectuais que exigiam reformas democráticas e combate à crescente corrupção de membros da burocracia governamental e do Partido Comunista.

5. (Fuvest-SP – 2015) Capítulo 50

Observe a charge.

Petar Pismestrovic. www.contextoshistoricos.blogspot.com.br.
Acessado em 15/06/2014. Adaptado.

Com base na charge e em seus conhecimentos, avalie as afirmações:

I. O rápido e intenso crescimento econômico chinês se deu à custa da exploração de recursos florestais da União Europeia.

II. A despeito da distinta condição econômica da União Europeia e da China na atualidade, essas economias permanecem interligadas.

III. A dependência econômica da China em relação à União Europeia assenta-se no consumo do etanol europeu.

IV. Enquanto parte da União Europeia vive uma crise econômica, a economia chinesa cresce.

Está correto apenas o que se afirma em

a. I e II.
b. I, II e III.
c. III e IV.
d. I, III e IV.
e. II e IV.

6. (UEM-PR – 2006) Capítulo 50

"Em 1976, esgotava-se na China o fôlego da Revolução Cultural, iniciada em 1966. Nesse ano morria Mao Tse-tung, seu principal idealizador. Em 1978, sob a liderança de Deng Xiaoping, o país começaria a flexibilizar o regime socialista. Buscava-se então uma difícil conciliação entre a abertura econômica em direção à economia de mercado e a preservação do regime político autoritário sob a hegemonia do Partido Comunista Chinês."

ARRUDA, J. J. de A. e PILETTI, N. *Toda a História*. São Paulo: Ática, 2003. p. 465.

A respeito da História da China, assinale a alternativa correta.

a. Mao Tse-tung chegou ao poder por meio da revolução armada de orientação socialista que ficou conhecida como revolução cultural.

b. O denominado Grande Salto para Frente realizado pela Revolução Chinesa ocorreu quando Mao Tse-tung conduziu a China ao capitalismo.

c. A abertura econômica iniciada a partir de 1978 com Deng Xiaoping promoveu um intenso desenvolvimento da China que a coloca, hoje, entre as maiores economias do planeta.

d. A abertura econômica iniciada por Deng Xiaoping estendeu-se também à política e, hoje, a China vive uma democracia semelhante aos países do Ocidente europeu.

e. Mesmo tendo uma população superior a 1,3 bilhão de habitantes, a China constitui-se no maior exportador de alimentos do planeta.

7. (UFMG – 2014) Capítulo 52

A partir de 2011, a população de países como Tunísia, Egito, Argélia, Líbia, Síria, Jordânia, Bahrein e Iêmen foi para as ruas protestar e pedir mudanças. A expressão "**Primavera árabe**" faz referência a uma série de protestos que ainda ocorrem no chamado "mundo árabe", compreendendo basicamente os países que compartilham a língua árabe e a religião islâmica, apesar de etnicamente diversos.

Disponível em: http://redes.moderna.com.br/2013. Acesso em: 23 jun. 2013.

Uma das causas dos protestos ocorridos nos países citados no texto é a

a. abertura política e distribuição de renda entre as diversas classes sociais presentes nesses países.

b. falta de emprego e oportunidades de educação e trabalho, que atingem em especial as gerações mais jovens.

c. presença de tropas russas especialmente na Líbia e Argélia, que desestabilizaram ainda mais a frágil geopolítica regional.

d. redução no preço dos produtos agropecuários exportados por esses países, que afetaram as economias locais e regionais.

8. (UPM-SP – 2012) Capítulo 52

"Atacar não significa apenas assaltar cidades muradas ou golpear um exército em ordem de batalha, deve também incluir o ato de assaltar o inimigo no seu equilíbrio mental."

Sun Tzu-Ping-fa, *A Arte da Guerra*, séc. IV a. C.

Terrorismo: 1. Modo de coagir, ameaçar ou influenciar outras pessoas, ou de impor-lhes a vontade pelo uso sistemático do terror; 2. Forma de ação política que combate o poder estabelecido mediante o emprego da violência.

Novo Dicionário Aurélio da Língua Portuguesa

A respeito do atentado terrorista, ocorrido em 11 de setembro de 2001, nos Estados Unidos, e as consequências desse episódio para as relações geopolíticas internacionais no século XXI, é correto afirmar que

a. foi mais uma ação liderada pelos grupos extremistas Hamas e do Hezbollah, contra a política norte-americana no Oriente Médio, utilizando, para tais ações suicidas, somente jovens de baixa renda e de pouca instrução, que acreditavam que tais atos lhes garantiriam o direito de ingressar no paraíso celestial.

b. a resposta americana ao ataque de 11 de setembro foi a perseguição sistemática ao milionário saudita Osama bin Laden que, em transmissões realizadas pela mídia na época, assumiu publicamente a autoria do atentado, provocando o aumento do sentimento xenofobista do povo norte-americano aos imigrantes de origem árabe residentes no país.

c. formou-se uma coalização internacional contando, principalmente, com o apoio da Inglaterra junto aos Estados Unidos, a fim de combater os focos terroristas no Oriente Médio, dando início à Guerra do Golfo e a um esforço, perante as agências internacionais de notícia, de combater o islamismo fundamentalista.

d. o ataque sofrido pelos EUA em 2001 tem relação direta com a atuação política norte-americana no Oriente Médio, que sempre visou atender aos interesses econômicos americanos na região, e resultou no aumento da insegurança junto à sociedade americana, jamais atacada anteriormente em seu próprio território.

e. a partir desse episódio, os EUA cortaram relações diplomáticas com o Paquistão, pois houve relutância, por parte da liderança religiosa paquistanesa, em indicar o local exato do esconderijo de bin Laden, o que possibilitaria a sua prisão imediatamente após o atentado de 11 de setembro.

9. (FGV – Ensino Médio) Capítulo 52

Leia, atentamente, o texto a seguir:

> Alguns especialistas argumentam que não são as ações humanas como tal que se tornaram uma força planetária, que a mudança do clima é simplesmente o resultado do desenvolvimento do capitalismo. "Isso é a estupidez do capitalismo!" é o seu refrão. E se você os apontasse que uma modernização de tipo soviético teria produzido consequências similares, alguns se engajariam numa espécie de jiu-jitsu teórico para provar que o socialismo soviético é na verdade uma outra forma de capitalismo (Já que não se pode argumentar sobre um "socialismo verdadeiro" que ninguém nunca viu). Alguns atribuem a culpa da mudança climática – com justiça – aos países ricos. Mas, indo além, o que importa em termos de emissões não é só o estilo de vida dos ricos, mas também todo um conjunto de pessoas que abraçam os modelos existentes de crescimento e desenvolvimento. E a maioria dessas pessoas estão na China ou na Índia. A explosão populacional da China nos anos 1950, 60 e 70 é culpa dos países ricos do ocidente?
>
> Fonte: CHAKRABARTY, D. Human agency in the anthropocene. Traduzido por Goshai Loureiro. Perspectives on History, American Historical Association, dez. 2012. Disponível em: <http://www.historians.org/perspectives/issues/2012/1212/HumanAgencyintheAnthropocene.cfm >. Acesso em: set. 2013.

No trecho lido, é apresentado um questionamento quanto aos compromissos estabelecidos em Quioto, no final dos anos 1990, que se refere ao que está na seguinte opção:

a. efetividade das medidas acordadas enquanto se limitarem aos países signatários.

b. restrição de emissões de metano e de outros gases responsáveis pelo efeito estufa.

c. quantidade dos estímulos fiscais necessários ao desenvolvimento de novas formas de energia.

d. necessidade de impor regulamentações sobre os sistemas financeiros e industriais dos países membros.

e. desigualdade dos impactos das restrições do protocolo sobre o crescimento econômico dos países signatários.

10. (Fuvest-SP – 2011) Capítulo 52

> A burca não é um símbolo religioso, é um símbolo da subjugação, da subjugação das mulheres. Quero dizer solenemente que não será bem-recebida em nosso território.
>
> Nicolas Sarkozy, presidente da França, 22/6/2009, Estadão.com.br, 22/6/2009.http://www.estadao.com.br/noticias/internacional,burcas-naotem-lugar-na-franca-diz-sarkozy,391152,0.htm. Acessado em 10/6/2010.

> Deputados que integram a Comissão Parlamentar encarregada de analisar o uso da burca na França propuseram a proibição de todos os tipos de véus islâmicos integrais nos serviços públicos. [...] A resolução prevê a proibição do uso de tais vestimentas nos serviços públicos – hospitais, transportes, escolas públicas e outras instalações do governo.
>
> Folha Online, 26/1/2010. <http://www1.folha.uol.com.br/folha/mundo/ult94u684757.shtml>. Acessado em 10/6/2010.

Com base nos textos acima e em seus conhecimentos, assinale a afirmação correta sobre o assunto.

a. O governo francês proibiu as práticas rituais islâmicas em todo o território nacional.

b. Apesar da obrigatoriedade de o uso da burca se originar de preocupações morais, o presidente francês a considera um traje religioso.

c. A maioria dos Estados nacionais do Ocidente, inclusive a França, optou pela adoção de políticas de repressão à diversidade religiosa.

d. As tensões políticas e culturais na França cresceram nas últimas décadas com o aumento do fluxo imigratório de populações islâmicas.

e. A intolerância religiosa dos franceses, fruto da Revolução de 1789, impede a aceitação do islamismo e do judaísmo na França.

Matriz de referência do Enem

Ciências humanas e suas tecnologias

A) Competências

Competência de área 1 – Compreender os elementos culturais que constituem as identidades.

H1 – Interpretar historicamente e/ou geograficamente fontes documentais acerca de aspectos da cultura.

H2 – Analisar a produção da memória pelas sociedades humanas.

H3 – Associar as manifestações culturais do presente aos seus processos históricos.

H4 – Comparar pontos de vista expressos em diferentes fontes sobre determinado aspecto da cultura.

H5 – Identificar as manifestações ou representações da diversidade do patrimônio cultural e artístico em diferentes sociedades.

Competência de área 2 – Compreender as transformações dos espaços geográficos como produto das relações socioeconômicas e culturais de poder.

H6 – Interpretar diferentes representações gráficas e cartográficas dos espaços geográficos.

H7 – Identificar os significados histórico-geográficos das relações de poder entre as nações.

H8 – Analisar a ação dos estados nacionais no que se refere à dinâmica dos fluxos populacionais e no enfrentamento de problemas de ordem econômico-social.

H9 – Comparar o significado histórico-geográfico das organizações políticas e socioeconômicas em escala local, regional ou mundial.

H10 – Reconhecer a dinâmica da organização dos movimentos sociais e a importância da participação da coletividade na transformação da realidade histórico-geográfica.

Competência de área 3 – Compreender a produção e o papel histórico das instituições sociais, políticas e econômicas, associando-as aos diferentes grupos, conflitos e movimentos sociais.

H11 – Identificar registros de práticas de grupos sociais no tempo e no espaço.

H12 – Analisar o papel da justiça como instituição na organização das sociedades.

H13 – Analisar a atuação dos movimentos sociais que contribuíram para mudanças ou rupturas em processos de disputa pelo poder.

H14 – Comparar diferentes pontos de vista, presentes em textos analíticos e interpretativos, sobre situação ou fatos de natureza histórico-geográfica acerca das instituições sociais, políticas e econômicas.

H15 – Avaliar criticamente conflitos culturais, sociais, políticos, econômicos ou ambientais ao longo da história.

Competência de área 4 – Entender as transformações técnicas e tecnológicas e seu impacto nos processos de produção, no desenvolvimento do conhecimento e na vida social.

H16 – Identificar registros sobre o papel das técnicas e tecnologias na organização do trabalho e/ou da vida social.

H17 – Analisar fatores que explicam o impacto das novas tecnologias no processo de territorialização da produção.

H18 – Analisar diferentes processos de produção ou circulação de riquezas e suas implicações socioespaciais.

H19 – Reconhecer as transformações técnicas e tecnológicas que determinam as várias formas de uso e apropriação dos espaços rural e urbano.

H20 – Selecionar argumentos favoráveis ou contrários às modificações impostas pelas novas tecnologias à vida social e ao mundo do trabalho.

Competência de área 5 – Utilizar os conhecimentos históricos para compreender e valorizar os fundamentos da cidadania e da democracia, favorecendo uma atuação consciente do indivíduo na sociedade.

H21 – Identificar o papel dos meios de comunicação na construção da vida social.

H22 – Analisar as lutas sociais e conquistas obtidas no que se refere às mudanças nas legislações ou nas políticas públicas.

H23 – Analisar a importância dos valores éticos na estruturação política das sociedades.

H24 – Relacionar cidadania e democracia na organização das sociedades.

H25 – Identificar estratégias que promovam formas de inclusão social.

Competência de área 6 – Compreender a sociedade e a natureza, reconhecendo suas interações no espaço em diferentes contextos históricos e geográficos.

H26 – Identificar em fontes diversas o processo de ocupação dos meios físicos e as relações da vida humana com a paisagem.

H27 – Analisar de maneira crítica as interações da sociedade com o meio físico, levando em consideração aspectos históricos e(ou) geográficos.

H28 – Relacionar o uso das tecnologias com os impactos socioambientais em diferentes contextos histórico-geográficos.

H29 – Reconhecer a função dos recursos naturais na produção do espaço geográfico, relacionando-os com as mudanças provocadas pelas ações humanas.

H30 – Avaliar as relações entre preservação e degradação da vida no planeta nas diferentes escalas.

Gabarito

TEMA 1: POVOS DA ANTIGUIDADE

1. (Enem – 2009) `Capítulo 3`
Gabarito: A `H16 / C4`
Comentário: Através da reflexão sobre o processo de edificação desses monumentos em sociedades tecnologicamente menos avançadas do que as atuais, deve-se refletir sobre o papel dessas grandes construções como uma expressão do poder – não só por sua magnificência, mas também por testemunharem a capacidade dos faraós de mobilizares grande número de trabalhadores para seus próprios fins. Vale ressaltar, porém, que a historiografia atual considera que os construtores das pirâmides provavelmente não foram escravos, mas sim indivíduos livres obrigados a trabalhar alguns meses por ano na construção dos monumentos faraônicos.

2. (Fuvest-SP – 2015) `Capítulo 3`
Gabarito: E
Comentário: Apesar de o Egito antigo ser geralmente lembrado por suas grandes realizações arquitetônicas (principalmente as pirâmides), sua riqueza baseava-se majoritariamente, como todas as sociedades pré-industriais, na agricultura. Assim, a maioria da população cultivava alimentos. Exatamente por isso as cheias do Rio Nilo, que fertilizavam as margens, eram tão importantes para a região.

3. (FGV-SP – 2014) `Capítulo 3`
Gabarito: E
Comentário: Através da interpretação do mapa, deve-se identificar a expansão kushita sobre grande parte do território egípcio. Assim, deve-se perceber o Egito como uma civilização eminentemente africana, imersa em uma ampla rede de trocas culturais e comerciais.

4. (Enem – 2015) `Capítulo 5`
Gabarito: C `H24 / C5`
Comentário: Através do texto de apoio, deve-se perceber o papel central que o debate exerceu na conformação do pensamento grego. A ágora funcionava como a materialização desse aspecto do sistema político helênico, pois era nela onde se discutia o futuro da pólis. Dessa maneira, é possível refletir sobre a centralidade do livre debate para as democracias, inclusive – e principalmente – as do presente.

5. (Enem – 2014) `Capítulo 5`
Gabarito: C `H24 / C5`
Comentário: Com base em duas fontes primárias, deve-se identificar o significado da cidadania em Atenas, que, em grande medida, perdura até os dias de hoje. Assim, diferente de regimes como a monarquia ou a oligarquia, a participação política é muito mais ampla em uma democracia – especialmente em democracias diretas como a ateniense. Entretanto, em parte, esse modelo só foi possível em razão do reduzido número de cidadãos naquela época, de modo que hoje as democracias são representativas – isto é, a imensa maioria dos cidadãos elege representantes em vez de atuar diretamente na administração pública.

6. (FGV – Ensino Médio) `Capítulo 5`
Gabarito: E `H14 / C4`
Comentário: Apesar de reivindicada como modelo e mito fundador das democracias modernas, a democracia ateniense tinha características bastante diversas. A principal diferença reside no fato de ela ser direta, e não representativa. O texto de Ellen Wood ressalta como a participação direta dos cidadãos comuns nas arenas políticas fundamentava um caráter político da prática da cidadania inexistente nas democracias atuais. Por outro lado, o texto de Chester Starr ressalta os problemas práticos que existiam para a efetivação desse princípio. Assim, mesmo entre o restrito grupo que podia gozar da cidadania ateniense, o exercício efetivo do poder político tendia a estar limitado a uma elite, econômica e socialmente destacada.

7. (Enem – 2012) `Capítulo 6`
Gabarito: E `H7 / C2`
Comentário: Através da percepção da variedade de animais retratados no mosaico e da localização do achado arqueológico, deve-se perceber o contato dos romanos com diversas regiões. A partir da análise das opções e do seu conhecimento prévio, pode-se identificar o expansionismo como uma das características centrais da civilização romana.

8. (PUC-RS – Verão 2014) `Capítulo 6`
Gabarito: D
Comentário: Conhecida como Lei Canuleia, essa medida se insere em um contexto mais amplo em que os plebeus enriquecidos obtiveram diversas conquistas que melhoraram sua posição frente aos patrícios. Com a permissão para o casamento entre linhagens aristocráticas e novas famílias em processo de ascensão social, os setores superiores da plebe foram favorecidos, pois encontraram menos dificuldades para adentrar na elite.

9. (FGV – Ensino Médio) `Capítulo 6`
Gabarito: C `H18 / C4`
Comentário: Uma das mais interessantes fontes para o estudo do comércio no Mediterrâneo provém da arqueologia subaquática. Os naufrágios identificados e pesquisados pelos arqueólogos garantem inúmeras informações sobre o comércio nessa região ao longo dos séculos. Uma dessas informações é o próprio número de naufrágios. Dado que a tecnologia náutica na região não sofreu grandes avanços entre o período helenístico e a baixa Idade Média, é possível afirmar que o número extremamente maior de naufrágios datados para o período romano, em um momento de pacificação do mar sob o Império (*Pax Romana*), serve de indício de uma intensificação das trocas mercantis via mar Mediterrâneo nesse período. Ajudado pelo trecho que os informa sobre a manutenção das técnicas náuticas pré--romanas (que lhes permite concluir que

Gabarito

o aumento do número de naufrágios não se deveu a retrocessos nas técnicas náuticas) e conhecedores do contexto histórico do Mediterrâneo entre os séculos II a.C. e II d.C., deve-se identificar essa análise do gráfico.

10. (UEPB – 2014) Capítulo 6

Gabarito: B

Comentário: Nessa questão, deve-se perceber que as ditas "invasões bárbaras" não foram um evento súbito, mas sim resultado da crescente interação entre o Império Romano e os povos que viviam além de suas fronteiras. A própria queda de Roma assume, portanto, outro significado, pois os povos germânicos serão grandemente influenciados pela herança imperial.

TEMA 2: A REORGANIZAÇÃO DO MUNDO MEDIEVAL

1. (FGV-SP – 2002) Capítulo 7

Gabarito: C

Comentário: Nessa questão, deve-se identificar o impacto político da formação do islamismo. Para construir uma poderosa identidade comum, a nova religião busca se afirmar como superior, única e verdadeira, diferenciando-se tanto das fés monoteístas que lhe precederam e influenciaram – o cristianismo e o judaísmo – como das religiões tradicionais da região. Graças a esses fatores, a expansão árabe ganhou força, contribuindo para disseminar o islamismo.

2. (Fuvest-SP – 2009) Capítulo 7

Gabarito: C

Comentário: A cristandade medieval e o mundo islâmico se formaram quase simultaneamente, e ambos tiveram seus centros no Mediterrâneo. Consequentemente, entraram repetidas vezes em conflito, mas também se influenciaram mutuamente. A oposição entre as duas civilizações tendeu, porém, a escamotear essa importante interação, especialmente visível na Espanha natal de Ortega y Gasset, em razão da invasão muçulmana no final do século VIII, dando início a uma presença que continuará, ainda que de forma crescentemente marginal, até a expulsão dos mouriscos (mouros convertidos à força ao catolicismo) no início do século XVII.

3. (FGV-SP – 2004) Capítulo 7

Gabarito: C

Comentário: Os reinos germânicos que se constituíram na Europa no início da Idade Média foram influenciados de diversas maneiras pelo Império Romano. Uma das principais formas de romanização foi a conversão ao cristianismo, devido à íntima relação entre a Igreja Católica e o Império nos séculos IV e V. Prenunciando estratégias que seriam seguidas ainda por muitos séculos, os religiosos buscaram convencer os líderes a abraçar a nova fé, pois, como nesse caso, através deles poderiam conseguir também a conversão de muitos outros.

4. (Unicamp-SP – 2014) Capítulo 7

Gabarito: A

Comentário: O "barbarismo" não é uma característica inerente a um indivíduo ou sociedade, mas sim um adjetivo atribuído por um grupo específico a outras pessoas, geralmente com o objetivo de desqualificá-las. Assim, o termo era utilizado entre os gregos para se referir aos estrangeiros e pelos romanos para classificar povos fora de suas fronteiras e que não possuíam organizações estatais complexas. É preciso, portanto, entender esse epíteto dentro de seu contexto histórico, evidenciando mais as percepções e os objetivos daqueles que o pronunciavam do que uma caracterização fiel dos grupos assim descritos.

5. (PUC-PR – 2015) Capítulo 7

Gabarito: C

Comentário: O termo "cesaropapismo" refere-se a um regime em que o governante secular ("César", em referência aos imperadores romanos) exerce domínio sobre a Igreja. O Império Bizantino é considerado o principal exemplo dessa forma de governo, embora nem sempre os religiosos ortodoxos tenham aceitado a intervenção do imperador. Alguns estudiosos afirmam que também a Rússia ortodoxa conheceu um regime cesaropapista a partir de meados do século XVI, enquanto outros afirmam que o termo poderia ser usado para descrever a Inglaterra Anglicana após a Reforma Protestante.

6. (UFJF-MG – 2005) Capítulo 7

Gabarito: E

Comentário: Assim como em muitas sociedades ao longo da história humana, religião e política estavam intrinsicamente ligadas no mundo islâmico fundado por Maomé. Os califas retiravam sua legitimidade de sua posição como sucessores religiosos do Profeta, o que lhes permitia se afirmar como líderes de todos os muçulmanos. Assim, a unificação iniciada por Maomé conheceu uma relativa permanência nos séculos seguintes, o que permitiu aos muçulmanos se expandirem territorialmente até a Europa mediterrânica.

7. (Fuvest-SP – 2014) Capítulo 10

Gabarito: A

Comentário: Atualmente, sabe-se que a maneira mais barata e eficaz de preservar a carne era salgá-la, pois, além do sal, a única especiaria que efetivamente conservava os alimentos era a canela. Além disso, a maior parte da carne era consumida fresca e não apodrecida. As especiarias eram desejadas, portanto, para dar mais sabor aos alimentos e para marcar a posição social destacada daqueles que podiam gastar grandes fortunas comprando esses condimentos. O consumo desses produtos de origem asiática e africana na Europa desde antes da expansão marítima evidencia a interação entre os três continentes e a existência de redes comerciais de longa distância mesmo antes da expansão marítima ibérica iniciada no século XV.

TEMA 3: CONSOLIDAÇÃO E CRISE DO FEUDALISMO

1. (Fuvest-SP – 2012) Capítulo 8

Gabarito: A

Comentário: Embora o termo por vezes seja utilizado com um significado econômico – como em "modo de produção feudal" –, o feudalismo pode ser definido como um fenômeno fundamentalmente sociopolítico, pois se caracterizava por uma teia de relações pessoais que uniam indivíduos situados em posições distintas da sociedade. Assim, ainda que a desigualdade fosse um elemento central e constituinte do feudalismo, as relações entre senhores e vassalos eram bilaterais e contratualistas, pois ambos os polos deveriam respeitar certas obrigações e deveres.

2. (Unesp-SP – 2015) Capítulo 8

Gabarito: E

Comentário: O Estado não é a única forma possível de organização política. O feudalismo era, portanto, uma forma de organização alternativa, capaz de responder às necessidades e possibilidades do período. Ao estabelecer uma série de relações pessoais que iam do senhor feudal aos servos, passando pelos cavaleiros, o feudalismo oferecia uma forte base para o exercício do poder na Europa agrária da Idade Média.

3. (FGV – Ensino Médio) Capítulo 8

Gabarito: D H1/C1

Comentário: Um dos mais importantes processos de transformação cultural na Europa foi a lenta cristianização do continente, capitaneado pela Igreja Católica ao longo de muitos séculos. Uma das mais importantes estratégias foi "cristianizar" locais de culto e rituais pré-cristãos. Dessa maneira, a Igreja associava locais e rituais importantes para o cotidiano daquelas populações-alvo da cristianização com a nova religião, tornando menos dramática a ruptura com os costumes e tradições locais. Na contextualização desta questão estão presentes três exemplos dessa estratégia. Uma epístola papal aconselha missionários a não destruir os templos nem proibir os rituais pré-cristãos da população evangelizada – sua adaptação ao cristianismo seria mais eficiente como estratégia evangelizadora. As duas imagens, por sua vez, identificam antigos locais de culto pré-cristãos que foram cristianizados nesse processo.

4. (Unesp-SP – Vestibular 2014) Capítulo 8

Gabarito: A

Comentário: O esforço europeu para reconquistar Jerusalém reforçou a identidade da Europa cristã, pois todos os fiéis de um objetivo comum. Mesmo que tenham, em última instância, fracassado, as diversas regiões fragmentadas foram temporariamente unidas por um propósito comum, sob a influência da Igreja Católica e de seu governante, o Papa, consolidando o papel central dessa instituição na Europa medieval.

5. (FGV – Ensino Médio) Capítulo 9

Gabarito: A H17/C4

Comentário: Uma das mais importantes transformações nas formas de organização da produção na Europa ocorreu durante a Idade Média Central: um complexo processo de desenvolvimento de novas técnicas agrícolas (entre as quais se destaca a expansão do uso da rotação trienal de cultivos, exemplificada na tabela) e de expansão das terras cultivadas (processo analisado no trecho do livro de Mazoyer e Roudart citado) possibilitou um significativo crescimento na produção de alimentos. Esse aumento da produção de alimentos possibilitou um significativo crescimento demográfico na Europa entre os anos 1000 e 1300 (que pode ser identificado no recorte A do gráfico).

6. (FGV – Ensino Médio) Capítulo 9

Gabarito: D H16/C4

Comentário: A adoção generalizada de novas técnicas agrícolas na Baixa Idade Média permitiu um grande aumento da produtividade, o que, somado ao cultivo de áreas antes abandonadas, ampliou, significativamente, a produção de alimentos. Foi possível, assim, ampliar a fecundidade e a longevidade da população europeia. Uma parte dessa população excedente começou a migrar para as cidades. Surgiram, assim, novos grupos sociais, como os comerciantes, e os monarcas começaram um lento processo de fortalecimento que transformou as cidades também em centros políticos. Os séculos XI a XIII conheceram, então, uma intensa expansão europeia que serviu de base para a posterior expansão marítima e econômica.

7. (Enem – 2015) Capítulo 9

Gabarito: B H16/C4

Comentário: A divisão social do trabalho ocorre quando indivíduos, grupos e regiões se especializam em tarefas específicas e dessa forma se tornam mais eficientes. Assim, um sapateiro terá mais habilidade para produzir e consertar sapatos que um camponês que faça isso somente em suas horas vagas. Nas cidades, a maioria da população não produz comida, já que esta em geral vem dos campos próximos. Consequentemente, precisa exercer outras formas de trabalho, especializados. Assim, a urbanização estimulou a divisão social do trabalho, possibilitando o surgimento de indivíduos especializados na produção e transmissão de conhecimento – o intelectual.

8. (FGV – Ensino Médio) Capítulo 9

Gabarito: B H1/C1

Comentário: Um dos mais importantes impactos da crise do século XIV foi o aumento da preocupação dos europeus com o tema da vida após a morte, que surgiu em decorrência da peste negra ter causado muitas mortes – em especial o tema da salvação das almas. Essa transformação na religiosidade pode ser identificada pela difusão de novas formas de representação do Juízo Final, do inferno e da própria morte – mencionadas pelo

Gabarito

texto e exemplificadas pelas imagens. A questão exige que o aluno relacione texto, imagens e seus conhecimentos sobre o contexto histórico específico para identificar esse processo. As outras alternativas contemplam apenas análises parciais do texto ou das imagens.

9. (FGV – Ensino Médio) Capítulo 9

Gabarito: A H15 / C3

Comentário: As revoltas camponesas foram parte fundamental do processo de crise do feudalismo no século XIV. No texto lido, aponta-se que as cidades serviram como importante vetor de estímulo, seja como elemento acirrador das relações de classe em espaços rurais de agricultura semicomercializada, seja como local de estímulo às revoltas de maneira subjetiva, no plano das ideias e das expectativas.

10. (Enem – 2015) Capítulo 10

Gabarito: D H1 / C1

Comentário: Em sociedades rurais, o ritmo de atividades é determinado pelas condições climáticas e pelo ciclo agrícola. Assim, o trabalho (que representava a maior parte da vida do campesinato, grupo social retratado na maior parte do calendário e que compunha a maior parte da população europeia) variava de acordo com as estações: arar a terra, plantar, colher, moer os grãos, etc.

11. (Fuvest-SP – 2016) Capítulo 9

Gabarito: B

Comentário: A partir do século XI, a Europa do feudalismo viveu um período de acelerado crescimento econômico e populacional. A grande produção de riqueza propiciou um avanço do comércio, tanto dentro da Europa quanto com outros continentes. A expansão das redes comerciais exigiu que os negociantes contassem com o tempo ao calcular seus investimentos, pois as viagens demoravam meses ou mesmo anos, por serem feitas majoritariamente por terra e por atravessarem grandes distâncias.

TEMA 4: A FORMAÇÃO DO ANTIGO REGIME

1. (Enem – 2011) Capítulo 11

Gabarito: E H16 / C4

Comentário: O trecho citado indica que concepções que valorizavam o gênio humano começaram a se desenvolver já no século XIII. Assim, é possível perceber como a ruptura entre Renascimento e Idade Média não foi tão absoluta como os próprios renascentistas e seus apologistas posteriores vieram a defender, pois diversos precedentes medievais foram fundamentais para o desenvolvimento do mundo moderno.

2. (FGV – Ensino Médio) Capítulo 11

Gabarito: D H1 / C1

Comentário: Devem-se identificar no trecho e na pintura selecionada algumas das principais características do movimento renascentista, que se manifestou na Literatura, nas Artes plásticas, na Filosofia e na Ciência. Ao interpretar os textos, devem-se identificar os aspectos que permitiram que o Renascimento fosse considerado um momento fundacional na constituição da modernidade e de ruptura com a Idade Média, de acordo com as visões historiográficas clássicas – seguindo as afirmações dos próprios pensadores da Renascença. Nesse sentido, deve-se perceber que o antropocentrismo, o humanismo, o naturalismo, o hedonismo e o racionalismo são características próprias das obras renascentistas que buscam resgatar valores greco-romanos como a estética, por exemplo.

3. (Enem – 2011) Capítulo 11

Gabarito: B H1 / C1

Comentário: A produção artística renascentista muitas vezes buscou utilizar técnicas sofisticadas, como a perspectiva, para criar uma ilusão de realidade. O saber técnico era, portanto, um elemento central da estética do Renascimento, estando muitas vezes diretamente relacionado com a busca pelo conhecimento – a exemplo de Leonardo da Vinci, que se destacou em muitas outras áreas além da pintura.

4. (FGV – Ensino Médio) Capítulo 13

Gabarito: E H1 / C1

Comentário: Desde o início do século XV, discutia-se a necessidade de reformar a Igreja Católica, e as maiores críticas a ela partiam de dentro da instituição. Entretanto, por mais que se reconhecesse a necessidade de mudanças, essas não foram implementadas. Ao mesmo tempo, o avanço do humanismo e a busca por exemplos na Antiguidade levaram a uma revalorização do cristianismo primitivo e do estudo da Bíblia. Ficavam cada vez mais flagrantes, portanto, não só a inadequação da Igreja Católica, como também a necessidade de uma fé mais individual entre todos. A religião devia ser uma questão essencial para todos, não só para os eclesiásticos.

5. (Fuvest-SP – 2013) Capítulo 13

Gabarito: A

Comentário: A partir do final do século XV, as Inquisições modernas foram criadas na Espanha (1478), em Portugal (1536) e por último na Itália (1545) para perseguir aqueles que se desviavam dos dogmas católicos. Embora a perseguição aos protestantes fosse parte de suas atividades, especialmente na Península Itálica, os inquisidores tinham um objetivo mais amplo: influenciar as consciências de todos os fiéis, que deveriam saber que poderiam ser alvo da ação do Santo Ofício. Entretanto, apesar da perseguição, muitos mantinham crenças distintas das defendidas pela Igreja Católica – a exemplo do moleiro Menocchio, o qual, para além de outras afirmações polêmicas, tem uma visão relativista sobre a religião, afirmando acreditar no cristianismo por ter sido criado nele, mas reconhecendo que todos os judeus e muçulmanos pensariam o mesmo de suas respectivas fés.

6. (PUC-SP – 2014) Capítulo 13

Gabarito: B

Comentário: As reformas tiveram efeitos para além da Europa, pois a expansão ultramarina ofereceu novos campos de batalha para aqueles desejosos de disseminar o que entendiam como a palavra de Deus. A predominância inicial de dois resolutos defensores do catolicismo, Portugal e Espanha, foi fundamental para a expansão católica que pôde, em algum grau, reverter as perdas que a Igreja sofrera na Europa.

7. (UFMG – 2008) Capítulo 13

Gabarito: B

Comentário: Os trechos citados sintetizam alguns preceitos centrais de três religiões reformadas. O luteranismo, cuja origem teológica era a reflexão de Lutero sobre a salvação, buscou na graça divina a fonte da salvação, pois todo homem seria pecador e, consequentemente, não mereceria o céu, independente das boas ações que fizesse. Por isso, somente a fé salvaria. Já o anglicanismo surgiu a partir da ação política de Henrique VIII, que buscava o poder da monarquia inglesa. Assim, o controle régio sobre a Igreja era uma das características mais salientes dessa nova confissão de fé. Por último, o calvinismo procurou resolver a problemática da salvação de outra forma, enfatizando que Deus escolhia alguns homens para serem salvos, e que haveria sinais externos que permitiriam saber quem era predestinado, como a moralidade, a prosperidade e a religiosidade.

8. (Uern – 2015) Capítulo 14

Gabarito: B

Comentário: O trecho se caracteriza por uma retórica absolutista que buscava legitimar e ampliar o poder régio. Se lembrarmos de que *Leviatã* foi escrito no contexto da Guerra Civil inglesa, podemos perceber que essa argumentação buscava exatamente evitar esse tipo de conflito interno.

9. (Enem – 2012) Capítulo 14

Gabarito: B H8 / C2

Comentário: A partir da informação de que o regime inglês era excepcional e das restrições à atuação do rei descritas pelo documento, é possível identificar a principal característica da monarquia parlamentar britânica em oposição aos regimes continentais: a limitação do poder régio. Porém, é preciso não exagerar na definição do que seria "absolutismo", pois mesmo os mais poderosos soberanos conheciam diversas limitações à sua atuação e precisavam obter aliados para realizar seus objetivos.

10. (FGV – Ensino Médio) Capítulo 14

Gabarito: D H15 / C3

Comentário: Koselleck, no texto II, identifica o contexto histórico no qual as ideias de Hobbes, expressas na passagem citada no texto I, desenvolveram-se mostrando a relação direta entre elas e o problema das guerras religiosas e do Estado absolutista. Concepções autoritárias de governo, muitas vezes, recorrem, para sua legitimação, à concepção de que a sociedade, sem um *governo forte*, desaguaria na mais violenta anarquia.

11. (FGV – Ensino Médio) Capítulo 14

Gabarito: A H13 / C3

Comentário: A Guerra Civil inglesa (1642-1649) foi um momento crítico na história britânica, no qual uma inédita liberdade de imprensa permitiu que os grupos mais distintos divulgassem suas ideias – incluindo aqueles que defendiam os interesses dos mais desfavorecidos, como os pobres urbanos e, especialmente, camponeses sem terra. O Exército do Novo Tipo, do líder puritano Oliver Cromwell, reuniu dezenas de milhares de indivíduos, dentre os quais centenas de radicais que procuraram divulgar suas ideias antes de serem violentamente reprimidos. Assim, em uma situação inédita, grupos radicais puderam disseminar projetos de mudança radical da estrutura social, defendo a coletivização da terra e o fim da propriedade privada.

TEMA 5: A EXPANSÃO IBÉRICA E A ABERTURA DO MUNDO

1. (Enem – 2014) Capítulo 12

Gabarito: C H1 / C1

Comentário: O medo era um sentimento sempre presente no imaginário europeu sobre o mar na época moderna. Apesar do gradual avanço sobre os oceanos a partir do século XV, as viagens marítimas ainda eram muito arriscadas, ao que se somava a herança das lendas e mitos medievais sobre os perigos do mar.

2. (Fuvest – 2012) Capítulo 12

Gabarito: B

Comentário: Religião, política e economia frequentemente se entrelaçam até hoje, e esse fenômeno era muito mais onipresente na época moderna. Além disso, raramente processos históricos complexos têm apenas uma causa. Assim, a expansão marítima possuía uma justificativa religiosa (a conversão de novos povos ao catolicismo e o combate aos muçulmanos) e era impulsionada por uma mentalidade cruzadística que ainda via como ideal a expulsão dos muçulmanos de Jerusalém. Entretanto, era preciso financiar um empreendimento muito caro, e o comércio podia cumprir essa tarefa. Assim, a religião legitimava a expansão comercial, o comércio financiava a expansão religiosa e ambos ampliavam o prestígio e o poder da monarquia portuguesa.

3. (Unama-PA – 2014) Capítulo 12

Gabarito: D

Comentário: Os oceanos desconhecidos também eram percebidos como um lugar potencialmente maravilhoso, escondendo segredos como o Paraíso Terrestre. Assim, o desconhecido não só repelia, mas também atraía os navegadores. Além disso, também cabe destacar que embora os avanços técnicos tenham sido importantes para as grandes navegações, a religião ainda era um elemento central da visão de mundo dos exploradores, de maneira que continuou a influenciar suas ações.

4. (Fuvest-SP – 2013) Capítulo 15

Gabarito: C

Comentário: Influenciado pela narrativa do viajante medieval Marco Polo, Colombo esperava encontrar as grandes civilizações asiáticas ao fim de sua viagem. Entretanto, ele e seus companheiros se depararam com grupos autóctones com organizações sociais muito distintas ao chegarem ao Caribe, região na qual se desenrolou a colonização espanhola nas primeiras décadas. O contato com os impérios mexica (ou asteca) e inca na Mesoamérica e nos Andes, porém, demonstrou para os europeus a riqueza e o vigor das civilizações americanas, capazes de construir cidades e monumentos que igualaram ou superaram tudo que os conquistadores haviam visto na Europa.

5. (Uespi – Vestibular 2014.1) Capítulo 15

Gabarito: B

Comentário: A economia e as formas de trabalho compulsório na América Espanhola basearam-se em estruturas indígenas preexistentes, e que os nativos foram capazes, apesar das dificuldades, de manter suas próprias comunidades. Assim, as características da colonização espanhola foram grandemente influenciadas pelas estruturas autóctones que encontraram – a exemplo da tradição de trabalho rotativo para o Inca, a *mit'a*, que vai ser fundamental para a colonização hispânica do Peru – especialmente para fornecer trabalhadores para a mineração.

6. (PUC-RS – 2014) Capítulo 15

Gabarito: C

Comentário: A dominação espanhola não apagou as culturas indígenas, e estas procuraram manter suas características mesmo durante a colonização. Por isso, a exploração europeia sobre os grupos nativos se deparou com diversas formas de resistência, por vezes dissimulada, através da manutenção das crenças locais e da desobediência das ordens dos colonizadores, e em outros momentos aberta, através de rebeliões armadas.

7. (Enem – 2013) Capítulo 16

Gabarito: A H1 / C1

Comentário: A religião ocupava um papel central na legitimação da expansão ibérica, pois a catequização servia de fundamento para justificar a concessão pelo papa de bulas que dividiam o mundo entre Portugal e Espanha. A conversão dos nativos era, portanto, um elemento central para justificar a posse da terra a que Cabral tinha chegado.

8. (Fuvest-SP – 2016) Capítulo 16

Gabarito: A

Comentário: Nas primeiras três décadas do século XVI, os portugueses estavam mais interessados no comércio com a Ásia e a África, pois as populações encontradas na América não produziam excedentes facilmente comercializáveis com os europeus. Assim, a presença lusitana no Brasil foi limitada até a década de 1530, baseando-se em feitorias para comércio de pau-brasil com os povos autóctones. Consequentemente, o litoral permanecia muito pouco defendido, permitindo que os franceses visitassem frequentemente a costa e se aliassem com os nativos, também em busca da madeira de tinta. Os esforços de ocupação da América portuguesa estavam, portanto, diretamente ligados ao objetivo de garantir a posse do território frente às investidas francesas.

9. (FGV – Ensino Médio) Capítulo 16

Gabarito: A H11 / C3

Comentário: Num primeiro momento, os jesuítas tentaram catequizar os índios, percorrendo, com grande risco pessoal, as aldeias nativas. A criação dos aldeamentos ou aldeias jesuíticas mudou, radicalmente, a metodologia da catequese. O estabelecimento e a convivência de etnias diferentes num mesmo aldeamento promoveram a construção de novas identidades, como a de índio aldeado, súdito cristão, submetidas à autoridade dos jesuítas e do monarca.

10. (FGV – Ensino Médio) Capítulo 16

Gabarito: E H24 / C5

Comentário: No Antigo Regime, a cidadania tinha um caráter profundamente excludente, pois apenas uma pequena parcela da população era considerada cidadã, estando essa condição quase sempre ligada à riqueza e aos privilégios de uns que podiam efetivamente participar do mando e do governo político, o que contrasta com a noção atual, atrelada à noção de igualdade dos direitos civis e políticos garantidos constitucionalmente.

TEMA 6: A ESCRAVIDÃO E A CONSTRUÇÃO DO MUNDO ATLÂNTICO

1. (Fuvest-SP – 2015) Capítulo 17

Gabarito: E

Comentário: Por muito tempo se falou em "ciclos econômicos": pau-brasil, açúcar, ouro e café. Entretanto, nos últimos tempos têm-se enfatizado que os vários produtos coexistiram, ainda que geralmente em áreas diferentes, e que muitos outros exerceram um papel fundamental – como o tabaco, exportado para a África, Ásia e Europa em grandes quantidades desde o final do século XVII. Assim, desde o início da colonização, a economia do Brasil foi mais diversificada do que geralmente se crê, especialmente quando levamos em conta a crescente produção de alimentos, necessária para abastecer uma população cada vez maior.

2. (Enem – 2012) Capítulo 17

Gabarito: B H5 / C1

Comentário: A experiência de tráfico, cativeiro e exploração foi fundamental para a formação de uma identidade cultural afro-brasileira, pois propiciou o surgimento de práticas e ideias particulares a esse grupo, nascidas do contexto de opressão e resistência em que viviam. A cultura afro-brasileira se tornou parte do patrimônio imaterial do país, a exemplo da capoeira, do jongo e da culinária tradicional baiana do acarajé e do vatapá.

3. (FGV – Ensino Médio) Capítulo 17

Gabarito: E H18 / C4

Comentário: Por meio do texto, é possível concluir que a economia colonial não se limitava às grandes propriedades rurais exportadoras, ela se caracterizava também por pequenas unidades de produção de gêneros alimentícios para o consumo do mercado interno.

4. (FGV – Ensino Médio) Capítulo 17

Gabarito: B H27 / C5

Comentário: A colonização portuguesa trouxe para o Brasil atividades econômicas realizadas de forma muito mais intensa do que a exploração tradicional dos nativos. Os custos da colonização não foram somente humanos; a exploração predatória causou danos significativos a todos os ecossistemas contatados: tornaram o pau-brasil uma árvore rara, queimaram imensas extensões de terra para cultivar mandioca, tabaco, açúcar e, principalmente, para criar pastagens para os imensos rebanhos de gado bovino; caçaram, predatoriamente, as baleias no litoral. O ecossistema mais afetado foi a Mata Atlântica, reduzida a uma extensão muito menor do que seu tamanho original ainda no período colonial.

5. (FGV – Ensino Médio) Capítulo 17

Gabarito: A H11 / C3

Comentário: Classes escravistas em distintas realidades históricas perceberam que, apesar de fundamental para a reprodução do sistema escravista, a simples coerção violenta extrema não é um instrumento eficaz de controle social – dado que estimula a resistência e a rebelião sistemática dos escravos. Essas classes escravistas logo desenvolveram estratégias para que, ao lado da coerção violenta, existissem outras de controle social, como a permissão para certas atividades autônomas por parte dos escravos – fossem elas produtivas ou religiosas.

6. (UFT-TO – 2014) Capítulo 18

Gabarito: E

Comentário: O mercantilismo não era uma ideologia claramente definida, mas uma série nem sempre coerente de princípios que foi empregada pelos Estados europeus para se fortalecer. Assim, buscou estimular a produção nacional, a subordinação das colônias em benefício da metrópole e a obtenção de uma balança comercial favorável (exportar mais do que importar), dentre outras ideias.

7. (FGV – Ensino Médio) Capítulo 18

Gabarito: A H7 / C2

Comentário: Nos combates travados na Guanabara, tanto portugueses quanto franceses utilizaram-se das rivalidades existentes entre algumas etnias indígenas para conquistar territórios. Em contrapartida, os indígenas também não deixavam de usar as rivalidades entre os europeus para resolver suas disputas e conseguir benefícios. Assim, é possível perceber que tais conflitos envolveram todos esses atores sociais, europeus e indígenas, principalmente quando se trata da expulsão dos franceses na invasão da baía da Guanabara.

8. (FGV – Ensino Médio) Capítulo 18

Gabarito: D H18 / C4

Comentário: O texto faz referência ao processo de invasão holandesa no Nordeste da América portuguesa. O objetivo central da Companhia das Índias Ocidentais e de Maurício de Nassau era apoderar-se do lucrativo comércio do açúcar que era produzido na região Nordeste. Durante a União Ibérica (1580-1640), Portugal ficou sob o jugo espanhol, que não conseguiu conter a presença de corsários holandeses na costa do Brasil, culminando no processo de invasão iniciado em 1624, com a tentativa de invadir Salvador. O auge desse processo de invasão se deu em 1637, com a chegada de Maurício de Nassau a Pernambuco. Ao longo da União Ibérica, os holandeses e suas poderosas companhias de comércio conquistaram vastas partes do Império Português na América, na África e na Ásia.

9. (Enem – 2007) Capítulo 19

Gabarito: D H7 / C2

Comentário: A expansão marítima europeia representou o início da inserção da África subsaariana no mercado em processo de globalização. Essa integração foi, porém, danosa à África, pois o tráfico de escravos retirou milhões de pessoas do continente e estimulou guerras internas, causando a morte de muitos. Não se deve ignorar, no entanto, que na Época Moderna muitas elites africanas se beneficiaram do comércio de seres humanos, e que o continente só foi efetivamente colonizado a partir da segunda metade do século XIX.

10. (FGV – Ensino Médio) Capítulo 19

Gabarito: E H11 / C3

Comentário: Pode-se, a partir da leitura do texto, identificar a importância da tributação na sociedade do Reino do Congo no século XIV, apontando não só o aspecto econômico, mas o de organizador de hierarquias sociais e manutenção do *status quo*. Assim, o estudante deve perceber que, antes do contato com os europeus, já havia regiões da África com organizações políticas complexas e diferenças sociais entre seus habitantes.

11. (FGV – Ensino Médio) Capítulo 19

Gabarito: B H18 / C4

Comentário: A história da África é um elemento constituinte da história brasileira, região do Novo Mundo que recebeu mais cativos africanos: 5,5 milhões, quase a metade do total, durante os quatro séculos do tráfico transatlântico. Como se reconhecia desde meados do século XVII, a produção para exportação na América portuguesa só era possível graças ao imenso influxo de cativos africanos, especialmente de Angola – a primeira região do continente negro sob domínio de uma metrópole europeia. Assim, enquanto a estrutura socioeconômica brasileira girava em torno da mão de obra africana, a vida em Angola girava em torno do fornecimento de cativos para o outro lado do Atlântico, em uma estrutura transoceânica complementar que permaneceu até o fim definitivo do tráfico, em 1850.

TEMA 7: O DESENVOLVIMENTO DO MUNDO MODERNO: ILUMINISMO, REVOLUÇÃO AMERICANA, REVOLUÇÃO FRANCESA E REVOLUÇÃO INDUSTRIAL

1. (Enem – 2014) Capítulo 20

Resposta: C H1 / C1

Comentário: Desde meados do século XVI, diversos pensadores vão buscar ampliar o conhecimento humano sobre o mundo através da observação e da análise matemática da realidade. O modelo heliocêntrico do astrônomo polonês Nicolau Copérnico, importante inspiração de Galileu, foi um dos primeiros a basear-se nesses dois pilares (empiria e matematização), que se tornaram fundamentais para permitir uma compreensão mais acurada da realidade e romper com o domínio da filosofia escolástica de base medieval e aristotélica.

2. (Enem – 2012) Capítulo 20

Gabarito: B H24 / C5

Comentário: A crítica de muitos iluministas ao poder régio dito absolutista não representava um questionamento de toda autoridade, pois em sua concepção uma sociedade bem ordenada exigia limitações à liberdade individual para o bem social. Assim, diversos iluministas foram mesmo defensores da monarquia como forma de governo, vendo os reis como os mais indicados para colocar em prática as reformas iluministas contra a ignorância e conservadorismo da maior parte da população.

3. (FGV – Ensino Médio) Capítulo 20

Gabarito: C H24 / C5

Comentário: O Iluminismo foi um movimento complexo. Entretanto, a maioria dos autores mais influentes caracterizou-se por uma crítica à concentração de poderes em poucos indivíduos, nomeadamente um rei e seus ministros escolhidos. Nem todos, porém, eram a favor de uma forma de governo verdadeiramente popular, em razão do próprio caráter elitista do movimento. Rousseau diferenciava-se ao propor uma sociedade em que não vigorassem somente as liberdades individuais, mas também a igualdade, em uma perspectiva radical, pois não se restringia à igualdade jurídica defendida pela maioria dos iluministas. De acordo com esse radicalismo, a única política aceitável seria uma em que todos pudessem participar dela de forma efetiva: a democracia direta.

4. (Fuvest-SP – 1997) Capítulo 20

Gabarito: E

Comentário: A maioria dos autores iluministas criticava o Antigo Regime, mas não pregava sua revolução. Muitos chegavam mesmo a crer que a monarquia era a forma ideal de governo, especialmente para os maiores países, como a França, e que os monarcas eram os indivíduos mais capacitados a colocar em prática as reformas desejadas – mesmo quando estas iam contra a vontade da maior parte da população. Por sua vez, os governantes geralmente viam a associação com os intelectuais ilustrados como uma forma de ampliar seu prestígio e racionalizar a administração, expandindo dessa forma o poder régio e tornando o Estado mais eficiente.

5. (FGV – Ensino Médio) Capítulo 20

Gabarito: D H4 / C1

Comentário: Jean-Jacques Rousseau foi um dos grandes pensadores do século XVIII, fazendo parte do movimento intelectual que ficou denominado Iluminismo. Apesar de ter participado da obra emblemática desse período, a *Enciclopédia*, Rousseau distanciara-se dos demais pensadores ilustrados, tanto por questões pessoais quanto ideológicas. Rousseau defendia que o homem, num hipotético Estado da Natureza antes da formação da sociedade, seria bom, idealizando os "selvagens" (como os indígenas americanos) cujo estilo de vida não seria contaminado pelas restrições impostas pela civilização. Para o intelectual suíço, portanto, o progresso não seria positivo, o que representava uma grande diferença em relação à maioria dos filósofos iluministas.

6. (UPM-SP – 2014) Capítulo 23

Gabarito: E

Comentário: A Revolução Industrial inglesa, iniciada na segunda metade do século XVIII, consolidou as relações capitalistas de produção que estavam se disseminando desde o século XVI. Em razão do avanço dos latifúndios e do cercamento dos campos, o campesinato se enfraqueceu e cada vez mais pessoas precisavam trabalhar por salários para sobreviver. Assim, ao mesmo tempo em que a Inglaterra capitalista produzia cada vez mais riqueza, a desigualdade social e o número de miseráveis também aumentava, em uma sociedade cada vez mais polarizada entre ricos e pobres.

7. (Unesp-SP – 2013) Capítulo 23

Gabarito: C

Comentário: A atividade industrial exige que os operários sigam um horário definido pelo patrão e atuem de forma disciplinada e coletiva, rompendo com os padrões mais flexíveis do trabalho rural ou artesanal. Assim, toda a cultura dos trabalhadores ingleses teve que ser transformada, o que só pôde ser conseguido através da violenta repressão dos patrões e do Estado.

8. (FGV – Ensino Médio) Capítulo 23
Gabarito: C   H20 / C4

Comentário: A autora destaca o papel da mecanização da produção no aumento do controle do patrão sobre o empregado. A máquina libertou os capitalistas do poder dos operários que dominavam um ofício e, por isso, eram mais dificilmente substituídos. Como a maquinofatura não exigia operários muito treinados, era possível manter os salários baixos e reprimir a insatisfação através da constante ameaça de demissão.

9. (Enem – 2009) Capítulo 23
Gabarito: C   H28 / C6

Comentário: O grande crescimento da produção e da produtividade desde a Revolução Industrial exigia matéria-prima e fontes de energia para mover as máquinas, a exemplo do carvão e do ferro. Assim, a indústria produziu um impacto crescente sobre o meio ambiente, transformando o mundo em que vivemos e dando origem a uma série de problemas que enfrentamos nos dias de hoje.

10. (FGV – Ensino Médio) Capítulo 23
Gabarito: C   H16 / C4

Comentário: Afirmando serem liderados pela figura simbólica de Ned Ludd (ou General, ou Capitão Ludd), vários trabalhadores passaram a invadir as fábricas tendo a intenção de destruí-las, culpando as máquinas pela piora de suas condições de vida e trabalho. Isso ocorreu nos primórdios do movimento operário, entre 1811 e 1816, antes mesmo da formulação de um programa político de reivindicações populares. Apesar de seu caráter conservador, é importante não descartar tais ações como irracionais, pois elas faziam parte de um contexto mais amplo de reivindicações em defesa dos salários e condições de vida dos operários. O movimento terminou completamente desarticulado em função da perseguição policial (entre 1812 e 1821), porém a campanha dos operários se reorganizaria mais tarde em torno do programa conhecido como a Carta do Povo (ou cartismo) na década de 1830.

11. (ESPM-SP – 2012) Capítulo 24
Gabarito: B

Comentário: A independência das Treze Colônias pode ser pensada como resultado de um prolongado conflito entre colonos que desejavam manter a autonomia que haviam gozado durante a maior parte de sua história e uma metrópole desejosa de reforçar seu controle e de obter recursos de uma região cada vez mais rica. O monopólio do chá, as resistências coloniais e a consequente reação metropolitana se inserem, portanto, nesse contexto mais amplo.

12. (Unicamp-SP – 2015) Capítulo 24
Gabarito: D

Comentário: A historiadora enfatiza, no trecho citado, a inovação que a ideia de direitos humanos representou na segunda metade do século XVIII, comparando declarações das Revoluções Gloriosa (Inglaterra, 1688-1689), Americana (1776) e Francesa (1789). Destaca, assim, o princípio de igualdade jurídica perante a lei. Entretanto, cabe sempre lembrar aos estudantes que essa igualdade era válida para apenas uma pequena minoria da população.

13. (FGV – Ensino Médio) Capítulo 24
Gabarito: A   H24 / C5

Comentário: A contradição apontada no texto refere-se a uma suposta igualdade de todos os homens, garantida pela Constituição, e a manutenção da escravidão, situação na qual os escravos estavam excluídos de todos os direitos. A opção que explica essa contradição é o racismo de segregacionistas, que faziam os norte-americanos verem os africanos e seus descendentes como inferiores e, portanto, não merecedores de cidadania.

14. (Enem – 2007) Capítulos 24 e 25
Gabarito: C   H22 / C5

Comentário: Embora o Iluminismo não tenha sido a única causa da Era das Revoluções, suas críticas ao Antigo Regime foram fundamentais para inspirar e sugerir transformações. A crítica aos privilégios e a desigualdade jurídica característica das monarquias com suas nobrezas e clero acabaram por estimular a adoção da igualdade perante a lei e a consequente percepção de que havia direitos que podiam e deviam ser compartilhados por todos.

15. (FGV – Ensino Médio) Capítulo 25
Gabarito: A   H22 / C5

Comentário: A Revolução Francesa marcou época e influencia a maneira de pensar a política em todo o mundo nos últimos duzentos anos, sendo referência para a ampliação da participação política popular e mesmo para a invenção do conceito de Direitos Humanos, especialmente com a Declaração dos Direitos do Homem e do Cidadão. Entretanto, como os trechos do manifesto de Olympe de Gouges deixam claro, as mulheres não estavam incluídas na definição de cidadania, mesmo tendo sido parte constituinte do movimento revolucionário. É possível, assim, refletir, a partir desse exemplo, como o conceito de cidadania evoluiu lentamente ao longo de séculos, a partir dos esforços dos movimentos sociais.

16. (FGV – Ensino Médio) Capítulo 25
Gabarito: D   H11 / C3

Comentário: Destaca-se a fidelidade dos movimentos camponeses de 1789 à monarquia, pois acreditavam que agiam de acordo com a vontade do rei. Apesar de eventualmente liderados por autoridades locais da zona rural – mas não burguesas –, não foram manipulados nem seguiam o Iluminismo, muito mais presente em áreas urbanas. Assim, foram movimentos baseados fundamentalmente na insatisfação camponesa contra as exigências feudais dos senhores e a intenção de consolidar a propriedade camponesa.

Gabarito

TEMA 8: O BRASIL DA DESCOBERTA DO OURO À VINDA DA CORTE

1. (FGV – Ensino Médio) `Capítulo 21`
Gabarito: C `H29 / C6`
Comentário: Nos séculos XVI e XVII, apesar das expedições dos bandeirantes em São Paulo e da pecuária no sertão das áreas costeiras, a ocupação colonial estava quase totalmente restrita ao litoral. Entretanto, com o início da corrida do ouro em finais do século XVII, pela primeira vez criaram-se vilas e cidades no interior do Brasil, incentivando a ocupação. O crescimento populacional propiciou a formação de atividades ligadas ao abastecimento interno e à consolidação de uma maior integração econômica que ligava Minas Gerais ao Rio Grande do Sul, Rio de Janeiro e Bahia. Assim, a descoberta do ouro foi um momento fundamental da formação e integração do território brasileiro, com reflexos nos séculos seguintes.

2. (UFSM-RS – 2011) `Capítulo 21`
Gabarito: C
Comentário: O avanço das relações capitalistas de produção na Inglaterra, tanto no campo quanto nas cidades, datava ao menos do século XVII. Assim, a assinatura do Tratado de Methuen abriu caminho para que as manufaturas britânicas, cada vez mais competitivas no cenário europeu, dominassem o mercado português. Consequentemente, estabeleceu-se um *deficit* comercial que permitiu a transferência de cerca da metade do ouro brasileiro para a Inglaterra, em pagamento das importações lusitanas.

3. (UFRGS-RS – 2007) `Capítulo 21`
Gabarito: C
Comentário: A partir da interpretação do gráfico, o estudante deve perceber que a produção aurífera atinge seu ápice na primeira metade do século XVIII em Minas Gerais através da exploração dos depósitos mais acessíveis de ouro. Por volta de 1740 e 1740 a produção excede 10 000 quilogramas. A decadência se deveu em grande medida ao fato de que não houve um esforço para implantar técnicas mais avançadas, de modo que, quando ocorreu um esgotamento das reservas mais acessíveis de ouro, a produção sofreu uma decadência acelerada. A descoberta de novas jazidas, como em Goiás (que atingiu seu maior nível em 1755) e Mato Grosso (cujo nível produtivo sempre foi pequeno, em comparação com as demais regiões), atrasou temporariamente o declínio da produção aurífera global do Brasil, mas, como eram reservas pequenas, logo a tendência de diminuição se afirmou como dominante. Entretanto, cabe sempre lembrar que a diminuição da produção de ouro não representou uma séria crise econômica devido à consolidação do mercado interno colonial.

4. (Fuvest-SP – 1993) `Capítulo 22`
Gabarito: D
Comentário: A partir de um livro clássico na historiografia colonial, a questão demanda que o aluno identifique que o escravismo e a presença de africanos e indígenas transformaram as hierarquias sociais herdadas do reino, colocando a cor e o estatuto jurídico de livre ou escravo como elementos centrais para compreender as desigualdades sociais no Brasil.

5. (FGV – Ensino Médio) `Capítulo 22`
Gabarito: B `H25 / C5`
Comentário: As irmandades religiosas, embora fossem instituições de origem europeia, foram apropriadas pelos cativos, libertos e seus descendentes, que as utilizaram de maneira a melhorar suas condições de vida na sociedade escravista colonial e estabelecer os laços interpessoais necessários para viver em sociedade. Entretanto, se podiam representar o fortalecimento de fragmentadas comunidades de afrodescendentes, também tinham o efeito de integrá-los na sociedade colonial em posição subalterna aos brancos proprietários, mantendo, assim, a hierarquia característica nessa sociedade.

6. (FGV – Ensino Médio) `Capítulo 22`
Gabarito: B `H11 / C3`
Comentário: O texto destaca o apoio dos senhores aos laços entre os cativos, mesmo que contrariando as normas da Igreja, que condenavam a coabitação de casais não casados. A autora destaca, contudo, que os donos de escravos não faziam esforços ou pressões para regularizar essa situação. Isso ocorria tanto pelo desejo de evitar custos quanto pela vontade de evitar a intervenção eclesiástica no controle dos cativos, pois escravos casados adquiriram direitos, como não ser separado de seu cônjuge – mesmo que ele fosse propriedade de outro senhor.

7. (UFSM-RS – 2011) `Capítulo 26`
Gabarito: C
Comentário: A partir da datação contida no texto – *levante do final do século XVIII* – e da ironia expressa na charge – uma vez que poucos conhecem o nome dos que foram executados pela repressão ao movimento (Manuel Faustino, João de Deus do Nascimento, Luis Gonzaga das Virgens e Lucas Dantas) –, o estudante consegue chegar à conclusão de que o movimento tratado é a chamada Conjuração Baiana, que teve como inspiração as ideias disseminadas pela Revolução Francesa e lutava pela igualdade entre os cidadãos, atentando especialmente para a questão racial. Diferente da Inconfidência Mineira, tornada famosa por ter sido adotada pela República como um movimento fundador, elegendo-se a figura de Tiradentes como herói e mártir nacional, o levante baiano foi escamoteado na memória nacional por não representar as elites do Centro-Sul que dominaram a política brasileira desde 1889.

8. (FGV – Ensino Médio) `Capítulo 26`
Gabarito: C `H13 / C3`
Comentário: A troca de ideias e o discurso político ajudam a transportar in-

satisfações pelo território colonial. Mais do que a leitura individual e silenciosa de autores iluministas e notícias sobre a independência dos recém-fundados Estados Unidos da América, foi em meio a boatos e murmúrios que as confabulações do alferes se propagaram, encontrando simpatizantes, e também denunciantes. É possível que o caráter exageradamente expansivo de Tiradentes tenha contribuído tanto para seu sucesso em divulgar suas ideias e insatisfações quanto para ser escolhido como o único *inconfidente* a ser executado.

9. (Enem – 2014) Capítulo 26
Gabarito: B H7/C2
Comentário: Ao acabar com o monopólio colonial e transformar o Rio de Janeiro no centro do império português, a relação com Portugal tornou-se desnecessária para o Brasil, cuja economia já havia ultrapassado a da metrópole. Assim, a dominação da Coroa portuguesa passou a ser exercida a partir do Rio de Janeiro – o que, inclusive, gerou insatisfação em outras capitanias, que se sentiram até mais exploradas com a proximidade da monarquia, como no caso de Pernambuco, que se rebelou em 1817.

TEMA 9: A CRIAÇÃO DAS NAÇÕES AMERICANAS

1. (Uneal – 2015) Capítulo 27
Gabarito: D
Comentário: É importante considerar a inserção da América Latina nas correntes ideológicas do mundo atlântico, que influenciaram de diversas maneiras os movimentos de independência. Se a independência americana serviu de inspiração, a haitiana foi lida como um aviso sobre os perigos da mobilização subalterna. Se as independências se concretizaram, muitas aspirações não frutificaram – a exemplo da unificação sonhada por Bolívar, que englobaria o território hispano-americano em uma só nação.

2. (Unesp-SP – 2015) Capítulo 27
Gabarito: D
Comentário: Bolívar atuou em grande parte da América do Sul contra o domínio espanhol, mas, apesar de sua influência, jamais conseguiu unificar o mundo hispano-americano como pretendia. Mesmo a Grã-Colômbia, que governou até quase sua morte, fragmentou-se. As disputas entre as elites locais, as distâncias geográficas e a falta de integração econômica impossibilitaram a realização do projeto do dito "Libertador" da América.

3. (FGV – Ensino Médio) Capítulo 27
Gabarito: A H25/C5
Comentário: Os índios, na América Latina do século XIX, ocupavam a base da pirâmide social, sofrendo com a intensa exploração da mão de obra no setor primário da economia. As agitações liberais, com palavras de ordem irradiadas da Revolução Francesa, cativaram esse setor da sociedade que nutria esperanças de experimentar um processo de inclusão social nas futuras repúblicas. Ambição que, contudo, foi frustrada pelo domínio dos caudilhos nessas nações e pela contínua exclusão dos povos nativos. Em muitos sentidos, sua condição piorou, pois em diversas regiões perderam acesso às suas terras e viram diminuir a parca proteção que o Estado antes lhes dava.

4. (Unesp-SP – 2012) Capítulo 29
Gabarito: B
Comentário: Os novos Estados que surgiram na América hispânica passaram por traumáticas guerras de independência, no qual membros das elites locais capazes de mobilizar homens armados exerceram um importante papel. Após a vitória contra a metrópole, porém, esses mesmos homens passaram a disputar entre si o controle do Estado: alguns defendiam uma maior centralização do poder (esperando, geralmente, controlar o governo), enquanto outros eram favoráveis à descentralização do modelo federalista, que permitiria a cada caudilho regional o exercício do domínio sobre sua área de influência.

5. (FGV – Ensino Médio) Capítulo 32
Gabarito: B H18/C4
Comentário: Quando da Independência americana em 1776, o predomínio dos estados escravocratas era claro. Entretanto, ao longo do século XIX, embora a escravidão tenha-se expandido, os estados livres cresceram muito mais, chegando a ter quase três vezes mais habitantes que o sul às vésperas da guerra. Esta teve muitas causas, como todo evento histórico significativo, mas, certamente os caminhos divergentes na estrutura socioeconômica das duas regiões são a principal. A vitória do Norte consolidou um caminho industrializante que tornou os EUA a principal potência mundial.

6. (Unesp-SP – 2014) Capítulo 32
Gabarito: B
Comentário: Enquanto a escravidão manteve e reforçou seu papel como base da economia sulista ao longo do século XIX, o norte conheceu uma gradual transição para o capitalismo e para a industrialização. Ambas as regiões disputavam o poder central, que permaneceu durante a maior parte do primeiro século da nova república sobre controle do sul. Com a Marcha para o Oeste, entrava em questão quem controlaria o poder central: se os novos territórios não adotassem a escravidão, seus votos provavelmente se alinhariam aos nortistas, o que deixaria o domínio escravista com os dias contados. O contrário ocorreria se a escravidão conseguisse se expandir. Assim, norte e sul disputavam o oeste para tentar garantir seu controle sobre o governo federal.

TEMA 10: ASCENSÃO E QUEDA DO IMPÉRIO DO BRASIL

1. (FGV-SP – 2015.1) Capítulo 30
Gabarito: D
Comentário: À época da independência, não havia uma identidade nacional brasileira, que só foi gradualmente construída nas décadas seguintes. Além disso, duran-

Gabarito

te o período colonial algumas regiões possuíam laços mais fortes com a metrópole lisboeta do que entre si. Por último, havia tropas portuguesas estacionadas no Brasil que permaneceram fiéis às Cortes lusitanas. Desse modo, ocorreram diversos conflitos dentro de cada região para decidir sobre a adesão ou não à independência proclamada no Rio de Janeiro, especialmente na Bahia e na Província Cisplatina (atual Uruguai, recém-incorporado à América portuguesa).

2. (Enem – 2010) Capítulo 30

Gabarito: E H11 / C3

Comentário: O período regencial (1831-1840) deve ser visto dentro de um contexto de transição, no qual a fragilidade do poder central produziu revoltas e disputas dentro das próprias elites pelo controle do governo local, enquanto a ascensão do café reforçou a escravidão, apesar da proibição em 1831 co tráfico atlântico de africanos escravizados.

3. (UFRGS-RS – 2015) Capítulo 30

Gabarito: E

Comentário: A Revolta dos Malês foi uma das maiores rebeliões escravas do Brasil, sendo um movimento de africanos, em sua maioria escravizados e de religião muçulmana. Foi, porém, rapidamente reprimido, pois ameaçava toda a estrutura social e econômica do país. Já a Cabanagem foi muito mais duradoura, reunindo cativos, indígenas e livres pobres, e estendendo-se por cinco anos, sendo reprimida somente após dezenas de milhares de mortos. Esses setores também participaram da Balaiada, que levou três anos para ser reprimida. Assim, esses e muitos outros movimentos indicam a capacidade de ação dos setores subalternos, apesar da violenta dominação das elites escravistas.

4. (Enem – 2011) Capítulo 30

Gabarito: D H11 / C3

Comentário: Ao analisar um trecho da Constituição de 1824, deve-se perceber que ela era bastante restritiva em relação aos direitos políticos. Ao atrelar a participação eleitoral à renda – voto censitário –, excluía a maior parte da população do cenário político formal, favorecendo as elites proprietárias. Entretanto, a manutenção desses valores ao longo do Império facilitou a entrada de novos grupos entre os votantes e as pessoas livres de cor não eram impedidas de votar, se possuíssem os recursos para tal.

5. (Unisc-RS – Vestibular de Verão 2014) Capítulo 30

Gabarito: D

Comentário: Desde que abolira o tráfico de africanos escravizados em 1807, a Inglaterra buscava impedir que outras nações continuassem o "infame comércio". Como o maior importador de cativos, o Brasil era um dos alvos principais dessa pressão desde 1810, e o reconhecimento da independência teve como uma de suas cláusulas o fim do tráfico. Essa medida finalmente entrou em vigor em 1831, após uma importação maciça de trabalhadores para cultivar o café, então em expansão no Vale do Paraíba. Entretanto, após um período de diminuição do tráfico, a demanda cafeeira e a percepção de que o Estado não estava disposto a punir os compradores e os vendedores estimulou a continuidade do tráfico até 1850. Em larga medida, a impunidade e consequente inoperância da lei de 1831 se deu porque o Estado dependia dos recursos da exportação de café para se financiar e porque os grandes cafeicultores que compravam os africanos escravizados dominavam a política nacional.

6. (FGV – Ensino Médio) Capítulo 30

Gabarito: D H21 / C5

Comentário: O período regencial foi a fase mais turbulenta do Brasil imperial. Os conflitos políticos não se resumiam às rebeliões ou aos debates no Parlamento, pois se faziam sentir, cotidianamente, nas ruas. A multiplicação da imprensa e a inédita liberdade de expressão estimulavam o debate: os meios de comunicação eram claramente partidários, ligados a grupos específicos, mas os leitores sabiam desse fato, e a diversidade de opiniões estimulava o debate no espaço público em níveis inéditos no Brasil. A mobilização política foi, assim, intensificada no período – mesmo que com muitos limites, a exemplo da intensa repressão contra os grupos subalternos.

7. (Enem – 2014) Capítulo 31

Gabarito: A H1 / C1

Comentário: Após algum entusiasmo inicial, o Estado imperial encontrou dificuldades para recrutar soldados para lutar em uma guerra distante e prolongada. Por isso, recorreu ao recrutamento forçado. Proprietários colocaram escravos para lutar em seu lugar, enquanto associações compravam cativos para alistá-los e ajudá-los no esforço de guerra. Esses soldados retornaram livres após o fim do conflito, mas a escravidão continuava vigorosa, evidenciando a contradição denunciada pela charge.

8. (Uerj – 2014) Capítulo 31

Gabarito: A

Comentário: A abolição foi amplamente comemorada porque, mesmo que os indivíduos escravizados compusessem apenas 5% da população do Brasil em 1888, a permanência da escravização deixava clara a existência de uma poderosa diferença jurídica entre os habitantes do país. A abolição foi evitada até o final, porém, por aqueles que mais dependiam dessa forma de trabalho: os cafeicultores do Vale do Paraíba fluminense. Esse grupo compunha o principal suporte da monarquia há mais de meio século, e sua insatisfação reforçou a fragilidade da monarquia, que viria a cair pouco mais de um ano e meio depois do 13 de maio de 1888. Ao mesmo tempo, apesar da comemoração popular, a exclusão social se manteve, pois não houve qualquer esforço para integrar os ex-escravos e os negros e os pardos em geral à sociedade. Pelo contrário, a intensa migração europeia reforçou a desigualdade, pois as melhores oportunidades de trabalho foram concedidas aos brancos, mantendo a maior parte dos afrodescendentes numa posição subalterna.

9. (Unicamp-SP – 2011) Capítulo 31

Gabarito: A

Comentário: A monocultura exportadora gerou grandes impactos ambientais no Brasil desde o cultivo do açúcar iniciado no século XVI. O mesmo ocorreu na atividade extrativa aurífera e, posteriormente, na produção cafeeira. Em geral, os grandes proprietários buscavam lucros imediatos. Como havia poucos avanços técnicos para melhorar a produtividade, o crescimento da produção exigia o cultivo de mais terras e o emprego de mais trabalhadores (geralmente escravizados, até o final do século XIX), o que acabava por desgastar o solo ao destruir a vegetação nativa.

10. (PUCC-SP – Vestibular de Inverno 2014) Capítulo 31

Gabarito: A

Comentário: Desde 1870 o republicanismo se fortalecia como uma alternativa, desejando modernizar o Brasil ao inseri-lo adequadamente em um continente americano completamente dominado por repúblicas. O fortalecimento de São Paulo, província que até então exercera pouco poder no Império, graças ao crescimento da cafeicultura, abriu uma oportunidade para a República, assim como a insatisfação dos setores médios urbanos (como o exército) com a tradicional dominação das elites agrárias. Estas, por sua vez, haviam ficado insatisfeitas – especialmente no caso dos cafeicultores do Vale do Paraíba fluminense – com o fim da escravidão em 1888, pois grande parte de sua riqueza ainda estava baseada nos cativos.

11. (Enem – 2013) Capítulo 31

Gabarito: C H1

Comentário: O financiamento da aquisição de mão de obra após o fim do tráfico era um assunto polêmico, que opunha àqueles favoráveis ao subsídio e os contrários, como o referido Manuel Felizardo de Souza e Mello. Entretanto, o domínio dos latifundiários na política imperial e, posteriormente, republicana, garantiu que o Estado financiasse com recursos de toda sociedade a vinda de milhões de europeus, garantindo o suprimento de mão de obra para a elite latifundiária.

12. (FGV – Ensino Médio) Capítulo 30

Gabarito: B H11 / C3

Comentário: O Levante dos Malês foi uma das mais importantes revoltas escravas do Brasil oitocentista devido ao seu caráter essencialmente religioso – a defesa da fé muçulmana. Foi a última de uma série de revoltas iniciada em 1807, em um contexto de intensificação do tráfico e de chegada de africanos escravizados com experiência militar na África, em razão de uma série de guerras no continente. A religião muçulmana e a identidade étnica foram elementos importantes para a organização da revolta, e sua escala produziu medo entre as elites senhoriais, especialmente em combinação com outros movimentos, como a Revolta de Carrancas (1833) e a de Manuel Congo (1838).

13. (FGV – Ensino Médio) Capítulos 30 e 31

Gabarito: C H13 / C3

Comentário: No texto, evidencia-se a existência de laços entre o Rio Grande do Sul e as repúblicas sul-americanas vizinhas que, durante a Revolução Farroupilha, funcionaram como apoio às pretensões separatistas daquela província. A indefinição das fronteiras no local foi causa de muita disputa, mas também intensificava a relação entre a população da região, gerando os tais laços e certo distanciamento em relação ao governo brasileiro no Rio de Janeiro. Assim, é preciso perceber a íntima relação entre a história do Brasil (e especialmente do sul) com os países da região platina, relacionando a história do país com a de nossos vizinhos.

14. (FGV – Ensino Médio) Capítulo 30

Gabarito: D H15 / C3

Comentário: No levante de 1835, na Bahia, os Malês procuraram atrair a participação de outros africanos, a partir da construção de uma identidade comum que se contrapunha ao mundo dos brancos. Assim, apesar das diferenças étnicas e culturais existentes, a possibilidade de afirmação dessa unidade foi um elemento importante da revolta. A religião exerceu um papel fundamental na construção da unidade entre os principais revoltosos, pois seu islamismo os diferenciava fortemente do restante da população – livre e mesmo escrava – do Brasil.

TEMA 11: MOTORES DA GUERRA

1. (UFRGS – 2016) Capítulo 28

Gabarito: D

Comentário: A Santa Aliança foi constituída no contexto do Congresso de Viena, após a derrota napoleônica. Proposta pela Rússia, mas com participação também da Áustria, Prússia e França, tinha como objetivo garantir a Restauração proposta pelo Congresso de Viena e atuaria para reprimir os ideais espalhados pela Revolução Francesa. A Santa Aliança fazia parte, portanto, de uma reação conservadora aos ideais liberais, com o objetivo de fortalecer o poder do Antigo Regime restaurado.

2. (PUC-RJ – 2013) Capítulo 28

Gabarito: B

Comentário: Diversas revoluções assolavam a Europa desde os anos 1820. A Restauração imposta pelo Congresso de Viena não foi capaz de anular as demandas de alguns setores da população europeia. A o exemplo francês estava na consciência de todos, de modo que todos sabiam que as monarquias restauradas podiam ser derrubadas por uma revolução. Na chamada "Primavera dos Povos" de 1848, a classe trabalhadora urbana havia se tornado numericamente mais importante e mais organizada que nas décadas anteriores, em razão da gradual industrialização da Europa ocidental, especialmente na Bélgica, na França

Gabarito

e em partes da região alemã. Assim, suas manifestações políticas adquiriram um caráter de classe marcado, desejando alterar não apenas a estrutura política, mas também a ordenação socioeconômica dos seus países. Ainda não havia, porém, uma ideologia revolucionária coerente que unificasse esses movimentos.

3. (FGV – Ensino Médio) Capítulo 33

Gabarito: A H17/C4

Comentário: O aspecto comentado pelo autor – característico da industrialização da Europa, em meados do século XX – é a possibilidade de localização de indústrias, em regiões próximas às fontes de energia (carvão, principalmente) por conta do desenvolvimento do transporte ferroviário e marítimo, permitindo uma maior rapidez na destinação das mercadorias produzidas por tais indústrias. A consequência desse processo foi a aceleração da produção industrial e a exploração de novos mercados consumidores, integrando cada vez mais o globo no sistema capitalista.

4. (PUC-RJ – 2012) Capítulo 33

Gabarito: C

Comentário: O imperialismo estava intimamente relacionado ao avanço do capitalismo, que demandava cada vez mais matérias-primas para suas indústrias em expansão. O desenvolvimento bélico e científico facilitou o domínio de áreas até então autônomas, como a maior parte da África e da Ásia, estabelecendo-se relações de dominação profundamente violentas – ainda que houvesse, inevitavelmente, negociação e alianças com setores das sociedades dominadas. Para justificar a expansão imperial, recorreu-se a uma ideologia que enfatizava a superioridade europeia, de modo que a dominação seria benéfica para os povos colonizados.

5. (Unesp-SP) – 2015 Capítulo 33

Gabarito: C

Comentário: Até o final do século XIX, a capacidade de intervenção europeia na África era limitada, restringindo-se a fortificações litorâneas e algumas possessões territoriais com projeção no interior, a exemplo de Angola e, em menor escala, Moçambique, ambas colônias portuguesas. Foi apenas na segunda metade do Oitocentos, porém, que os europeus desenvolveram armas que lhes permitiram conquistar a maior parte do continente africano, sobrepujando a ferrenha resistência militar local, e os medicamentos necessários para sobreviver às doenças tropicais. Dessa maneira as potências europeias dividiram a África entre si. Como a repartição foi feita de acordo com os interesses imperialistas, não houve qualquer preocupação em compatibilizar as novas fronteiras com as divisões e laços existentes no continente. Formaram-se, portanto, unidades políticas artificiais, o que produziu uma série de conflitos, especialmente após o processo de descolonização, na segunda metade do século XX.

6. (UnB/ESCS – 2014) Capítulo 33

Gabarito: A

Comentário: Os avanços tecnológicos da Segunda Revolução Industrial e o crescimento econômico capitalista ampliaram a área de atuação dos países avançados. Em busca de matéria-prima para suas indústrias, mercados consumidores para seus produtos e investimentos lucrativos, as principais empresas globais vão avançar sobre o resto do planeta para consolidar sua dominação política e econômica. Entretanto, essa se manifestou de maneira distinta de acordo com cada situação: na América Latina, cujos Estados haviam se formado no início do século XIX, optou-se por intervenções basicamente econômicas, embora a força militar pudesse ser utilizada eventualmente para garantir os interesses imperialistas, especialmente contra nações pequenas; na África e em grande parte da Ásia, ocorreu uma ocupação direta, pois graças aos avanços tecnológicos ocidentais as sociedades locais não conseguiram resistir à conquista europeia.

7. (UFRGS-RS – 2015) Capítulo 35

Gabarito: E

Comentário: O conflito foi, à época, chamado de "Grande Guerra" por ter mobilizado a população, a economia e a tecnologia numa escala nunca antes vista. Embora "guerras totais" tenham acontecido já no século XIX (a exemplo da Guerra Civil Americana), a Primeira Guerra Mundial envolveu muito mais países com exércitos gigantescos, o que fez com que o número de mortos fosse excepcionalmente elevado – embora, décadas depois, tenha sido largamente ultrapassado pela Segunda Guerra Mundial, que levou às últimas consequências as tendências presentes já na Primeira.

8. (Uern – 2015) Capítulo 35

Gabarito: B

Comentário: A destruição provocada pela "Grande Guerra" não deve ser medida apenas em perdas humanas (cerca de 17 milhões de mortos), mas também em seus aspectos geopolíticos. As intensas pressões econômicas, políticas e sociais trazidas pelo conflito aceleraram a destruição de impérios como o russo, em razão da Revolução de 1917; o Austro-Húngaro, que foi dividido; o Otomano, que se decompôs após uma longa decadência e passou a ser uma área de influência ocidental; e o II Reich alemão, com a deposição da monarquia e a ascensão da República de Weimar.

9. (FGV – Ensino Médio) Capítulo 35

Gabarito: B H7/C2

Comentário: Após o fim da Primeira Guerra Mundial (1914-1918), era necessário reestabelecer a paz na Europa e no mundo. O Tratado de Versalhes, apoiado principalmente pelas vitoriosas França e Inglaterra, era extremamente punitivo e prejudicava a Alemanha de várias maneiras, limitando seu poder militar e impondo-lhe o pagamento de uma série de pesadas indenizações que prejudicariam sua recuperação econômica posterior. Contrapondo-se ao Tratado de Versalhes, o presidente dos EUA, Wodroow Wilson, apostava na diplomacia e defendia 14 pontos que estabeleceriam um cenário de paz igualitário, de modo que não geraria ressentimentos. Apesar do esforço de Wilson, prevaleceu o Tratado de Versalhes, o que gerou o revanchismo alemão e contribuiu sobremaneira para a crise econômica desse país, pano de fundo essencial para a ascensão do nazismo.

10. (FGV – Ensino Médio) Capítulo 36

Gabarito: D H13 / C3

Comentário: Apesar de algumas tentativas de reforma desde meados do século XIX (como o fim da servidão em 1861), o regime tzarista era um dos mais autoritários e conservadores da Europa. A incipiente industrialização gerou conflitos com o proletariado nascente, que se organizava para tentar melhorar suas péssimas condições de trabalho e baixos salários, apesar da violenta repressão estatal. As demandas da "Grande Guerra" aprofundaram as tensões a partir de 1914, pois a economia russa era incapaz de fornecer equipamentos e mesmo alimentos para o exército e para a população. O prolongamento das batalhas ampliou consideravelmente a insatisfação contra o regime, acabando por estourar nas Revoluções de 1917.

11. (Ufes – 2000) Capítulo 36

Gabarito: D

Comentário: Após uma Revolução inicial em fevereiro que derrubou o tzarismo mas não retirou o país da guerra nem respondeu às demandas mais radicais da população, os bolcheviques conseguiram tomar o poder liderados por Lênin. Seu apoio foi impulsionado pelas promessas de "pão, paz e terra" – isto é, alimentos para uma população passando fome, a saída da "Grande Guerra" e reforma agrária. Em acréscimo, os bolcheviques adotaram uma série de medidas para destruir o Antigo Regime tzarista e acabar com a dominação da nobreza e da burguesia, assim como com a grande influência da Igreja Ortodoxa.

12. (UFRRJ – 2005) Capítulo 36

Gabarito: B

Comentário: Após a Revolução e os graves conflitos da guerra civil para consolidar o regime comunista, a economia russa estava em ruínas. A transição para uma economia planificada havia desestimulado a produção de alimentos e demais mercadorias. Assim, a cúpula do Partido Comunista decidiu adotar elementos da economia de mercado na produção para estimular uma recuperação mais rápida, até mesmo através da atração de capital estrangeiro. Construiu-se assim um modelo híbrido (as maiores indústrias, o sistema bancário e o comércio exterior continuaram a ser controlado pelo Estado), que vigorou até sua abolição por Stálin em 1928.

TEMA 12: A PRIMEIRA REPÚBLICA BRASILEIRA

1. (Enem – 2015) Capítulo 34

Gabarito: A H2 / C1

Comentário: A província de São Paulo aumentou sua importância econômica no final do Império, quando a produção cafeeira no Oeste Paulista despontou, adaptando-se mais rapidamente à transição do trabalho livre e aproveitando-se que o solo não estava esgotado como no Vale do Paraíba. A riqueza permitiu que o estado iniciasse seu processo de industrialização, o que fortaleceu sua preeminência econômica. Em consequência, a oligarquia paulista conseguiu controlar o governo da República ao estabelecer uma aliança com a oligarquia maneira. Para legitimar sua posição dominante, buscou construir uma memória histórica que inventava um passado glorioso para o estado através da experiência bandeirante, que teria contribuído para a expansão territorial do Brasil e atuara para conter rebeliões indígenas e negras no restante da colônia no século XVII. O racismo inerente nessa visão está evidente ao se ignorar que a economia bandeirante se baseava na escravidão indígena e no cativeiro de milhares de nativos, sendo esse o principal objetivo dos sertanistas, e não a expansão territorial do Brasil – pois sequer havia uma identidade brasileira nesse período.

2. (Uerj – 2009) Capítulo 34

Gabarito: A

Comentário: O início do período republicano caracterizou-se por um avanço da especulação financeira, pois o novo regime buscava estimular a economia e a industrialização através de empréstimos e da emissão de papel-moeda. A autonomia concedida a bancos privados fez com que crédito fosse concedido e dinheiro impresso de forma descontrolada, gerando inflação e dando origem a muitas empresas sem condições de competir no mercado.

3. (PUC-RS – Inverno 2014) Capítulo 34

Gabarito: B

Comentário: Como a educação não era acessível à maior parte da população até as últimas décadas do século XX, a restrição ao direito de votar dos analfabetos (lei implementada ainda no final do Império, em 1881) significava, na prática, a exclusão da grande maioria dos adultos do jogo político-eleitoral formal. Fenômeno comum a quase todos os países da época, a negação do sufrágio feminino reduzia ainda mais o número de pessoas habilitadas a votar. Consequentemente, apesar do federalismo, do republicanismo e da separação entre Igreja e Estado (todos elementos do ordenamento jurídico brasileiro até hoje), não é possível qualificar a Primeira República como um regime democrático.

4. (Fuvest-SP – 2014) Capítulo 34

Gabarito: B

Comentário: Além da exclusão de grande parte da população do processo eleitoral (já que mulheres e analfabetos não podiam votar), os cidadãos encontravam diversas restrições para exercer seus direitos políticos. Como o voto não era secreto, os eleitores poderiam sofrer represálias por parte das eli-

Gabarito

tes locais. Os poderosos de cada região não usavam apenas da violência para afirmar seu poder, pois também concediam favores e benesses para angariar apoiadores. O clientelismo era, portanto, a outra faceta da repressão, e ambos limitavam a autonomia dos votantes, garantindo o controle das elites sobre as eleições.

5. (Enem – 2015) Capítulo 34

Gabarito: E H14 / C3

Comentário: A recém-criada República brasileira, proclamada em 1889, encontrou um inimigo comum no arraial de Canudos, representado como um bastião monarquista e ameaçador. Essa visão só se fortaleceu com a vitória dos sertanejos frente à primeira expedição enviada para reprimi-los. Assim, imprensa, governo, elites e classes médias urbanas produziram um discurso altamente negativo, evidenciado, por exemplo, no trecho selecionado do livro de Henrique Duque Estrada Macedo Soares. O jornalista Euclides da Cunha inicialmente compartilhava dessa visão, mas acabou por admirar os sertanejos e criticar a repressão do exército, do governo e da própria sociedade brasileira contra Canudos, considerando-a violenta e bárbara. Por isso, terminou seu livro (publicado no mesmo ano que o de Soares) afirmando: "Canudos foi um crime. Denunciemo-lo". Confrontavam-se, portanto, duas perspectivas absolutamente distintas sobre o mesmo evento.

6. (FGV – Ensino Médio) Capítulo 34

Gabarito: E H27 / C6

Comentário: A Revolta da Vacina surgiu da insatisfação das camadas populares do Rio de Janeiro em relação às medidas sanitárias e urbanistas do governo. As remoções dos moradores que habitavam os casebres e cortiços da área central e a vacinação obrigatória da população serviram como uma espécie de detonador de revoltas, ligadas a questões socioeconômicas mais profundas. Os setores subalternos da sociedade se ressentiam contra medidas excludentes tomadas sem qualquer tipo de consulta àqueles que sofreriam seus efeitos e que beneficiariam principalmente as elites.

7. (Udesc – 2015.1) Capítulo 34

Gabarito: C

Comentário: A Guerra do Contestado se deu em um contexto de múltiplas tensões: fronteiriças, entre o Rio Grande do Sul e Santa Catarina; fundiárias, em razão da expulsão de camponeses de suas terras; e sociais, em razão da posição subalterna de grande parte da população, muito mais diversificada do que por vezes se reconhece.

8. (FGV – Ensino Médio) Capítulo 38

Gabarito: E H13 / C3

Comentário: No início do século XX, com o crescimento da industrialização nos centros urbanos brasileiros, o número de proletários aumentou significativamente. Esses eram explorados, tinham longas jornadas de trabalho de 14 a 16 horas e recebiam baixíssimos salários. Além disso, não possuíam direitos trabalhistas garantidos por lei. Assim, o Movimento Operário iniciou uma série de reivindicações, sempre reprimidas com violência pelo Governo. Em 1917, uma grande greve iniciada em São Paulo se espalhou por outros centros urbanos e incomodou o Governo, o que fortaleceu o Movimento Operário, que, apesar de reprimido, cresceu ao longo da década de 1920.

9. (UFRRJ – 2005) Capítulo 38

Gabarito: D

Comentário: O controle da política institucional por parte das elites dificultava o surgimento de uma oposição forte. Ao mesmo tempo, as classes médias urbanas não consideravam se unir politicamente aos sindicatos de trabalhadores, geralmente percebidos de forma negativa como perturbadores da ordem. Assim, os militares ocuparam esse nicho, criticando a Primeira República e demandando transformações desejadas por uma parcela da população.

TEMA 13: MUNDO EM CHAMAS: ENTREGUERRAS, CRISE DE 1929, ASCENSÃO DO NAZISMO E FASCISMO E SEGUNDA GUERRA

1. (UFPE – 2002) Capítulo 37

Gabarito: B

Comentário: Espera-se que seja identificada a especificidade das crises capitalistas: elas não ocorriam por quebra na produção e consequente escassez, como se dava antes da Revolução Industrial, mas sim por uma incapacidade dos consumidores de absorver uma produção que crescia a um ritmo excessivamente acelerado, pois não dispunham de recursos para comprar tantos produtos.

2. (FGV – Ensino Médio) Capítulo 37

Gabarito: A H8 / C2

Comentário: Embora tenha se iniciado nos Estados Unidos, a Crise de 1929 acabou interferindo nas economias das diversas nações que, em maior ou menor grau, dependiam do capital estadunidense. Na prática, todas as nações capitalistas foram afetadas, especialmente na Europa, que ainda sofria as consequências da destruição trazida pela Primeira Guerra. Falências de empresas e ondas de desemprego passaram, então, a assolar tais países, atingindo os mais distintos grupos sociais. Nesse cenário, a ascensão de governos intervencionistas passou a se mostrar como a mais óbvia solução para o caos econômico, então identificado como capitalismo liberal e o livre mercado.

3. (Furg-RS – 2009) Capítulo 37 e 39

Gabarito: E

Comentário: Após a Primeira Guerra Mundial, diversos países europeus sofreram dificuldades econômicas, em razão das dívidas acumuladas durante o conflito e à grande destruição que ocorrera entre 1914-1918. Ao mesmo tempo, a vitória dos comunistas na Revolução Russa estimulou movimentos operários revolucionários em diversos países, como Alemanha e Itália, o que gerou grande medo entre as elites. Já na década de 1920 começaram a ascender os primeiros movimentos fascistas na Itália e em Portugal. Os efeitos sociais negativos da crise de 1929, a exemplo do elevado desemprego, impulsionaram outros movimentos, como o nazismo, que obteve grande popularidade em razão da recuperação da economia alemã e do seu discurso nacionalista. Na Espanha, o conflito entre republicanos e conservadores degenerou para uma Guerra Civil, na qual a direita contou com o apoio nazi-fascista para sair vitoriosa e instaurar a duradoura ditadura franquista. Nos EUA, a crise também ensejou uma ampliação da atuação do Estado, que construiu as bases de um Estado de Bem-Estar Social e interviu na economia para lutar contra o desemprego e a depressão, ajudando a diminuir a desigualdade social.

4. (PUC-SP – 2006) Capítulo 39

Gabarito: B

Comentário: A questão exige a identificação do papel das representações na construção de nações e projetos políticos. Cabe destacar que, como a comparação entre os trechos citados deixa claro, essa foi uma preocupação excepcionalmente importante para os nazistas, que viam o simbolismo como parte integral em seu esforço de moldar e controlar toda a sociedade.

5. (Unesp-SP – 2012) Capítulo 39

Gabarito: C

Comentário: O avanço das tecnologias de comunicação, a exemplo do cinema e do rádio, permitiu que o fascismo as utilizasse em larga escala para cimentar sua hegemonia e fazer com que a população consentisse com o regime autoritário e o apoiasse. Assim, o uso sofisticado desses novos recursos audiovisuais pode ser considerado um elemento central, especialmente no caso do nazismo.

6. (Uerj – 2016) Capítulo 39

Gabarito: D

Comentário: O espaço público é um lugar de produção, preservação e reconstrução da memória social de uma comunidade, tanto em nível local quanto nacional. Ao retirar estátuas comemorativas de ditadores (como ocorreu em muitos países após a transição para a democracia, a exemplo da Europa Oriental após a queda do comunismo), a nação busca demonstrar que não mais valoriza o autoritarismo dessas figuras. O mesmo ocorre com a mudança de nome de praças e ruas, e as alterações tendem a ser mais rápidas e amplas se a queda do regime autoritário houver sido rápida e abrupta.

7. (Enem – 2012) Capítulo 40

Gabarito: B H1 / C1

Comentário: Publicada no final de 1940, a aparição de um novo super-herói, o Capitão América, relacionava-se à Segunda Guerra Mundial então em curso. Embora os EUA ainda não tivessem adentrado no conflito, grande parte do país repudiava o nazi fascismo. Assim, a revista foi pensada como um ato político consciente contra aqueles que desejavam evitar o envolvimento norte-americano na guerra, muitos dos quais simpáticos aos regimes fascistas europeus.

8. (FGV – Ensino Médio) Capítulo 40

Gabarito: B H12 / C3

Comentário: A formação do Tribunal de Nuremberg deu-se a partir de um duplo propósito: por um lado, tratava-se de punir os responsáveis pelo gerenciamento do III Reich e pelas perseguições relacionadas ao Holocausto, e por outro ressaltava a importância dos valores democráticos na organização das sociedades humanas. Cabe lembrar que esse julgamento foi realizado em um cenário traumático após a Segunda Guerra, onde um número cada vez maior de pessoas exigia a criação de mecanismos que garantissem que os horrores então cometidos não voltassem a acontecer. É nesse contexto que, por exemplo, a Organização das Nações Unidas (ONU) foi criada e proclamou a Declaração Universal dos Direitos Humanos em 1948.

9. (FGV – Ensino Médio) Capítulo 39

Gabarito: B H13 / C3

Comentário: Concebido em meados de 1920, o Partido Nazista representava as frustrações de parte da sociedade alemã, inconformada com a derrota do país na Primeira Guerra Mundial e as humilhações impostas nos tratados do pós-guerra. Nesse contexto, as propostas radicais do partido de Adolf Hitler elegeram inimigos (judeus, ciganos, imigrantes, homossexuais) como responsáveis por todos os males da nação – discurso que obteve ressonância após o recrudescimento das dificuldades econômicas na década de 1930.

10. (FGV – Ensino Médio) Capítulo 40

Gabarito: C H15 / C3

Comentário: A Solução Final foi um plano de perseguição e extermínio sistemático de judeus durante a Segunda Guerra Mundial realizado pela Alemanha nazista. Tem como pano de fundo a ampla propaganda antissemita produzida pelos nazistas, que ampliou consideravelmente o racismo já presente na sociedade alemã. Se outros genocídios já haviam sido praticados na história, a escala do Holocausto foi maior, pois sua inédita organização permitiu o assassinato de mais de 6 milhões de pessoas em poucos anos.

11. (UnB/ESCS – 2014) Capítulo 40

Gabarito: A

Comentário: A geopolítica internacional marcada pelo domínio europeu (apesar da ascensão dos EUA e do Japão) e pela multipolaridade foi fortemente abalada pela Primeira Guerra Mundial e destruída pela Segunda. Após o conflito, os dois países que lideraram a destruição do Eixo nazi-fascista, utilizaram seu poder militar e sua influência política para se afirmar como líderes de grande parte dos países do globo, formando dois blocos rivais.

Gabarito

TEMA 14: A GUERRA FRIA E O MUNDO

1. (Enem – 2012) Capítulo 43

Gabarito: A H10 / C2

Comentário: Um século após o fim da escravidão nos EUA, a luta pelos direitos civis demonstrou a capacidade dos movimentos sociais de transformar a realidade vigente ao forçar o fim da segregação racial através de uma mobilização que resistiu à intensa repressão estatal, a exemplo da campanha do FBI (o Bureau Federal de Investigação) para desacreditar Martin Luther King e da violenta ação da política em algumas áreas, especialmente no Sul dos EUA. Os assassinatos de King e, anteriormente, de outro ativista, Malcolm X, evidenciam a força da resistência a esse movimento, mas fracassaram em sua tentativa de intimidar os ativistas.

2. (Uerj – 2009) Capítulo 43

Gabarito: B

Comentário: A Guerra Fria impossibilitava um conflito armado direto entre EUA e URSS, pois as armas nucleares das superpotências eram capazes de causar um nível de destruição inédito, sendo uma grave ameaça à espécie humana. Consequentemente, os conflitos se deram em outros campos: esportivo, através da competição por mais medalhas nas Olimpíadas; militar, em que aliados das superpotências guerreavam apoiados por elas; e, por último, científico, com a corrida espacial para determinar quem chegaria primeiro à Lua. Apesar da vantagem soviética inicial, exemplificada pela viagem do primeiro ser humano (Yuri Gagarin) ao espaço sideral em 1961, os maiores recursos dos EUA foram decisivos para sua vitória na corrida espacial.

3. (UFJF-MG – Triênio 2011/2013 – Modelo Prism) Capítulo 43

Gabarito: D

Comentário: A ditadura de Batista provocou oposição em grande parte da população cubana em razão de seu autoritarismo e seu apoio aos latifundiários, criminosos e às corporações americanas, o que impulsionou a ampliação da desigualdade social no país. O novo regime buscou adotar diversas reformas, e especialmente a nacionalização de propriedades estrangeiras (em larga maioria americanas) gerou uma crescente oposição por parte dos EUA. Para obter aliados, os revolucionários se aproximaram da URSS – apesar de suas negativas iniciais de que não eram comunistas. Em termos internos, os setores mais ricos se opuseram ao regime, pois perderam muito de sua riqueza com as desapropriações. O exemplo de uma revolução bem-sucedida tão perto dos EUA inspirou diversos outros movimentos na América Latina, ainda que a maioria deles tenha sido malsucedida.

4. (UEL-PR – 1996) Capítulo 44

Gabarito: B

Comentário: Nesta questão, deve-se identificar um impacto geopolítico da Revolução Chinesa na Ásia, percebendo como a necessidade de ter aliados fortes na região influenciou no tratamento dado pelos Estados Unidos ao Japão, apesar do histórico recente de conflitos entre os dois países, que culminara no lançamento da bomba atômica.

5. (FGV – Ensino Médio) Capítulo 44

Gabarito: A H7 / C2

Comentários: A visita de Brejnev à Cuba representou o fortalecimento da aliança estabelecida entre a URSS e a nação caribenha, quase dois anos depois da vitória dos revolucionários liderados por Fidel Castro. Os soviéticos não participaram da resistência à invasão da Baía dos Porcos. A ruptura com os Estados Unidos, em 1961, aliado ao bloqueio econômico, deixou a ilha em situação complicada e os cubanos passaram a depender das exportações de açúcar, artificialmente valorizado pelos soviéticos. Essa aliança foi responsável pelo episódio mais tenso da Guerra Fria, quando satélites norte-americanos descobriram mísseis soviéticos instalados em Cuba, isto é, a poucos quilômetros da Florida. Não houve, contudo, conflito direto entre URSS e EUA pela soberania da região.

6. (Uern – 2015) Capítulo 45

Gabarito: A

Comentário: A descolonização representou uma busca por autonomia por parte das regiões colonizadas. Assim, as novas nações tentaram determinar seu próprio destino e escapar da dominação das superpotências – embora esse projeto não tenha sido sempre bem-sucedido na prática. A Conferência de Bandung e a criação do grupo dos "não alinhados" caminhou nesse sentido, demonstrando que mesmo durante a polarização da Guerra Fria o mundo era mais complexo do que por vezes se afirma.

7. (Unicamp-SP – 2011) Capítulo 45

Gabarito: D

Comentário: O pensamento ocidental tende, em geral, a minimizar a experiência dos outros povos, compreendendo-os a partir de chaves explicativas simplistas. No caso do Vietnã, o desconhecimento norte-americano dificultou a formulação de uma estratégia militar eficaz e contribuiu para sua derrota no conflito, pois os EUA não conseguiram lidar com uma ampla guerra de guerrilha em terreno hostil.

8. (Enem – 2012) Capítulo 45

Gabarito: D H13 / C3

Comentário: O dilema do colonizador na imagem está na ideia de que ao prender um ativista, o apoio popular à sua causa se ampliava. Assim, um Gandhi se tornou exemplo e modelo de ação para grande parte da população indiana, de modo que suas prisões não conseguiam apagar o ímpeto do movimento que liderava.

9. (Unicamp-SP – 2012) Capítulo 45

Gabarito: C

Comentário: Após uma longa luta, o Estado de Israel foi criado em 1948, após o trauma do Holocausto. Em seguida, a nova nação foi atacada pelos Estados árabes, que viam o Estado judaico como uma ameaça a seus interesses. Foram rapidamente derrotados e Israel obteve ganhos territoriais. Entretanto, os países árabes mantiveram-se hostis ao Estado judaico, utilizando a oposição a Israel como cimento da unidade do mundo árabe. As tensões se intensificaram e o Estado judaico atacou o Egito em 1967, numa represália ao fechamento do estreito de Tiran aos navios israelenses e com o objetivo de prevenir possíveis ataques árabes contra seu território. Melhor treinados e equipados, os militares israelenses contaram ainda com a vantagem da surpresa para saírem vitoriosos no confronto contra Egito, Síria e Jordânia, conquistando Jerusalém Oriental, as colinas de Golã, a Cisjordânia e a Península do Sinai. Centenas de milhares de palestinos migraram ou foram expulsos de suas casas e o ressentimento árabe e palestino contra o Estado judaico se intensificou.

TEMA 15: DA REVOLUÇÃO DE 1930 AO GOLPE DE 1964

1. (FGV – Ensino Médio) Capítulo 42

Gabarito: C H2 / C1

Comentário: Ao assumir o governo, Vargas e seus aliados procuraram legitimar sua recente ascensão ao poder através de um discurso que os identificava como revolucionários e vencedores, dois conceitos com carga semântica positiva. Apresentavam-se, assim, como elementos novos, em contraposição à República Velha, denominada desse modo com o objetivo de desqualificá-la. Construiu-se, assim, uma memória positiva desse processo político.

2. (Enem – 2013) Capítulo 42

Gabarito: E H22

Comentário: Em 1932, após a conquista do direito ao voto em vários países do mundo ocidental, as mulheres puderam participar do processo eleitoral, o que gerou incômodo em muitos setores tradicionais, como evidenciado pela ironia presente na charge – assim como já havia ocorrido em outras nações.

3. (Uergs-RS – 2012) Capítulo 42

Gabarito: D

Comentário: Após sua longa hegemonia durante a Primeira República, as elites paulistas sentiram-se ressentidas com a perda de poder ocasionada pela Revolução de 1930 e pela facção de elites originárias de outras regiões, como o Rio Grande do Sul. O golpe de Estado que impedira a ascensão ao poder do Júlio Prestes e o caráter provisório do novo regime foram utilizados como argumento para exigir a volta ao *status quo* anterior.

4. (Prosel/Uncisal – 2015) Capítulo 42

Gabarito: C

Comentário: Após o governo provisório, Vargas governou de forma constitucional a partir de 1934. Entretanto, não aceitou a limitação dos poderes do Executivo federal. A polarização política e os movimentos à esquerda e à direita serviram de pretexto para o fechamento do regime, que se tornou crescentemente repressivo já a partir de 1935. Como justificativa para a derrubada final do regime constitucional e a outorga de uma nova Constituição que ampliaria grandemente os poderes de Vargas, foi manufaturado um falso projeto de insurreição comunista, o Plano Cohen, instaurando-se uma ditadura a partir de 1937.

5. (FGV – Ensino Médio) Capítulo 42

Gabarito: D H22 / C5

Comentário: O pacto entre governante e povo sustentado pelo Estado Novo, que se tornaria o núcleo da doutrina trabalhista, tinha na Consolidação das Leis do Trabalho (CLT) o seu eixo de promoção da justiça social. A legislação de proteção ao trabalhador – identificando o trabalho como uma virtude do povo ou da sociedade civil brasileira –, era divulgada como uma dádiva do presidente Vargas, e, por esse motivo, a melhoria na qualidade de vida das pessoas decorrente dela como um gesto generoso do presidente. Através da propaganda, o povo era apresentado como um receptor passivo que deveria, portanto, ser leal a seu benfeitor: o próprio Vargas.

6. (Fuvest-SP – 2013) Capítulo 42

Gabarito: E

Comentário: A mobilização dos trabalhadores deu-se primeiro nas lutas por melhores condições de trabalho e salários. O anarquismo trazido pelos imigrantes europeus (especialmente espanhóis) exerceu um importante papel nesse momento inicial. Após a Revolução Russa de outubro de 1917 e a ascensão do comunismo internacional, o PCB assumiu uma importância crescente, evidenciando que mesmo em um regime oligárquico os setores subalternos eram capazes de se mobilizar para participar do processo eleitoral, ainda que com chances mínimas de vitória, como demonstrou a curta experiência do Bloco Operário e Camponês ao final da Primeira República.

7. (Cefet-MG – 2014) Capítulo 46

Gabarito: D

Comentário: O suicídio do presidente causou grande comoção popular, pois Vargas foi bem-sucedido em se apresentar como um benfeitor do povo perseguido pelas elites. A propaganda varguista e a construção de sua imagem produziram uma figura simbólica tão potente que foi capaz de mobilizar milhões de pessoas após a morte. Dessa maneira, Vargas conseguiu energizar seus apoiadores e reforçar seu legado, que poderia ser destruído pela luta política que, liderada pela UDN, esforçava-se para destruir sua imagem.

8. (Enem – 2013) Capítulo 46

Gabarito: C H28

Comentário: Ao contrapor o discurso do presidente que enfatizava o progresso e o crescimento econômico com a miséria do caipira Jeca, o chargista procurou destacar as desigualdades características do desenvolvimento brasileiro. Embora te-

Gabarito

nha ocorrido um significativo crescimento econômico durante o período JK, a maior parte da população – especialmente a rural – continuou pobre e incapaz de satisfazer suas necessidades básicas.

9. (UFRGS-RS – 2012) Capítulo 46

Gabarito: A

Comentário: Se Vargas assumiu o poder em 1930 como representante de uma elite insatisfeita com o predomínio paulista, a incorporação das massas no processo político exigiu que ele estabelecesse uma relação com os setores subalternos pautada em reformas e na concessão de direitos sociais, numa imagem que se reforçou durante o seu segundo período no poder, agora como um presidente eleito democraticamente. Próximo da família Vargas desde sua infância, João Goulart acabou por ser o herdeiro político do legado do falecido presidente. Entretanto, enfrentou dificuldades para conciliar setores de esquerda e direita, cada vez mais polarizados durante seu governo, como sugere a charge.

10. (Uerj – 2016) Capítulo 46

Gabarito: A

Comentário: A intensificação da disputa política fez com que João Goulart reforçasse o discurso de cunho esquerdista, com o objetivo de consolidar sua base de apoio político frente às críticas da imprensa e da oposição. Uma de suas bandeiras era a reforma agrária, com o objetivo de atender ao ascendente movimento dos trabalhadores rurais e diminuir a desigualdade no campo. Era também um reconhecimento de que os avanços dos direitos sociais e políticos haviam se dado fundamentalmente nas cidades, e que a população rural continuava a sofrer com uma forte exclusão.

11. (UnB/ESCS – 2014) Capítulo 46

Gabarito: B

Comentário: O período da "experiência democrática" no Brasil foi marcado por grande instabilidade, em razão de uma grande polarização política interna que se alimentava também da polarização externa da Guerra Fria. A dificuldade de setores conservadores de aceitarem suas repetidas derrotas eleitorais e o constante recurso aos militares como possíveis interventores fragilizaram a democracia, que também era desacreditada por setores revolucionários da esquerda. As crises constitucionais foram, porém, resultado principalmente da ação da direita, que buscava chegar ao poder por meios inconstitucionais.

12. (FGV – Ensino Médio) Capítulo 46

Gabarito: B H5

Comentário: O Cinema Novo foi um movimento muito vigoroso na cultura brasileira, com produções que ultrapassaram a virada entre os anos 1960 e 1970. Fenecendo em função da censura durante a Ditadura Civil-Militar, o movimento de explícito caráter crítico procurava denunciar os problemas da sociedade brasileira, incluindo seus aspectos econômicos, políticos, culturais, por meio de um cinema com recursos simples, mas com técnicas e narrativas sofisticadas. Evidencia-se, assim, como cultura e política não podem ser dissociadas. Entretanto, se o Cinema Novo adotava visões claramente de esquerda, não era esse o caso da intelectualidade brasileira como um todo, pois vários apoiaram o golpe de 1964.

13. (FGV – Ensino Médio) Capítulo 46

Gabarito: E H14 / C3

Comentário: Em um conturbado cenário internacional marcado pela lógica da Guerra Fria, o governo de João Goulart sofreu forte oposição de setores conservadores da população brasileira, notadamente por suas propostas nacionalistas e populares, exemplificadas pelas "Reformas de Base". Um dos principais argumentos utilizados por esses grupos era que tais medidas alinhariam o Brasil à "causa comunista", despertando em boa parte da sociedade uma espécie de "temor vermelho".

TEMA 16: OS DILEMAS DA DEMOCRACIA E DO AUTORITARISMO NA AMÉRICA LATINA

1. (UFG-GO – 2005) Capítulo 41

Gabarito: A

Comentário: Deve-se identificar os elementos autoritários do governo peronista, que buscava concentrar poder nas mãos de Juan Domingos Perón. Assim, poderá perceber que a incorporação dos trabalhadores no processo político caminhava lado a lado com a perseguição aos opositores, inclusive através de censura e prisões.

2. (FGV – Ensino Médio) Capítulo 41

Gabarito: D H15 / C3

Comentário: No fragmento de discurso lido, Eva Perón atribui as melhorias sociais e as conquistas trabalhistas a Juan Domingo Perón, que é colocado como uma figura que personifica o poder e a pátria argentina, a imagem do líder se confunde com a da própria nação. Também se fazem presentes a oposição e a crítica às oligarquias, vistas como inimigas do peronismo e do país, ao mesmo tempo em que se reforça o apoio da classe trabalhadora para a sustentação do governo.

3. (UFF-RJ – 1997) Capítulo 41

Gabarito: B

Comentário: A forma tomada pelo desafio ao regime oligárquico derivou das estruturas socioeconômicas de cada país. Como o México era um país agrário, o campesinato era a classe cuja mobilização teria maior impacto político. Já a Argentina, nação mais industrializada, rica e urbanizada da América Latina, possuía uma classe média muito mais numerosa, capaz de pressionar a classe dominante nas cidades que concentravam o poder político e econômico do país – como Buenos Aires.

4. (Unirio-RJ – 2004) Capítulo 48

Gabarito: E

Comentário: O processo político chileno deve ser entendido dentro do cenário mais amplo da Guerra Fria e da resistência estadunidense à expansão dos governos de esquerda no continente após a Revolução Cubana e a aproximação da nação insular com a URSS. Evidencia-se, assim, a importância do contexto externo para a compreensão do Golpe de 1973.

5. (Fuvest-SP – 2009) Capítulo 48

Gabarito: B

Comentário: Dentro da polarização política característica da Guerra Fria, o anticomunismo tornou-se um elemento característico da direita latino-americana. As Forças Armadas não deixaram de participar dessa tendência, inclusive por causa das relações estabelecidas com os militares norte-americanos. A censura e a repressão violenta aos opositores foram características comuns desses regimes, sob o argumento de que era preciso eliminar uma ameaça terrorista e revolucionária. Houve uma importante colaboração entre os aparatos repressores na Operação Condor, mas é importante destacar que o grau de violência variou de país para país, tendo sido mais intenso na Argentina. Em todos os casos, porém, milhares de pessoas foram assassinadas, um número incontável delas foi torturado e muitos outros prejudicados de diferentes formas.

6. (FGV – Ensino Médio) Capítulo 48

Gabarito: B H15 / C3

Comentário: Após a Revolução Cubana, em 1959, os EUA atuaram de forma muito mais intensa para impedir a expansão do socialismo no continente. Por mais importante, porém, que fosse sua intervenção, ela, unicamente, seria incapaz de transformar, de forma radical, os rumos de um país. Assim, a derrubada de Allende foi liderada não pelos norte-americanos, mas por setores empresariais, militares e da hierarquia eclesiástica católica, insatisfeitos com a mudança promovida pelo presidente Allende e com a ameaça que ele significava para as estruturas vigentes.

TEMA 17: DITADURA E REDEMOCRATIZAÇÃO NO BRASIL

1. (Enem – 2012) Capítulo 47

Gabarito: E H15

Comentário: Mesmo em uma ditadura, a sociedade civil possui mecanismos de pressão – especialmente em um regime que buscava manter uma fachada democrática para consumo externo e interno, apesar de seu inegável autoritarismo. Assim, a mobilização crítica aos abusos da ditadura foi um fator central para seu enfraquecimento, mesmo que não tenha conseguido derrubar o regime.

2. (Uema – 2015) Capítulo 47

Gabarito: A

Comentário: Após um período de diminuição da desigualdade do início da década de 1940 até 1964, a concentração de renda se ampliou no Brasil com o início da ditadura. A repressão aos trabalhadores e a compressão dos salários ampliou a parcela da renda nacional recebida pelos mais ricos e reduziu a obtida pelos mais pobres. A justificativa é que "era preciso fazer crescer o bolo para depois distribuí-lo", segundo o Ministro da Fazenda Delfim Netto durante a época do dito "Milagre". A charge constrói sua ironia ao mostrar a falsidade do lema, já que a desigualdade social não diminuiu após o período de crescimento econômico. Pelo contrário, foi a ampliação da desigualdade que permitiu que o capital lucrasse mais ao diminuir os custos de produção, estimulando novos investimentos e, consequentemente, o crescimento econômico.

3. (Enem – 2015) Capítulo 47

Gabarito: B H18 / C4

Comentário: Uma das estratégias empregadas para financiar investimentos por parte do regime militar foi o endividamento externo. A dívida começou a crescer durante o milagre econômico, mas a desaceleração do crescimento e, principalmente, a rápida subida das taxas de juro internacionais a partir de 1979, no contexto do segundo choque do petróleo, impulsionaram o endividamento, que ultrapassou 50% do PIB (Produto Interno Bruto, a soma de todas as riquezas geradas no país). Em consequência, o legado da ditadura foi uma inflação elevada e baixo crescimento econômico, parcialmente em razão da desvalorização da moeda necessária para estimular as exportações e diminuir as importações, de maneira a gerar divisas a pagar a dívida e os elevados juros.

4. (UnB/ESCS – 2014) Capítulo 47

Gabarito: D.

Comentário: Em um contexto de polarização política e crescente contestação ao regime, os dirigentes militares e civis optaram por editar um Ato Institucional que ampliava os poderes do Executivo, que pôde perseguir opositores no Congresso, caçar direitos políticos e suspender a garantia de habeas corpus, legitimando na prática prisões arbitrárias. Em consequência, a violência da repressão se intensificou: ainda que execuções e torturas não fossem legalmente aceitas, acabaram por ser permitidas pelo regime.

5. (Uern – 2015) Capítulo 47

Gabarito: B

Comentário: A propaganda estatal buscava igualar o patriotismo ao apoio à ditadura, estimulando o ufanismo de diversas formas, utilizando para tanto até o futebol quando da campanha vitoriosa na Copa de 1970, no auge do milagre econômico. A segunda imagem, uma charge publicada em um veículo crítico ao governo, denuncia que a pressão do regime expulsava pessoas para o exílio, mesmo que não tivessem culpa alguma.

6. (Unicamp-SP – 2012) Capítulo 47

Gabarito: C

Comentário: Enquanto a ditadura buscava garantir o controle sobre o processo de transição para a democracia de diversas maneiras, como a Anistia

Gabarito

"ampla e irrestrita" e a tentativa de enfraquecer a oposição ao permitir a criação de novos partidos, grande parte da população e da sociedade civil pressionavam por uma transição mais rápida. O símbolo da vitória seria a eleição direta para presidente. Entretanto, o Congresso continuava majoritariamente controlado por políticos ligados à ditadura, de modo que a Emenda Dante de Oliveira foi derrotada. Embora um político da oposição à ditadura tenha sido eleito presidente (Tancredo Neves) de forma indireta, sua morte inesperada permitiu que o vice, José Sarney, um quadro histórico das oligarquias ligadas à ditadura que havia entrado recentemente no PMDB, se tornasse o primeiro presidente civil após 21 anos de ditadura.

7. (FGV – Ensino Médio) Capítulo 51
Gabarito: E H24 / C5
Comentário: Em 1988, a Constituição buscou garantir os direitos fundamentais ao consagrar a soberania, a cidadania e os valores sociais do trabalho como fundamentos da Carta, além de garantir que todo poder emana do povo. Ademais buscou defender os direitos humanos e a democracia ao qualificar o Brasil como Estado Democrático de Direito e apresentar como um dos seus fundamentos a dignidade da pessoa humana. Estas características são resultado da rejeição ao recente passado ditatorial e da tentativa de aproximar o modelo do Estado brasileiro daquele seguido pelos países capitalistas mais avançados.

8. (Fuvest-SP – 2010) Capítulo 51
Gabarito: B
Comentário: Enquanto a ditadura havia se caracterizado por uma significativa intervenção do Estado na economia, o período que vai de Collor a Fernando Henrique Cardoso assistiu a um esforço para liberalizar a economia, aumentando a integração do Brasil no mercado mundial ao diminuir as barreiras comerciais e privatizar diversas empresas – ainda que muitas outras tenham permanecido sob controle do Estado.

9. (Enem – 2011) Capítulo 51
Gabarito: E H13
Comentário: Embora o presidente Collor já estivesse cada vez mais isolado politicamente, a maciça participação popular em manifestações de rua evidenciou a falta de sustentação social do presidente e acelerou sua queda. É perceptível, portanto, como o movimento estudantil foi capaz de afetar os rumos políticos do país, ainda que uma pré-condição para seu impacto tenha sido a parca sustentação política de um presidente eleito por um partido pequeno e que encontrou dificuldades para consolidar alianças no Congresso Nacional, que acabaria por julgar a favor do seu *impeachment*.

10. (UFF-RJ – 2012) Capítulo 51
Gabarito: E
Comentário: O governo de FHC teve como marca positiva a normalização institucional do país, após 21 anos de ditadura, um presidente eleito indiretamente e outro, o primeiro eleito por sufrágio universal direto sob a nova Constituição, deposto. Também contribuiu decisivamente para a estabilização econômica do país através do Plano Real e do fim da hiperinflação. Ao enfrentar crises internacionais e manter juros altos como forma de controlar a inflação, porém, a economia enfrentou dificuldades para crescer como desejado. Também se buscou, por um lado, pôr em prática os princípios estabelecidos na Constituição, o que causou uma elevação das despesas governamentais, mas, por outro, tentou diminuir a capacidade de intervenção econômica estatal ao privatizar empresas públicas. Ao final de seu governo, a crise energética ampliou sua impopularidade, contribuindo para que o sucessor escolhido, José Serra, perdesse a eleição para o candidato de oposição, Luís Inácio Lula da Silva, do PT.

11. (FGV – Ensino Médio) Capítulo 51
Gabarito: B H25 / C5
Comentário: O fim da superinflação, com a adoção do Plano Real, em 1994, ajudou a reduzir a desigualdade, pois os trabalhadores perdiam rapidamente seu poder de compra com a veloz subida nos preços. Em seguida, por volta de 2000, a expansão dos programas sociais do governo federal ajudou a diminuir a desigualdade, ao mitigar a miséria, exigindo dos beneficiários a participação dos filhos na escola e a vacinação das crianças, com o objetivo de melhorar a saúde e a educação da nova geração. Entretanto, estudos recentes afirmam que foi a miséria a diminuir, pois a concentração de renda continuou muito elevado, já que os ricos também se beneficiaram do crescimento econômico que ocorreu nos anos 2000.

12. (FGV – Ensino Médio) Capítulo 51
Gabarito: C H9 / C2
Comentário: O governo Lula propôs a intensificação dos laços entre os países do Mercosul, apesar de este bloco ter encontrado algumas dificuldades durante os anos que Lula governou o Brasil. No mesmo espírito, procurou ampliar o prestígio internacional do país ao estabelecer relações preferenciais em âmbito Sul-Sul, isto é, com países em desenvolvimento. Foram abertas muitas embaixadas na África, por exemplo, e o Brasil estabeleceu relações mais próximas com os chamados Brics – Brasil, Rússia, Índia, China e, posteriormente, África do Sul, especialmente após a crise financeira global ter mergulhado os países ricos em uma grave crise.

TEMA 18: O MUNDO GLOBALIZADO E SEUS DESAFIOS

1. (Unesp-SP – 2013) Capítulo 49
Gabarito: C
Comentário: O Partido Comunista da União Soviética era o único partido

permitido por lei, dominando todo o aparato estatal. Havia, porém, uma série de divisões internas, pois em uma instituição tão abrangente inevitavelmente seus muitos membros vão discordar entre si. Havia aqueles mais autoritários e ligados ao aparato de segurança interna que buscavam reprimir violentamente à oposição, enquanto outros, ainda que desejassem manter o poder do PCUS, eram favoráveis a uma abertura política limitada. Também a União das Repúblicas Socialistas Soviéticas era composta de uma série de nações com identidades distintas, ainda que sob domínio russo – para além de seu domínio sobre os outros países da Europa oriental. Esses dois elementos representavam importantes fraturas internas dentro da URSS. A incapacidade soviética de continuar a competir militarmente com a economia muito mais próspera dos EUA e a custosa tentativa de fazê-lo para manter seu status de superpotência prejudicou a economia do país e a própria solidez do Estado, incapaz de gerar riqueza suficiente para arcar com gastos tão elevados. Assim, a URSS tornou-se cada vez mais frágil no final da década de 1980, acabando por dissolver-se em 1991 e dar origem a uma série de novos países.

2. (Cefet-MG – 2015) Capítulo 49

Gabarito: D

Comentário: A década de 1980 conheceu um avanço do liberalismo econômico no mundo, principalmente no Reino Unido e nos EUA, sob a liderança de Margaret Thatcher e Ronald Reagan. Em reação à crise econômica pela qual esses países passaram na década de 1970, adotou-se uma política que visava estimular o crescimento econômico através da diminuição da intervenção e regulação estatal na economia. Em consequência, ocorreu uma intensificação das desigualdades sociais e da concentração de renda.

3. (FGV – Ensino Médio) Capítulo 49

Gabarito: E H11 / C3

Comentário: O neoliberalismo representou novo modelo econômico difundido tanto pelos Estados Unidos, com Reagan, quanto pela Inglaterra, com Margaret Thatcher. Esse modelo defendia a ideia de Estado mínimo, a partir de um amplo processo de privatizações, incentivos fiscais para empresas, enfrentamento dos sindicatos, flexibilização das leis trabalhistas e equilíbrio orçamentário a partir de redução dos gastos públicos e de corte nos benefícios sociais. Contrapunha-se à social democracia e ao Estado de Bem-Estar Social – Welfare state –, que havia se consolidado no pós-1945 nos EUA e na Europa ocidental.

4. (UFMG – 2008) Capítulo 50

Gabarito: D

Comentário: A diminuição do controle estatal sobre a economia chinesa desde o final da década de 1970 acelerou o crescimento econômico, mas produziu consequências negativas, como o aumento da inflação e do desemprego. Em acréscimo, muitos estudantes desejavam mais liberdade. Esse contexto gerou uma divisão dentro do próprio Partido Comunista Chinês. Nesse contexto repleto de tensões sociais e políticas, diversos grupos demandaram "ciência e democracia" e criticaram os líderes partidários, acabando por ser duramente reprimidos e gerando um endurecimento autoritário do regime comunista chinês nos anos seguintes.

5. (Fuvest-SP – 2015) Capítulo 50

Gabarito: E

Comentário: A União Europeia é a maior parceira comercial da China: os europeus exportam principalmente máquinas e equipamentos (bens de capital) e bens de consumo duráveis (como automóveis), enquanto os chineses exportam majoritariamente bens de consumo não duráveis, numa escala muito maior. Consequentemente, a Europa tem um grande deficit comercial com a China, o que implica uma constante transferência de riqueza para o país asiático. Apesar de não haver uma relação causal entre o crescimento chinês e os problemas enfrentados pela Europa, que encontrou grandes dificuldades para se recuperar da crise econômica de 2008-2009, é indiscutível que a União Europeia está quase estagnada, enquanto a China continua a crescer velozmente, mesmo que a taxas cada vez menores.

6. (UEM-PR – 2006) Capítulo 50

Gabarito: C

Comentário: Deve-se identificar a relação entre abertura da economia chinesa e crescimento econômico, que se deu a partir de uma crescente inserção da China no modelo capitalista e na produção para o mercado externo. O país asiático tornou-se um grande exportador de manufaturados e consumidor de *commodities* (como ferro, soja e petróleo), de maneira que centenas de milhões de pessoas conseguiriam ascender economicamente. Entretanto, a liberalização econômica não foi acompanhada por uma abertura política. Pelo contrário, o sucesso econômico legitimou o domínio do Partido Comunista Chinês, que se entrincheirou ainda mais no poder.

7. (UFMG – 2014) Capítulo 52

Gabarito: B

Comentário: Em 2010, os países do mundo árabe vivenciavam dificuldades econômicas em razão da crise internacional e da queda dos preços do petróleo. Ao mesmo tempo, as ditaduras longamente estabelecidas na região buscavam manter seu poder a qualquer custo. Tal situação gerou grande insatisfação popular, de modo que explodiu uma revolta na Tunísia no final de 2010 que rapidamente derrubou o ditador que governava o país e espalhou-se no ano seguinte para outros países, como Egito, Líbia, Iêmen, Síria e Bahrein, com resultados diversos.

Gabarito

8. (UPM-SP – 2012) Capítulo 52

Gabarito: D

Comentário: As origens do ataque às Torres Gêmeas em 11 de setembro de 2001 podem ser localizadas na ascensão do fundamentalismo islâmico em reação à invasão soviética do Afeganistão e à presença militar americana no mundo árabe. Esse foi o maior atentado terrorista da história, causando um grande impacto nos EUA e dando início a intervenções em larga escala no Oriente Médio, que acabaram por desestabilizar ainda mais a região.

9. (FGV – Ensino Médio) Capítulo 52

Gabarito: A   H27 / C6

Comentário: Dipesh Chakrabarty chama a atenção para um dos aspectos mais polêmicos do reconhecimento do caráter humanamente induzido das mudanças climáticas da Terra: a necessidade de se considerar o aquecimento global como um produto da espécie humana, e não apenas dos países desenvolvidos, tradicionalmente considerados responsáveis pelo efeito estufa. Assim, o aquecimento global só poderia ser detido com a participação de todos os países do planeta.

10. (Fuvest-SP – 2011) Capítulo 52

Gabarito: D

Comentário: Desde a Revolução em 1789, a França conheceu uma tensão entre um republicanismo laico, que buscava separar estritamente a religião do Estado e do espaço público e o sentimento religioso. Por séculos, esse conflito se deu com o catolicismo conservador, mas, nas últimas décadas, em razão da grande migração muçulmana, principalmente advinda de ex-colônias como Argélia e Senegal, a população que professa a fé islâmica passou a representar entre 5% e 10% dos franceses. Em consequência, diversos políticos buscaram reprimir manifestações religiosas e comportamentais que viam como uma ameaça ao secularismo característico da República Francesa, tomando atitudes que são vistas como discriminatórias por alguns setores da população.